KB270139

# 중국,
## 자본주의를 바꾸다

**CHINA AND THE TRANSFORMATION OF GLOBAL CAPITALISM**

# 중국, 자본주의를 바꾸다

CHINA and the TRANSFORMATION of GLOBAL CAPITALISM

홍호펑, 조반니 아리기 외 지음 | 하남석 외 옮김

믿지북스

**일러두기**

1. 통상적으로 한국에서 World-System은 '세계 체제'로 번역되나 체제로 번역되는 학술용
   어인 'regime'과 구분하기 위해서 이 책에서는 '세계 체계'로 번역했다.
2. 후주는 지은이의 주석이며, 본문 *표시의 각주는 옮긴이의 것이다.
3. 본문의 강조(고딕체)는 지은이의 것이다.

『중국, 자본주의를 바꾸다』 영어판이 2009년에 출판되었을 때, 현재의 지구적 금융 위기는 막 시작되었고, 중국 연구자들은 중국이 이 난국을 돌파하고 경제 기적을 지속해나갈 수 있을지 확신하지 못했다. 이 책에서 논의한 경향들이 지속될지도 확실치 않았다.

하지만 결과적으로 지난 3년간 중국은 놀라운 회복력을 보여줬다. 중국의 부상과 그것이 지구적 자본주의 체계의 전환에 기여한 바는 미국, 유럽, 일본의 경제 회복이 미미하거나 부족했기 때문에 더 두드러졌다. 중국은 현재 중국과 무역 관계를 확대하는 다른 많은 나라들의 성장을 추동하는 견인차이다. 이러한 나라들에는 브라질, 오스트레일리아, 남아프리카공화국 같은 원자재 수출국뿐만 아니라 독일, 한국과 같은 자본재 및 첨단 기술 부품 수출국도 포함된다. 중국 기업들은 훨씬 더 공격적으로 해외 확장에 나서고 있으며, 중국의 정치적 영향력도 G20 회의나 IMF와 같은 지구적 통치 기구와 제도 속에서 꾸준히 증가하고 있다.

그러나 중국이 지구적 위기에도 불구하고 계속 성공을 이어나갈 수 있을지는 전혀 확실치 않다. 내가 이 책의 마지막 장에서 지적했듯이 중국의 경제 기적은 부채로 조달한 고정 자산 투자와 수출에 과도하게 의존하고 있는 심각한 불균형 성장 모델로 지탱되고 있다. 외부 시장의 위축과 과잉 투자로 인한 부실 채권의 폭발 가능성에 대한 중국의 취약성 때문에, 중국 정부는 좀 더 국내 가계 소비가 주도하는 쪽으로 경제를 재조정할 방법을 모색하고 있다. 하지만 불행하게도 2009년에 중국 정부가 실시한 거대한 경기 부양 정책은, 그 목표가 부채로 조달한 투자를 확대하여 타격받은 수출 부문의 침체를 개선하는 것이었기 때문에 중국 경제를 더 불균형적으로 만들었다.

중국 수출품에 대한 지구적 수요가 여전히 하락세인 상황에서, 부채로 조달한 투자의 급속한 팽창이 2012년에 한계에 달하여 중국 경제가 다시 불안정해질 것이라는 예측은 개연성이 높다. 여기서 빠져나올 유일한 방법은 GDP에서 가계 소비가 차지하는 비중을 끌어올려 오랫동안 지체된 경제 재조정을 시작하는 것이다. 이 비중은 1990년대부터 지속적으로 감소해서 2010년에는 35%까지 떨어졌다. 중국의 GDP에서 가계 소비가 차지하는 비중이 낮은 것은 중국에서 경제 기적이 일어나는 동안 불평등이 증가하고 GDP에서 임금의 비중이 하락한 것과 관계가 있다.

중국은 불평등을 줄이고 국내 소비를 끌어올리기 위해서 한국으로부터 많은 것을 배워야 한다. 한국은 대만이나 일본과 같이 경제 기적을 먼저 이룩한 다른 동아시아 국가들과 마찬가지로 불평등을 줄여나가는 동시에 급속한 산업화를 달성했다. 지니 계수로 측정한 한국의 소득 불평등은 경제 도약기인 1950년대부터 1980년대까지 지속적으로 감소했다. 오늘날 한국의 지니 계수는 대략 0.30 언저리인데, 이는 세계에서 가장 낮은 축에 속하는 것으로, 중국의 지니 계수가 0.50을 넘는 것과 대조된다. 한국은 경제 기적의 과실을 국민들에게 더 공평하게 나눠줬기 때문에, 한국의 GDP에서 가계 소비가 차지하는 비중이 50% 밑으로 떨어진 적이 없고 2010년에는 53%를 기록했다는 것은 놀랄 만한 일이 아니다. 한국이 불평등 감소에 성공할 수 있었던 비결은 경제 도약기 동안 도시와 농촌 간의 격차를 메우려는, 1970년대의 새마을 운동과 같은 정부의 의식적인 노력이었다.

책에서 지적했듯이 중국의 부상은 1950년대부터 시작된 동아시아의 부상과 불가분의 관계에 있다. 중국이 1980년대 이후로 동아시아의 인접 국가들로부터 외국인 직접 투자, 기술 노하우, 시장 네트워크를 엄청나게 흡수하고 있는 반면, 동아시아 지역은 오늘날 지구적 강대국이 된 중국의 부상으로부터 굉장한 이득을 얻고 있다. 그러나 중국은 인접 국가들로부터 고속 성장을 유지하면서 불평등을 줄여나간 경험과 같은 것을 더 많이 배워야 한다. 이는 중국의 아시아와의 경제 통합이 심도 깊은 지적 교류와 함께 진행될 때 비로소 가능할 것이다. 이 책의 한국어판 출간이 이러한 지적 교류를 촉진할 수 있기를 진심으로 희망한다.

2012년 1월 15일

홍호평

약 30여 년 전인 1978년에 중국공산당은 중국 경제를 중앙 계획 체계에서 시장 체계로 변화시키고 외국인 투자에 중국을 개방함으로써 경제를 회복시키기 위한 과감한 조치에 나섰다. 이 극적인 이행은 지구적 자본주의의 심원한 전환의 시작과 맞물려 일어났다. 보통 "지구화globalization"로 알려진 이 전환으로 인해 중국은 수십 년간 경제적으로 급속히 팽창할 수 있었다.

30년간의 급속한 성장 이후에 중국은 더 이상 통상적인 개발도상국이 아니었으며, 과거에 지구적 자본주의의 도전에 응수하기 위해 투쟁하던 사회주의 경제체도 아니었다. 중국은 지구적 자본주의의 구조를 새로 형성하는 지정학적 지경학적으로 비중이 큰 국가가 되었다. 일련의 뛰어난 연구를 통해 중국의 지구적 통합이 중국 사회와 정치에 미치는 영향에 관해 알 수 있는 반면, 중국의 부상이 세계에 미치는 영향에 대한 진지한 분석은 여전히 필요한 상태이다.

오늘날 전 세계의 대중 매체는 중국이 지구적 강대국으로 부상한 것에 관해 수많은 논평을 생산해왔으며, 그중 일부는 감정적으로 격앙되고 정치적으로 편향되었다. 중국의 부상을 사악하다고 알려진 팍스 아메리카나에 조종을 울리는 것으로 보고 환호하는 이들도 있는 반면에, 다가올 중국의 위협을 한탄하고 중국의 부상을 20세기 초반의 전체주의 독일의 부상에 비교하는 이들도 있다. 중국의 세기가 도래할 것임을 확신하는 이들도 있지만, 다가올 중국의 붕괴를 예언하는 이들도 있다. 이러한 수많은 견해에 대한 대답으로서 이 책은 중국의 부상이 미치는 장기적인 지구적 영향에 대하여 좀 더 엄밀하고 함축적이며 학문적인 평가를 제시한다.

이 책에 대한 착상은 2006년 미국사회학협회American Sociological Association의 연례 학술 대회에서 내가 조직한 "중국과 지구적 자본주의" 패널에서 시작되었다. 나는 크리스토퍼 체이스던Christopher Chase-Dunn과 헨리 톰Henry Tom이 이 책을 존스홉킨스대학교출판부의 '지구적 사회 변화' 총서에 포함해준 데 대해 무엇보다 깊이 감사드린다. 이 기획의 각각의 단계에서 이들의 예리한 충고는 매우 소중했다. 익명의 심사자들의 비판적인 논평도 이 책의 주장을 다듬고 견고하게 만드는 데에 큰 도움이 되었다. 존스홉킨스대학교출판부의 수전 플린치보Suzanne Flinchbaugh와 데보라 보스Deborah Bors의 기술적 지원은 완벽했다. 인디애나대학교의 동료이자 사회학과의 '정치 경제학과 문화' 연구회의 참여자들인 클렘 브룩스Clem Brooks와 팀 핼릿Tim Hallet은 이 책의 독자층을 넓히고 비전문가들이 더 쉽게 접근할 수 있도록 1장을 수정하는 데에 통찰력을 제공해주었다. 제이슨 스미스Jason Smith는 원고의 틀을 잡는 데 도움을 주었다. 에이미 밴

스티<sup>Amy Vanstee</sup>와 마틴 스네이더<sup>Martin Schneider</sup>는 모든 장을 교열해 주었다. 제이미 쿠신스카스<sup>Jamie Kucinskas</sup>는 찾아보기 목록을 작성하는 것을 도와주었다. 마지막으로 무엇보다도 인디애나대학교 사회학과와 중국정치기업연구센터가 최종 원고가 나올 때까지 재정 지원을 해준 데 대해 감사드린다. 이 기획은 위에서 언급한 많은 분들과 기관들의 호의가 없었다면 결실을 맺지 못했을 것이다.

# 서론:
# 지구적 자본주의의 세 전환과 중국의 부상

**훙호펑**

미국 중심의 지구적 자본주의 질서

20세기 후반 지구적 자본주의의 세 전환

동아시아 자본주의의 부상과 중국의 성장

이 책의 논의들

2007년 11월에 중국 중앙 정부의 한 중간 관료가 베이징국제금융 포럼(IFF)에서 무심코 한마디를 했다. 그는 중국 정부가 미국 달러 표시 자산의 비중을 줄이고 2006년 이후로 세계 최대인 1조 5천억 달러를 넘는 방대한 외환 보유액의 통화 조합을 다변화할 것이라고 했던 것이다. 그 후 몇 시간 안에 국제 통화 시장에서 달러 가치는 유로화 대비 1.2%, 엔화 대비 1.7% 추락하였다. 개발도상국의 한 평범한 관료가 세계 경제에서 헤게모니를 가진 통화의 가치를 떨어 뜨릴 수 있었던 힘은 워싱턴의 통화 정책이 개발 도상 세계와 (일본 을 포함한) 비서방 세계의 통화 가치를 강력하게 좌우하던 20년 전만 해도 상상할 수 없었다. 『이코노미스트The Economist』가 "세계 통화 정책이 점차 워싱턴뿐만 아니라 베이징에서도 결정되고 있다."고 언 급한 것은 과장이 아니었다.[1] 중국은 또한 세계 자유 무역의 운명을 결정하는 주요 행위자로 보이기 시작했다. 『뉴욕 타임스New York

Times』는 2008년 여름에 WTO 무역 회담의 실패를 다루는 기사에서 "얼마 전까지만 해도 세계 무역 회담은 주로 미국, EU, 캐나다, 일본이 주도하였다. …… 그러나 지금은 중국의 부상으로 세계 무역의 힘의 균형이 돌이킬 수 없을 정도로 변하고 있다."고 언급하였다. 중국이 세계 경제에 미치는 영향력의 증대는 최근의 세계 금융 위기에서도 볼 수 있다. 미국이 자국 경제를 안정시키기 위해 채택한 재정 및 통화 구제 정책의 실현 가능성과 향후 세계 경제는 미국 재무부 증권을 계속 구매하려는 중국의 의지에 달려 있다.

정치적으로 중국은 자원이 풍부한 권위주의적 개발도상국들에 어마어마한 양의 투자와 금융 지원을 해주어 자국의 자원 안보를 강화해왔는데, 이로 인해 점점 인권 활동가들의 비판을 받게 되었다. 인권 활동가들은 수단에서 버마에 이르는 이 지역에서 벌어지는 인권 침해에 중국이 공모하고 있다고 비난했다. 이 활동가들이 개발 도상 세계의 수많은 사회 정치적 병폐를 (우익 독재자들에 대한 지원과 관련하여) 워싱턴의 탓으로 돌리거나 (개발 도상 세계의 대다수 주민을 궁핍하게 만들었다고 알려진 구조 조정 프로그램 때문에) 워싱턴에 본부가 있는 IMF, 세계은행과 같은 국제 금융 기구들 탓으로 돌리던 시절은 지나갔다. 부국 정부들도 중국의 급속하게 팽창하는 경제적 영향력과 유엔안전보장이사회 상임 이사국이라는 지위 때문에 북한, 이란 등지에서 언제 폭발할지 모르는 갈등을 완화하기 위해서 점차 중국의 협조를 요청하고 있다.

이러한 최근의 발전은 중국이 급속하게 세계 체계World-System의 발전 추이를 형성할 수 있는 지경학적 지정학적으로 비중 있는 국가가 되었음을 보여준다. 중국의 경제적 성과에 현혹된 서방 세계의



중국, 자본주의를 바꾸다

언론 매체에서는 100년 전에 미국의 세기가 도래한 것처럼 중국의 세기가 시작되었다고 보는 낙관론자가 적지 않다. 발전 정책을 다루는 학자들 가운데 다수는 급진적인 경제 자유화를 신봉하는 "워싱턴 컨센서스"를 대체하는 발전 모델로서 점진적이고 제한적인 시장 개혁을 특징으로 하는 "베이징 컨센서스"의 등장을 환영하기도 하였다.[2] 이러한 열광적인 환호를 넘어 중국의 경제적 주도권의 현재와 미래의 궤적과 지구적 자본주의 체계에 미치는 장기적인 영향력을 더 깊이 이해하기 위해서는 일시적인 단기 추세의 관찰을 넘어서야 한다. 우리는 장기적인 역사적 전망 속에서 중국의 부상이 지구적 자본주의에서 어떻게 배태되었는지 검토해야 한다. 이 책에는 각각의 영역에서 중국 부상의 영향을 연구해온 탁월한 국제 정치 경제 학자들의 논문이 실려 있다.

되돌아보면 중국의 부상은 1970년대 이후 지구적 자본주의 체계의 구조적 전환으로 가능했다. 이 전환은 (1)새로운 국제 노동 분업의 출현, (2)미국 헤게모니와 냉전 질서의 이중의 쇠퇴, (3)노동자 계급 기반, 국가 권력 지향의 대중 정치 형태를 가진 반체제 운동의 일반적인 쇠퇴라는 3중의 전환이다. 이 책의 핵심적인 질문은 다음과 같다. 우리가 오늘날 보는 것과 같이 세계사적인 범위에서 이러한 전환이 가져다준 기회를 잡아 경제 기적을 일으킬 수 있었던 중국의 역사적 유산은 무엇인가? 중국의 경제적 지배력은 결과적으로 이러한 전환의 과정을 어떠한 방식으로 형성하고 있는가? 이러한 지배력이 만들어내는 21세기의 새로운 국제 질서는 무엇인가? 우리는 이러한 질문에 답하기 전에 중국의 부상을 위한 단계를 마련한 20세기 후반의 지구적 자본주의 전환의 성격을 이해해야 한다.

# 미국 중심의
# 지구적 자본주의 질서

이매뉴얼 월러스틴의 고전적인 정식화에 따르면 세계 자본주의 체계는 국가 간의 수직적인 노동 분업에 의해 구성되어 있으며 이 체계는 중심부, 주변부, 반주변부로 나뉜다. 이 세 지역은 각각 고부가가치 생산과 저부가가치 생산, 그리고 그 둘의 혼합으로 특화되어 있다. 이 노동 분업은 국가 간 체계로 이루어져 있으며, 이 국가 간 체계는 헤게모니 국가에 의해 지배되는데, 이 헤게모니 국가는 다른 중심부 국가들에 대하여 압도적인 경제적 경쟁력이 있다.[3] 이윤 추구와 자본 축적은 항상 순탄하지만은 않다. 이는 중심부 강대국들이 헤게모니 지위를 차지하기 위해 경쟁하는 중심부 내부의 갈등과 하층 계급subaltern class이 체계 내의 가진 자와 못 가진 자들 사이의 양극화에 저항하면서 생겨난 반체제 운동의 급증으로 인해 주기적으로 방해받는다.[4]

영국 헤게모니의 쇠퇴, 19세기 국제 자유 무역 질서의 붕괴, 독일, 영국, 미국을 포함한 헤게모니 경쟁자들 사이의 총력전, 세계 각지에서의 노동 운동, 공산주의 운동, 반식민지 운동의 공세 등으로 특징지을 수 있는 20세기 초반의 혼란스런 40년간의 시기가 있은 뒤, 20세기 중반에 세계 체계는 미국 헤게모니 아래에서 안정되었다.[5] 이 20세기 중반의 세계 자본주의 질서는 처음에는 전쟁으로 황폐화된 일본을 포함한 서유럽의 중심부 국가들에 대한 미국의 압도적인 우위에 기반을 두었다. 미국의 경쟁력은 혁신주의 시대Progressive Era에 잉태되고 뉴딜 개혁의 한가운데에서 강화된 포드주의-케인즈주의 자본 축적 체제에 기반을 두고 있었다. 한편으로는 포드자동차회사가 선구적으로 만들어낸 수직적으로 통합되고 과학적이고 관료주의적으로 경영되는 기업이, 재화와 서비스의 대량 생산에 적합한 효율적인 경제 단위가 되었다. 또 다른 한편으로는 케인즈주의 정부의 사회 지출 확대가 포드주의 기업의 안정적인 고임금 고용과 결합되면서 대량 생산된 제품의 판매를 보장하는 대량 소비 시장의 끊임없는 성장을 촉진하였다.[6]

2차 세계 대전의 종전 이후 25년간, 다른 중심부 국가들은 전쟁에서 회복하는 동안 대부분 이 자본 축적 체제를 복제했다. 이 경제 체제는 미국의 초국적 기업의 투자에 유리한 장소가 되었으며 미국 제품의 유용한 시장이 되었다. 세계 체계의 주변부 내 새로이 식민지에서 벗어난 국가들은 미국의 원조와 장려의 영향을 받았으며, 높은 정부 지출과 간섭주의적인 경제 계획을 가진 포드주의-케인즈주의 체제의 변형으로서 국가 주도의 산업 정책을 채택했다. 그러나 이 정책의 일부 성공에도 불구하고 많은 주변부 국가들은 중심부에 공산품 교환을 위해 1차 산품을 수출하는 식민주의적 노동 분업에서 벗어나지 못했다. 이 국가들은 미국의 농업 관련 산업의 투자와 공산품 수출을 위한 판로가 되었다. 미국 기업들이 중심부 국가와 주변부 국가 모두에서 필적할 수 없는 우위를 누리는 것과 더불어 미국은 1944년 브레턴우즈 회의에서 만들어진 통화 체제* 아래에서 달러의 금 가격을 고정되게 유지하고 여기에 모든 주요 통화들을 페그함으로써 세계 경제의 금융 안정성을 보장했다. 달러에 대한 금 본위는 미국 연

---

* **통화 체제** 금-달러 본위제

방준비제도의 막대한 금 보유고에 의해 지지되었다.[7]

미국의 지경학적 구심 역할은 냉전의 지정학적 구조 속에서 미국의 리더십을 수반했다. 소련 사회주의가 팽창할 것이라는 실질적 혹은 상상된 위협 속에서 선진국들과 개발도상국들은 자국의 안보를 미국에 의존했다. 나토의 틀 속에서 서유럽 국가들은 미국의 전쟁 기관에 국방을 맡겨두었고 동서 간의 국경을 따라 모여 있는 소련의 탱크와 핵미사일을 저지하기 위해서 미군의 주둔에 의존했다. 동아시아에서 일본은 미국 점령기에 구상된 평화 헌법 아래에서 반半주권 국가의 처지가 되었다. 일본은 그 자신의 군대를 키워낼 권한을 빼앗긴 채 미국이 서태평양에서 무용武勇을 표현할 거대한 발판이 되었다. 한편 서태평양에는 한국에서 말라카 해협에 이르기까지 미국의 힘을 투사할 더 작은 발판으로서 미국 군사 기지와 미국 친화적인 군사 기지가 산재되어 있었다.[8] 개발 도상 세계에서 대부분의 자본주의 국가들은 어찌되었건 미국에 의존하였다. 이 국가들은 미국의 재정적 군사적 원조가 없다면 내부의 반란이나 인접한 공산주의 국가의 침공으로 인해 살아남기 힘들었다. 미국의 동맹국들이 국가 권력의 통제를 상실할 때마다 CIA는 항상 무수한 우익 쿠데타로 도와주었다. 1953년의 이란에서 1973년의 칠레에 이르기까지 그 모든 사례가 이를 잘 보여준다.

미국 헤게모니의 전성기 동안에 반체제 운동도 기존 체제에 흡수되었다. 20세기 초반에 중심부 국가의 노동 운동과 반주변부(러시아, 동유럽, 중유럽)와 주변부(식민지들)의 사회주의 운동과 민족 해방 운동은 공세적이었다. 이 운동들은 노동과 식민지 국가들에 유리한 방향으로 노동-자본 간의 그리고 식민 국가-식민지 국가 간의 힘의 균형을 확실히 바꾸어놓았다. 이러한 성과를 기반으로 이 운동들은 20세기 중반에 현상 유지status quo의 일부가 되었다. 중심부 국가에서는 노동자 계급 기반의 정당과 노동조합이 선거에서의 승리와 노동-자본 간의 제도화된 협상을 통해 복지 국가의 구성 요소가 되었다. 동유럽과 주변부에서는 공산주의 운동과 민족 해방 운동이 정권을 장악했다. 그러나 한때 체제를 동요시켰던 이러한 반체제 운동은 전후 수십 년간 성과를 얻을수록 진정되었으며, 공격성을 대부분 상실하고 미국 중심의 국제 질서에 대한 도전자에서 보수적인 이해당사자로 변화하였다. 중심부 국가의 노동자 조직은 체제 전복적인 노동 운동을 외면하였으며, 소비에트 블록 국가들은 1962년의 쿠바 미사일 위기처럼 긴장된 냉전 대립의 정점에서조차 서방과의 공식적 혹은 비공식적 외교 협상을 통해 냉전 질서를 안정시키길 원했다.[9]

중심부 국가에서 국가 성공에 희생된 전통적인 노동자 계급 기반의 정치는 1960년대 후반에 성년이 된 급진적인 젊은 세대가 부패한 기성 사회의 일부로 여기며 거부하면서 쇠퇴하였다. 1960년대에 학생들과 노동자들의 봉기는 자본주의 질서보다는 전통적인 노동조합과 좌파 정당들의 정당성을 훼손했으며 이들에게는 경멸적으로 "구좌파"라는 딱지가 붙게 되었다. 그 사이에 국제 공산주의 운동은 쿠바 미사일 위기 당시 소련의 철회, 1956년의 부다페스트 봉기, 1968년 프라하의 봄에서 볼 수 있듯이 자본주의 국가들의 효과적인 봉쇄와 내부의 도전을 받으며 수세적인 위치에 처했다.[10] 1960년대 베트콩의 성공적인 공세는 그러한 상황이 일반적임을 증명하는 예외였다. 그 승리는 미국 해병대를 베트남의 정글에서 빠져나오지 못하게 한 승리였지만, 동남아시아에서 미국이 그렇게도 두려워하던 도미노 효과를 일으키지는 못했다. 비슷한 맥락에서 제1세계 젊은 이들의 체 게바라 숭배 현상과 "제2, 제3의 수많은 베트남을 만들자."는 체 게바라의 공표된 목표에도 불구하고, 체 게바라는 다른 제3세계 국가들에 성공적인 혁명을 수출하지 못했다. 20세기 초반에 나타난 반체제 운동은 전후에 지구적 자본주의가 노동자와 제3세계에 친화적일 수 있도록 중요한 기여를 했다. 하지만 지구적 자본주의 질서가 지경학적 지정학적인 측면에서 완전히 재구성되기 시작한 1970년대에 이르러 이 반체제 운동은 변화를 향한 진보적인 힘으로서의 정당성과 활력을 상실했다.

## 20세기 후반
## 지구적 자본주의의 세 전환

　1960년대 후반에 독일, 일본 등 중심부 국가들은 제2차 세계 대전에서 완전히 회복했으며 미국 제조업을 능가할 정도는 아닐지라도 미국만큼은 경쟁력 있는 효율적인 제조업 체계를 발전시켰다. 그 결과로 세계 시장에서 제조업 상품이 넘쳐나면서 제조업의 수익성을 위협했으며 자본주의 체계 전체에 걸쳐 장기적인 일반적 이윤율 하락의 시기를 예고했다.[11] 이 이윤율 하락의 경향은 1970년대에 많은 중심부 국가들의 장기 경기 침체와 재정 문제의 원인이었다. 다른 중심부 강대국들에 대한 경제적 경쟁 우위를 상실하고 재정 위기의 악화와 경상 수지 적자로 인해 금 보유고가 고갈되면서 미국은 세계 경제의 금융 안정이라는 짐을 짊어질 수 없게 되었다. 1971년에 닉슨은 달러의 금 태환 중지를 선언하였고 이에 즉시 고정 환율



중국, 자본주의를 바꾸다

제도인 브레턴우즈 체제는 붕괴하였으며, 세계 경제는 점점 불안한 시기로 접어들었다.[12] 대부분의 중심부 국가에서 20여 년간의 전후 호황의 원인이었던 포드주의-케인즈주의 자본 축적 체제는 심각한 위기에 빠져들었다. 포드주의 기업들은 병든 공룡이 되었으며, 점차 변덕스럽고 경쟁적으로 변해가는 세계 경제에 적응하기에는 너무 거대하고 관료적이었다. 중심부 정부들의 재정 악화는 항상적인 공공 지출 확대를 통해 경제를 활성화하는 케인즈주의 전략을 지속할 수 있는 능력을 축소시켰다.[13]

자본주의 중심부의 경제 위기는 지구적 자본주의의 첫 번째 전환으로서 1970년대에 새로운 국제 노동 분업을 야기하였다. 이윤율 하락에 대처하고 경비를 절감하기 위하여 중심부의 기업들은 수직적으로 통합된 포드주의 조직 형태에서 다층적인 하청에 기반을 둔 좀 더 유연한 조직 형태로 변화하였다. 하청 네트워크는 곧바로 국경을 벗어났으며, 노동 집약적인 생산 분야는 주변부의 저임금 국가의 제조업자들에게 외부화되었다. 새로운 국제 노동 분업은 주변부의 원자재 수출품과 중심부의 제조업 제품 간의 교환에 기초한 기존의 중심부와 주변부 간의 노동 분업을 대체하면서 주변부의 일부를 지구적 체계의 새로운 제조업 기지로 전환시켰다.[14]

동아시아의 호랑이들, 즉 한국, 대만, 홍콩, 싱가포르가 이러한 제조업 이동의 주된 종착지가 되었다(동아시아 부상의 배후의 힘들은 다음 절에서 살펴보겠다.). 새로운 제조업 중심지로서의 성공에 힘입어 이 동아시아의 호랑이들의 세계 체계 내 구조적 지위는 주변부에서 반주변부로 급속히 상승했으며(한국과 대만의 사례), 심지어는 중심부로 올라섰다(홍콩과 싱가포르의 사례). 이는 그 나라들의 일인당 국민 소득이 비약적으로 상승했음을 보여준다.[15] 이 새로운 국제 노동 분업의 규모와 범위는 1980년대와 1990년대에 개발 도상 세계의 나머지 국가들에서 수입 대체 체제가 대부분 붕괴되고 이에 더해 레이건 정부 이후 미국이 세계 무역 자유화를 공격적으로 추진하면서 극적으로 확장된다.

새로운 국제 노동 분업이 등장하면서 중심부 경제에 대한 미국의 리더십의 정당성이 훼손되었다. 1970년대의 경제 침체의 연장선에서 미국, 유럽, 일본 사이의 경제적 경쟁이 격화되면서 수출 시장에 대한 경쟁은 무역 전쟁으로 발전하였으며, 소비에트 블록에 대항하는 이 삼각 동맹의 이데올로기적 동질성은 해체되기 시작했다. 일본과 유럽의 정책 결정자들과 학자들은 "일본식 발전 국가"와 "독일식 조합주의corporatism"라 부르는 그들의 독특한 자본주의 발전 모델들이 미국의 자유주의적 자본주의 모델과 비교하여 더 우수한 모델이라고 강조하기 시작했다. 비록 유럽 자본주의와 일본 자본주의의 특이성이 과장되었을지라도, 무엇보다 중요한 것은 일본과 유럽이 더 이상 미국식 모델을 모방할 만한 보편적인 모델로 여기지 않았다는 사실이다. 일본과 유럽은 자신들의 정체성이 미국과 대조되는 것이라고 역설하는 데 집중했다.[16]

이러한 중심부 내부의 경쟁은 1980년대에 점차 확대되었으며 중심부 강대국들을 결속시켰던 공동의 적—공산주의 세계—은 극적으로 쇠약해졌다. 앞 절에서 살펴보았듯이, 1970년대에 현존 사회주의 국가들로 구체화되었던 혁명 운동은 자본주의 질서에 대한 진보적인 대안으로서의 매력을 상실하였다. 설상가상으로 1980년대 초기에 이러한 중앙 계획 경제는 성장의 동력을 잃어버렸으며, 주요 사회주의 국가들은 침체된 경제를 되살리기 위해 여러 범위에서 시장 지향의 개혁을 시도하기 시작했다. 사회주의 블록이 더 이상 자본주의 중심부에 위협이 되지 않았음은 누구에게나 명확했다. 냉전이 종식되면서 일본과 서유럽은 차츰 그들 각각의 지역 질서를 강화하여 미국에 대항하는 경제적 경쟁력을 높이는 데 노력을 기울였다. 일본은 지역 내에서 투자와 무역 관계를 심화함으로써 동아시아와 동남아시아에서 영향을 미칠 수 있는 영역을 개척했다. 유럽 통합이 가속화되었고 유럽 경제가 아프리카에 미치는 범위는 확대되고 심화되었다. 1980년대 후반에 미국의 직접적인 영향력은 아메리카 대륙으로 영원히 제한될 것으로 보였다. 많은 학자들은 미국이 아메리카 대륙을, 독일이 유럽과 아프리카를, 일본이 동아시아와 동남아시아를 이끄는 지구적 자본주의의 삼극 구조가 출현하리라고 예상했다.[17]

이 지구적 자본주의의 첫 번째 두 전환, 즉 새로운 국제 노동 분업의 개시와 중심부 강대국들에 대한 미국 헤게모니의 쇠퇴는 세 번째 전환과 함께 발생했으며, 이로 인해 강화되었다. 이 세 번째 전환은 한때 세계 체계 속에서 자본의 계급 권력을 효과적으로 억제했던 노동자 계급 기반, 국가 권력 지향의 대중 운동의 붕괴였다. 현존 국가 사회주의의 쇠퇴로 인해 자본주의 중심부 강대국들의 공동의 적이 사라졌으며, 이는 그 국가들 간의 경쟁을 가중시켰고 미국 헤게모니의 쇠퇴를 유발하였다. 한편 중심부와 기타 지역에서 노동자 계급 정당과 노동 운동이 동력을 상실하면서 새로운 국제 노동 분업이 심화되고 확산되었다.

1980년대에 미국의 레이건 정부와 영국의 대처 정부는 나란히 케인즈주의 복지 국가의 해체, 국가의 안정적인 고용 보호 파기, 국제적인 자유 무역 추진에 나섰고, 처음에는 국내외 전반에서 조직된 노동과 사회 운동의 상당한 저항에 부딪혔다. 그러나 마거릿 대처가 "대안은 없다."는 유명한 선언을 했을 때, 그녀는 그럴 작정이었다. 대처는 세계 체계에서 반체제 운동이 쇠퇴하고 그녀의 신자유주의 공습에 대한 저항이 소실될 것임을 미리 아는 것처럼 보였다. 그리고 그녀가 옳았다. 장기간 기존 체제의 일부이던 노동 운동은 신자유주의적 개혁에 저항하기에는 너무나 무기력한 것으로 증명되었다. 마찬가지로 반란의 1960년대를 거치며 생겨난 소위 신좌파는 이에 대응하기에는 너무 조직되지 않았다(혹은, 지구적인 정치 경제적 변화를 전혀 주목하지 못할 정도로 문화 정치에 빠져 있었다.). 몇 년이 지나지 않아 자본은 재분배적이고 상대적으로 노동 친화적인 포드주의-케인즈주의 자본 축적 체제의 제약에서 해방되었으며, 노동에 대한 자본의 계급 권력은 자유 시장이라는 명목하에서 강력한 신자유주의 국가에 의해 상당히 강화되었다. 불과 20년 만에 외주화, 탈산업화, 노동의 비정규직화가 중심부 국가들의 주요 도시들을 휩쓸고 지나갔다. 개발도상국들은 차례로 초국적 자본의 유입에 자발적, 비자발적으로 문호를 개방했다. 통제되지 않는 전제적인 공장 생산 체제가 심겨진 수출 가공 지역들이 개발 도상 세계 곳곳에서 급증하였다.[18]

20세기의 지난 30년간 새로운 국제 노동 분업의 출현, 중심부 국가들 가운데서 다수의 경쟁하는 자본주의 중심지의 등장, 반체제 운동의 후퇴 등으로 인해 중국이 기적적인 경제 성장을 조성하는 단계가 마련되었다. 그러나 이 세 가지 전환에서 중국의 부상으로 넘어가기 전에 우선 반드시 두 과정을 이어주는 중간 단계로서 동아시아 지역 자본주의 질서의 부상을 검토해야 한다.

## 동아시아 자본주의의 부상과 중국의 성장

1950년대와 1960년대의 냉전의 정점에서 동아시아와 동남아시아는 미국 중심의 지구적 자본주의 질서에서 특별한 지위를 차지하고 있었다. 냉전의 가장 극심한 두 충돌이었던 한국 전쟁과 베트남 전쟁이 이 지역에서 벌어졌으며, 아시아는 항상 공산주의 봉쇄가 가장 취약한 고리로 간주되었다. 그래서 미국은 지역 내의 미국 의존국들이 너무 중요해서 무너져서는 안 된다고 판단하였다. 워싱턴은 이 국가들이 번영할 수 있는 우호적인 조건을 창출하는 데 예외적으로 관대하였으며, 동아시아의 수출품에 서방 시장을 개방하고 금융 및 군사 원조를 제공하였다. 이 조건들로 인해 자원이 풍부한 발전 국가developmental state*가 등장할 수 있었으며, 이 발전 국가들은 대부분의 다른 개발도상국들에 팽배한 수입 대체 산업화의 유혹에서 그럭저럭 벗어나 일찍부터 수출 지향적인 산업 정책을 채택하였다.[19] 1960년대에 서양 소비 시장과 밀접한 수출 관계를 확립한 동아시아는 1970년대에 새로운 국제 노동 분업의 등장 속에서 산업 외주화의 주요 종착지가 되었다.

---

* **발전 국가** 국가가 적극적으로 시장에 개입하고 산업 정책을 펼쳐 특정 산업을 육성하고 자국 시장을 보호하여 자본주의적 고속 성장을 추진해온 모델

일본과 동아시아 호랑이들이 산업 수출국으로서 성공한 것은 냉전의 지정학뿐 아니라 지역 내부의 특징에도 기인한다. 동아시아에서 노동 집약적인 쌀 경작에 기반을 둔 공동체적 가부장적 농업 사회 질서의 유산과 대부분의 여성 공장 노동자들이 농민 출신이라는 점은 이 국가들에서 순종적이고 규율 잡힌 노동과 낮은 노동력 재생산 비용의 원인이 되었다.[20] 또한 지역 경제를 발전시키는 데 일본의 의식적인 리더십이 도움을 주었다. 일본은 해외 직접 투자와 일본 기업 중심의 다층적 하청 체계를 통한 자국 자본의 지배를 바탕으로 동아시아와 동남아시아에서 가치 사슬에 따른 안정적인 노동 분업을 유지하였다. 일본은 항상 고부가가치 산업을 특화하였으며 네 마리의 동아시아 호랑이들과 태국, 말레이시아 같은 후발 주자들은 저부가가치 산업에 집중했다. 지역 내 각국 경제가 협조적인 방식으로 가치 사슬을 향상시켰기 때문에 동아시아 지역이 지역 내 노동 분업의 혼란 없이 전반적으로 향상되었다. 이러한 지역 발전의 집단적이고 수직적인 방식은 비유하자면 뒤집힌 V자 형의 "기러기 flying geese" 모델의 특징을 나타냈다.[21]

1980년대에서 1990년대 중반에 이르기까지 미국식 자본주의, 일본식 자본주의, 유럽식 자본주의 사이의 경쟁이 격화되면서, 일본은 동아시아 지역에서 주도적 역할을 확장하고 강화하기 위해 아시아의 이웃 국가들에게 투자와 개발 원조를 늘려서 일본의 국제 경쟁력을 높였다. 이러한 지역화를 통한 자본주의 발전 모델은 성공적이어서, 일본이 20세기 초반부터 갈망해왔지만 1930년대와 1940년대의 군국주의로 인해 실패했던 일본 중심의 대동아 공영권의 출현을 1990년대 초반에 목격할 수 있었다.[22] 일본은 동아시아 전체를 거느리고 점차 미국의 지구적인 경제적 리더십을 위협했다. 그렇지만 동아시아 지역주의의 동학과 이를 주도하는 일본의 리더십은 1990년대 초반부터 중국의 시장 이행과 개방의 가속화로 인해 점차 유동적이었다.

돌이켜보면 동아시아와 그 너머 지역의 자본주의 경제와 중국의 재통합은 반체제 운동이 대몰락하는 핵심적인 요소였다. 1949년 중국공산당의 국가 권력 장악은 20세기의 사회주의 혁명 운동과 민족 해방 운동의 가장 눈부신 성과 중 하나였다. 중국공산당은 한국 전쟁과 베트남 전쟁에 깊숙이 개입했으며 동남아시아와 남아시아의 많은 국가들에서 벌어진 좌파 게릴라 운동을 지원했다. 이러한 만만치 않은 공산주의 체제가 존재한다는 사실로 인해, 냉전 중인 미국 진영은 동아시아를 가장 약한 고리로 간주하였다.

1950년대에 중국공산당은 소련과 아주 긴밀한 관계였다. 그러나 1960년대가 되면서 중국은 소련식의 고도로 중앙 집중화된 계획 경제 모델에서 점차 이탈하였으며, 대중 동원에 좀 더 의존하는 특유한 발전 유형으로 옮겨갔다.[23] 중국공산당 내부 당파 투쟁의 정세, 중국과 소련 간의 영토 분쟁, 개발 도상 세계의 다른 혁명 국가에 대해 소련의 영향력을 줄이고 자신의 영향력을 확대하려는 중국공산당의 열의로 인해, 결국 두 사회주의 국가 간의 전면적인 이데올로기적 분열이 일어났다. 소련이 관료화와 중심부 자본주의 강대국들과의 화해라는 돌이킬 수 없는 길로 간 데 비해, 마오쩌둥과 그의 극좌파 동지들은 1966년에서 1969년까지의 문화 대혁명 기간 동안에 중국공산당 스스로 만든 스탈린주의적 관료 기구를 타파하기 위하여 학생과 노동자들을 동원하고 "소련의 수정주의"를 비난하면서 중국 혁명의 열기를 유지하려고 노력했다.[24] 그러나 혁명의 활기를 유지하려는 마오쩌둥의 열정적인 노력은 오래 지속되지 못했다. 당 내부의 반대 세력이 숙청되고 홍위병의 파벌 투쟁이 중국을 내전 직전으로 몰고 가자, 마오쩌둥은 1969년의 당대회에서 문화 대혁명에 제동을 걸었으며, 이로 인해 혁명은 명목적으로 지속되었지만 실질적으로는 끝나게 되었다. 당대회 이후에 홍위병 조직은 해체되어 그 참가자들은 농촌으로 쫓겨났고 당-국가party-state는 다시 관료화했다. 무엇보다 중요한 것은 중국 공산당이 중소 국경에서 심화되는 군사적 압력을 상쇄하기 위하여 냉전 중인 미국 진영과 화해하게 되었다는 점이다. 중국공산당의 보수적인 선회로 인해 1970년대 초 미국, 일본을 비롯한 대다수 서방 자본주의 국가들과 중국의 외교 관계가 재개되었다. 이는 반체제 세력이던 공산주의 중국이 지구적 자본주의 질서를 유지하는 권력으로 바뀌었음을 보여주었다.[25]

　1970년대 초반 중국과 중심부 자본주의 강대국들과의 관계 회복에 이어 1970년대 후반에는 완전한 지경학적 재통합이 이루어졌다. 중국의 중앙 정부는 누더기가 된 국민 경제를 회복시키려는 필사적인 열망 속에서 시장 개혁을 착수하기 위해 일부 지방 정부에 권력을 이양하였으며 외국 투자자들, 특히 다른 동아시아 국가들의 수출 지향적인 제조업자들에게 지방 경제를 개방하였다.[26] 중국공산당은 노동자 계급의 이익을 위한 반체제 운동의 투사가 되기를 그만두고 본래 부르주아 계급에 대한 "프롤레타리아트 독재"를 수행하기 위해 만든 억압 기구를 동원하여 연해 도시로 이주한 대규모 농촌 노동력이 전제적 공장 체제 속에서 순종적으로 노동하게끔 보장하였다.[27]

중국의 외국인 직접 투자에 대한 개방은 1980년대에는 남부 연해 지역으로 제한되었다. 일본과 동아시아 네 마리 호랑이의 수출 지향적인 제조업 투자의 유입으로 인해 중국 남부 지역은 일본 주도의 기러기 대형을 특징으로 하는 동아시아 지역의 경제 질서에 통합되었다. 중국의 외국인 직접 투자는 대부분 동아시아 경제로부터 이루어졌는데, 홍콩, 대만, 일본이 그 목록의 선두에 있었다. 1980년대에서 1990년대에 이르기까지, 많은 학자들은 중국 남부 지역을 "다섯 번째 호랑이" 혹은 기러기 대형에 합류한 마지막 기러기로 여겼으며, 중국의 부상이 일본 주도의 지역 질서의 단순한 확장에 지나지 않는다고 간주했다. 중국은 일본과 동아시아 네 마리 호랑이의 자본가들의 투자가 가져온 자본, 마케팅 망, 경영, 기술 노하우로부터 엄청난 이득을 봤는데, 이는 태국과 같은 동남아시아 국가들이 그들의 투자로 이득을 본 것과 다르지 않았다. 그러나 1990년대 동안에 중국의 개방이 심화 확대되고 가속화하면서 중국이 평범한 기러기가 아님이 밝혀졌다. 저임금 노동력의 막대한 공급, 국가 사회주의 부분에서 온 엔지니어와 기술자의 거대한 풀, 제조업 상품의 거대 시장으로서의 잠재력 덕분에, 중국은 저부가가치의 제조업 활동뿐만 아니라 모든 수준의 가치 사슬에서 제조업 투자를 흡수할 수 있었다. 중국의 부상이 다른 동아시아 경제를 희생시키고 있다는 염려는 『이코노미스트』의 "팬더가 〔기러기〕 대형을 무너뜨리고 있다"라는 제목의 잘 알려진 기사에서 가장 잘 묘사되었다.

중국과 이웃한 국가들은 대부분 대륙의 산업 부상에 대하여 경고와 절망이 섞인 반응을 나타내고 있다. 일본, 한국, 대만은 저비용의 중국

으로 공장이 이전하기 때문에 자국 산업의 "공동화"를 두려워하고 있
다. 동남아시아 국가들은 무역과 투자 흐름에서의 "이탈"을 우려하고
있다. …… 중국은 기러기가 아니다. 중국은 〔기러기 모델의〕 전형과
일치하지 않는다. 왜냐하면 중국은 생리대처럼 단순한 상품을 만들어
내는 동시에 소형 전자 칩과 같은 복잡한 상품도 만들어내기 때문이
다. …… 중국은 전 세계의 가격을 결정할 정도로 가치 사슬 전체에
걸쳐 상품을 생산한다. 이 때문에 동아시아의 우려가 발생한다. 만약
중국이 모든 면에서 더 효율적이 된다면 이웃 국가들에게는 할 일이
남겠는가?[28]

사실 일부 학자들은 1997~1998년의 아시아 금융 위기가 중국의
부상 때문이며, 그 경쟁의 압력이 지역 내 다른 많은 활기 넘치는 수
출 지향적인 산업 경제를 혼란으로 밀어 넣었다고 주장한다.[29] 이
전의 동아시아 부상의 국면에서 다른 동아시아 국가들이 축적해온
자본, 마케팅 망, 수출 지향적인 제조업 노하우를 대부분 흡수한 중
국의 눈부신 경제 성장은 동아시아의 부상을 중국의 부상으로 바꾸
어놓았다. 확실히 일본과 네 마리 호랑이들은 결국에는, 예를 들어
아시아 금융 위기 이후 일어난 한국의 첨단 기술 붐이나 일본의 중
국으로의 자본재 수출 붐, 싱가포르의 동아시아, 동남아시아, 남아
시아를 연결하는 지역 내 허브가 되기 위한 공격적인 시도와 같이,
자국의 고유한 경쟁력을 회복시킬 효과적인 전략을 구상할지 모른
다. 그러나 중국은 의심의 여지 없이 아시아의 경제적 역동성의 유
일하면서도 가장 중요한 원천이 되고 있다. 일본과 동아시아의 호랑
이들과는 달리, 중국이 미국 의존국이 아니라—적어도 아시아 안에

   

서—미국에 도전할 수 있는 군사력을 갖춘 지정학적으로 독립된 국가라는 점에서, 중국의 부상은 이전의 일본과 동아시아 호랑이들의 부상과는 매우 구별된다.

# 이 책의
# 논의들

20세기 후반 지구적 자본주의의 세 가지 전환은 새로운 국제 노동 분업의 출현, 미국 헤게모니와 냉전 질서의 쇠퇴, 반체제 운동의 거대한 후퇴이며, 이로 인해 동아시아의 부상과 그 이후의 중국의 급속한 경제 성장이 가능했다. 그러나 가능성과 필연은 다르며 이것으로 중국의 부상을 전부 설명할 수는 없다. 2장에서 조반니 아리기Giovanni Arrighi는 근대 초기의 유산에, 3장에서 앨빈 소Alvin So는 중화인민공화국의 마오쩌둥 시기에 초점을 맞추어 중국의 역사적 유산이 어떻게 이러한 전환들로 생긴 기회를 잡을 수 있게 했는지 상세히 서술하여 이 설명의 공백을 메우고 있다. 아리기는 유럽과 중국이 근대 초기에 시장 발전의 경로에서 분기했다고 주장한다. 중국의 경로가 노동 집약적, 자본 절약적, 내향적이었던 반면에 서구의 경로는 국가의 군사적 보호 아래에서 노동 절약적, 자본 집약적, 외향적이었다. 아편 전쟁(1839~1842년) 이후 150년 동안 서구의 경로는 중국의 경로를 능가하였지만 1970년에 한계에 도달했고 중국의 경로는 되살아나기 시작했다. 이 부활은 처음에는 일본과 동아시아 호랑이들의 부상의 형태로 나타났으며 중국 자신의 부상이 바로 뒤따랐다. 이런 관점에서 볼 때, 오늘날 중국의 부상은 중국의 발전 경로가 서구의 발전 경로에 대한 장기적인 우위를 회복했다는 점에서 그렇게 놀랄 만한 일이 아니며, 서구는 잠깐의 영광을 누린 것이다.

앨빈 소는 3장에서 중국의 개방 이전 30년간의 마오주의적 발전 시기에 형성된 공산주의적 당-국가의 유산에 초점을 맞추고 마오주의의 유산이 개혁 시기 중국의 경제 성장에 제약이 되었다기보다는 이득이 되었다고 주장한다. 당-국가는 강력한 발전 국가의 공고한 기초가 되었으며, 이로 인해 중국은 다른 많은 개발도상국들을 초국적 자본에 굴복하게 만든 전형적인 신자유주의적 시장 개혁에서 벗어날 수 있었다. 중국 공산주의 혁명의 정당성의 근거가 된 민족 해방 이데올로기는 중국이 동아시아와 그 외 지역의 화교 자본의 지지를 동원할 수 있는 밑바탕이 되었다. 아리기와 앨빈 소가 개략적으로 서술한 장기와 중기의 역사적 유산이 없었다면 중국은 위에서 서술한 지구적 자본주의의 전환의 기회를 잡기 어려웠을 것이다.

이러한 전환의 수혜자로서 중국은 자신의 진로를 만들어나가기 시작했다. 지경학의 영역에서, 중국의 부상은 주변부의 제조업체들에게 권한을 부여하고 있으며, 새로운 국제 노동 분업에서 협상 지위를 향상시킬 것이다. 지정학적으로 중국의 부상은 중국에 대한 천연자원 공급과 경제적 우위를 단단히 지키려는 중심부 강대국들과 빚게 될 새로운 갈등의 원인들을 창출하고 있다. 또한 중국은 세계의 국가 간 체계를 다극적 질서에 가깝게 할 새로운 동맹을 예고하고 있다. 반체제 운동의 영역에서, 중국의 새로운 노동자 계급의 급속한 형성과 그들의 지구적 공급 사슬로의 통합, 그리고 싹트고 있는 행동주의는 지구적인 노동자 계급의 힘을 회복시킬 것이다.

4장에서 리처드 애플봄Richard Appelbaum은 중국의 부상이 지구적 공급 사슬에서 권력과 이윤의 배분을 재형성하고 있다고 주장한다. 현재의 공급 사슬에서 제조 하청업체들은 대부분 소기업들이다. 이 소기업들은 너무 수가 많고 분산되어 있어서 중심부의 소수 독점 체인 소매업체들이 이들을 보잘것없는 수익을 가져다주는 계약을 따내기 위한 무자비한 경쟁으로 쉽게 내몰 수 있다. 그러나 애플봄은 주로 대중화권을 기반으로 하여 중남미와 아프리카로 제조업 활동을 확장하기 시작한 소수의 거대 초국적 하청업체로 생산이 점점 더 통합되면서 소매업체와 하청업체 사이의 힘의 균형이 후자 쪽으로 기울고 있다는 것을 발견한다. 이 거대 하청업체 중 일부는 지역에서 다른 기업과 부문 사이의 연계를 창출시켜 산업 개선을 가속화하고 중국과 동아시아 전체에서 다양한 기반을 갖춘 경제 발전을 촉진할 수 있을 정도로 역량이 있다.

중국의 부상이 중심부와 주변부 사이의 경제적인 힘의 균형을 새로 형성하고 있지만 지정학적인 긴장과 갈등의 가능성도 무수히 발생시키고 있다. 세계 체계 안에서 새로운 경제 강대국의 극적인 부상은 항상 기존의 주요 강대국들에 피해를 입힌다는 것을 역사는 보여준다. 20세기의 전환기에 독일이 부상한 사례에서 너무나 잘 나타나듯이, 이러한 극적인 부상은 부상하는 강대국과 몰락하는 강대국의 광범위한 갈등으로 이어질 수 있다. 다행히도 지난 30년간 중국과 아시아 전체의 부상은 아직 이러한 갈등을 발생시키지는 않았다. 5장에서 요제프 뵈뢰치<sup>József Böröcz</sup>는 전통적인 중심부 강대국들이 행사하던 지경학적 지정학적 영향력이 아시아의 부상으로 인해 손실된 부분을 지금까지는 동유럽 국가들과 러시아의 주변부화 덕분에 얻은 지경학적 지정학적 이득으로 보상하고 있다는 주장을 통해 이를 설명한다. 뵈뢰치는 기존 소비에트 블록이 완전히 쇠퇴하고 나서야 중국의 부상이 중심부 강대국들에게 진정으로 피해를 끼칠 것이며 그 후에야 두 당사자 사이의 지정학적 갈등이 극적으로 악화될 것으로 예상한다. 미국, 유럽, 일본 내 최근 수위가 높아진 "중국의 위협"에 관한 수사修辭와 더불어, 중국과 서양 세계 사이의 임박한 무역 전쟁은 이 예측을 증명하는 것처럼 보인다.

6장에서는, 천연자원 중심의 새로운 역사적 유물론의 관점으로 무장한 폴 시캔텔Paul Ciccantell이 좀 더 독특한 각도에서, 천연자원 공급을 확보하기 위한 중국의 공격적인 행보가 어떻게 점차 과열되는 새로운 지정학적 경쟁의 원인이 되고 있는지를 서술한다. 중국과 일본 사이의 자원 경쟁은 이를 잘 보여주는 사례이다. 미국이 20세기 초반에 세계 각지에서 영국의 자원 주변부resource peripheries를 공격적으로 장악했던 것과 마찬가지로 일본은 20세기 중반부터 미국의 자원 주변부를 차지했으며, 중국은 원자재 수출 국가와 기업들에게 더 나아 보이는 거래를 제안하여 일본의 자원 주변부를 장악하고 있다. 하지만 최근의 중국과 일본 간의 천연자원 경쟁은 이 두 나라가 그 이전 시기의 영국-미국 간, 미국-일본 간 관계를 뒷받침하던 동맹 관계와 문화적 친밀감이 결여되어 있다는 점에서 구별된다. 이러한 특징 때문에 중국이 일본의 천연자원 공급 경로를 공격적으로 전유하는 것은 두 나라 사이의 갈등 발생 가능성을 높인다. 설상가상으로 중국은 새로운 자원 주변부를 공격적으로 찾으며 미국 및 유럽과의 정치적 경제적 긴장도 높이고 있다.

자원 공급을 확실히 하기 위해 중국이 취하는 공격성은 기존 강대국들과의 충돌 가능성을 높이고 있지만, 이는 또 다른 한편으로 중국이 다른 주요 지정학적 행위자들과의 새로운 동맹을 추구하게끔 하고 있기도 하다. 7장의 존 굴릭John Gulick에 따르면 중국-러시아 동맹의 가능성이 커지고 있다. 일단 러시아의 풍부한 탄화수소 매장량은 (중동의 석유가 운반되는 말라카 해협 같은) 미국의 통제 아래에 있는 지역을 거치지 않고 중국의 북쪽 국경을 통해 안전하게 운반될 수 있다는 점에서 중국에게 매력적인 대안 에너지 자원이다. 그리고 또 중국은 러시아로부터 군사 기술 및 우주 기술 이전을 통해 이득을 볼 수 있으며 이미 이득을 보고 있는 중이다. 한편 러시아는 소련의 붕괴에 따른 지정학적 영향력과 국가적 위신의 엄청난 상실에 초조해하는 와중에 동유럽과 중서아시아 지역에서 미군 주둔지의 확대로 인한 압력이 점차 커지고 있다. 이러한 압박으로 인해 러시아는 다극적 세계를 향한 전망을 공유하고 있고 높은 가격에도 천연자원을 구매할 수 있는 충분한 자금력을 확보하고 있는 중국과 더 깊은 동반자 관계로 나아갈 것이다. 이 실현 가능한 동반자 관계는 확실히 중국과 러시아 양측에 득이 될 것이며, 유라시아 대륙에 걸쳐 미국 등 중심부 강대국들에 심각한 도전이 될 막강한 반주변부 권력 블록의 기반을 구성할 것이다.

중국의 부상은 지경학적 지정학적으로 극심한 재편성을 야기할 가능성 외에도 노동에 대한 자본의 계급 권력을 역전시킬 충분한 힘을 가진 세계 노동 운동이 부활할 수 있는 새로운 가능성들을 창출한다. 1980년대와 1990년대 동안 많은 중심부 국가들의 탈산업화는 전통적인 노동조합주의가 몰락하면서 가속화했으며, 노동조합주의는 산업 외주화를 축소하려는 무모하고 헛된 시도 속에서 보호주의와 외국인 혐오적인 태도에 의지하게 되었다. 그러나 8장에서 스테파니 루스Stephanie Luce와 에드나 보나시치Edna Bonacich가 지적하듯이, 가혹한 노동 조건 속에 있는 엄청난 수의 중국 노동자들이 지구적 공급 사슬의 생산 부문으로 통합되고 이들의 노동자 행동주의가 막 시작되고 있으며, 지구적 공급 사슬의 도소매업 부문에서 운송업과 서비스업 노동자들의 전투성이 커지고 있다. 이러한 상황은 초국적 공급 사슬의 출현이 중국의 선전深圳에서 캘리포니아의 롱비치에 이르는 노동자들의 연대를 조직할 수 있게 하고 있다. 이 공급 사슬의 고도의 통합성과 적기just-in-time 생산 유통 방식이 의미하는 바는 이 사슬의 전략적 연결 마디에서의 협력 행위가 자본 축적 과정에 커다란 지장을 야기할 수 있다는 것이며, 이로 인해 지구적인 노동의 협상력은 증가한다.

이와는 다른 시각에서 비벌리 실버Beverly Silver와 장루張璐는 9장에서 오늘날 중국의 노동 정치에 대한 민족지학적 조사와 그 이전의 신흥 자본주의 중심지들에서의 새로운 노동자 행동주의에 대한 역사적인 관찰에 근거하여 중국을 새로운 노동 소요의 중심지로 전망하고 지구적 노동 운동의 부활 가능성을 더 상세히 증명한다. 이들은 20세기 초반의 미국, 20세기 후반의 한국과 같은 다른 신흥 제조업 중심지에서처럼 중국에서 혼란스러운 자본주의로의 이행이 이미 "폴라니식 노동 소요"와 "마르크스식 노동 소요" 둘 다를 촉발시켰음을 발견한다. 시장 경제의 확산이 기존의 삶과 사회적 결속을 위협하는 것에 저항하는 폴라니식 노동 소요는 시장 이행 속에서 국유기업 노동자들의 고용과 이익이 악화되고 있는 중국의 북부 도시들에서 확산되고 있다. 반면에 시장 확산에 의해 창출된 신흥 프롤레타리아 계급의 선제적인 행동주의를 특징으로 하는 마르크스식 노

     중국, 자본주의를 바꾸다

동 소요는 수출 지향적인 신흥 산업 도시에서 활발해지고 있으며, 이 지역에서 이주 노동자들은 임금 인상과 노동 조건 개선을 위해 조직되기 시작했다.

요약하자면 이 책의 장章들이 보여주는 것은 21세기의 지구적 자본주의 발전의 예정된 단선적인 경로가 아니라 중국의 부상이 수반하는 지구적 변화의 가능한 궤적들의 불협화음이다. 세부적인 차이점들이 있지만 각 장은 중국의 부상이 수반하는 세 가지의 새로운 경향으로 수렴된다. 이 세 가지 경향은 지구적 공급 사슬에서 주변부 제조업체들의 협상력 증가, 지정학적 긴장의 증가 속에서 다극적인 국가 간 체계를 향한 운동, 지구적인 노동 권력의 부활이다. 물론 이 경향들이 새 세기 지구적 자본주의의 지속적인 새로운 구조로 구체화할 것인지는 중국의 경제적 주도권의 지속에 달려 있다.

결론 부분에서 나는 중국의 경제 성장의 지속 가능성에 대하여 질문을 던진다. 중국의 기적의 국내적인 정치 사회적 동학은 많은 면에서 1920년대 미국의 급속한 경제 성장과 비슷하다. 광란의 1920년대Roaring Twenties와 비슷하게, 오늘날 중국에서는 점차 독점 자본으로 부와 권력이 집중되고 있으며 엄청나게 많은 인구가 번영의 공유라는 면에서 소외당하고 있다. 그 결과는 2008년부터 붕괴하기 시작한, 부국의 부채에 기반을 둔 흥청망청 소비에 대한 중국의 과잉 의존과 더불어 과잉 투자 및 과소 소비의 특성을 나타내고 있는 중국 국내의 악화된 경제 불균형이다. 게다가 중국의 부주의한 산업화는 중국이 더욱 발전하는 데 점점 방해가 되고 있는 환경 위기를 심화하고 있다. 좋은 소식은 중국 정부가 환경 악화의 심각성뿐만 아니라 장기적인 경제 위기의 위험을 인식하고 있다는 것이다. 정부의 주요 인사들은 더 균형적이고 환경 친화적인 경제를 만들기 위해 중국의 발전 모델을 재형성하려는 시도를 하고 있다. 만약 이들이 성공한다면 중국의 경제 성장은 결국에는 더 지속 가능한 경로를 찾게 될 것이다. 나쁜 소식은 이러한 재조정 행위가 충분히 강력하지 않고 시기가 늦어서, 현재의 발전 방식에 기득권을 가진 자들이 이러한 노력에 강경하게 저항하고 있다는 것이다. 20세기 초반의 미국에서 균형 있고 지속 가능한 성장을 위해 필요한 정치 사회적 구조 변화는 결국 대공황 기간 동안 뉴딜 개혁을 거치면서 이루어졌다. 좀 더 정확히 말하자면, 광란의 1920년대에는 실현하기에 너무 급진적이라고 생각되어 오랫동안 지체된 개혁을 가능케 한 것은 바로 대공황(그리고 그 뒤에 이어진 2차 세계 대전)이었다. 중국 경제에 심각한 도전이 되고 있는 최근의 지구적인 경제 위기가 중국 경제의 불가피한 재조정을 가속화하는 비슷한 역할을 할지는 좀 더 지켜봐야 한다.

우리는 장기적인 관점에서 중국의 부상과 그에 따른 지구적 전환이 지속될 수 있을 것이라고 예측할 근거들이 있다. 그러나 미국의 부상이 실현되기 위해 공황과 세계 대전을 겪었던 것과 마찬가지로 장기간에 걸친 중국의 부상에는 중기적으로 경제적 혼돈, 지정학적 갈등, 사회적 격변의 진통이 산재되어 있을 가능성도 크다. 그 중기의 시간대는 정확한 예측이 불가능하지는 않을지라도 아주 어려운, 고도로 불확실한 시기이다. 또 이 시간대는 중국 안팎에서 국가, 기업, 사회 운동, 그리고 그 밖의 인간 주체들의 상황에 맞는 전략적 행동이 진정으로 중요한 시기이다.

# 장기적인 관점으로 본 중국의 시장 경제

**조반니 아리기**

존 K. 페어뱅크John K. Fairbank는 1989년 천안문 사건 직전에 "최근 몇 년간 중국의 근대화 노력"은 "파악하기 어려울 정도로 거대한 규모로 진행되고 있다."고 썼다. 서구의 르네상스와 계몽 운동의 쟁점들이 중국 자체의 전통에 대한 재평가와 경쟁하는 동시에, 19세기의 전형적인 경제 활동이 탈공업화된 기술의 만개와 뒤섞여 있다. "변화는 성급하게 진행되고 있다. 중국의 발전은 너무 광범위하게 전개되어 취약하다. …… 덩샤오핑의 개혁으로 중국의 인민들뿐만 아니라 우리도 혼란스러운 것은 당연하다."[1]

중국이 이제는 NAFTA나 EU의 무역액을 넘어설 것으로 보일 정도로 아시아 내 무역 확대에서 주도적 역할을 하게 되면서 이후의 발전들은 혼란을 가중시켜왔다. 소위 떠오르는 아시아 내에서의 무역 확대는 1990년에서 2006년 사이에 세계 무역 총증가량의 대략 40%를 차지했으며, 주목할 만한 것은 이 확대가 주로 중국에 의해

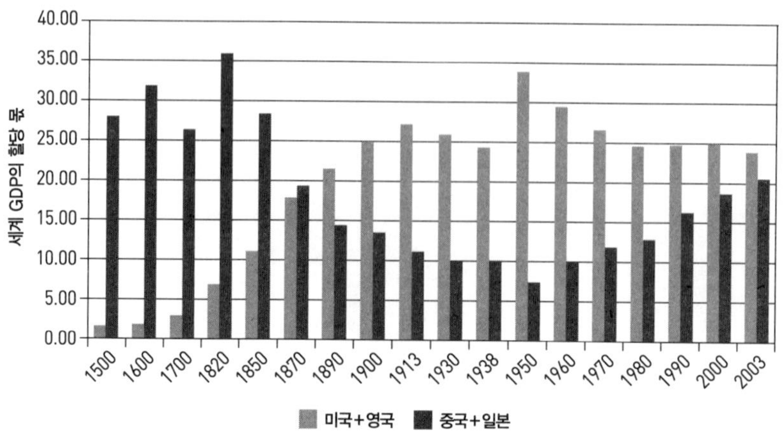


그림 2.1. 세계 GDP 백분율로서의 합산 GDP: 미국+영국 대 중국+일본
출처: Maddison 2007에 기초한 차트
주: GDP는 1990년 국제 기어리-카미스 달러 기준으로 백만 달러 단위

추동되었다는 것이다. 중국은 지역의 수출 발판 역할을 했으며, 아시아에서 더 많이 수입할수록 세계의 나머지 지역으로 더 많이 수출해왔다.[2]

혼란은 어느 정도는, 길버트 로즈먼Gilbert Rozman의 말에 따르자면, 중국을 중심으로 하는 동아시아 지역이 "16, 17세기까지, 혹은 심지어 18세기까지 최소한 2천 년 동안 세계 발전의 최선두에 있었고 그 후 상대적으로 짧지만 심하게 느껴지는 쇠퇴를 겪었다."는 사실에서 비롯된다.[3] 케네스 포머런츠Kenneth Pomeranz가 적절하게 대분기Great Divergence라고 이름 붙인 이 쇠퇴에 대한 척도 중 하나는 그림 2.1.에서 나타나듯이 서구의 주요 국가(영국과 미국)가 세계 GDP에서 차지하는 몫과 비교한 동아시아 주요 국가(중국과 일본)가 세계 GDP에서 차지하는 몫이다. 그러나 이 쇠퇴를 특히 재앙으로

만든 것은 다음과 같은 점들이다. 2차 세계 대전이 끝날 즈음 중국은 세계에서 가장 가난한 나라가 되었으며, 일본은 군사적으로 점령당한 반¾주권 국가가 되었다. 그리고 지역 내 기타 대부분의 국가들은 여전히 식민 지배에 대항하여 투쟁하고 있거나 시작되고 있던 냉전 분할로 갈기갈기 찢기기 직전이었다.

이 장에서는 세 가지 밀접하게 연관된 질문의 답을 찾고자 한다. 첫 번째, 중국과 그 주변 지역은 왜 그리고 어떻게 세계 발전에서 서구에 대한 장기간의 주도권을 상실했을 뿐만 아니라 이 상실로 인해 한 세기 이상 황폐해졌는가? 두 번째, 이 지역이 2차 세계 대전 이후의 황폐한 상황에서 신속하게 회복할 수 있었던 것은 무엇 때문인가? 그리고 마지막으로 만약 관련이 있다면, 현재 세계 경제에서 동아시아와 중국의 새로운 중심 역할이라는 측면과 이 지역이 이전 시기에 가졌던 세계 발전의 주도권이라는 측면 사이의 관계는 무엇인가?

## 대분기
## : 지정학적 관점

이 질문들의 답을 찾기 위해, 대분기의 기원이 경제적이었다기보다는 주로 지정학적이었다는 점을 주목하는 데에서 시작해보자. 널리 알려진 것과는 상반되게, "저가의 상품은 〔유럽의 부르주아지가〕 중국의 모든 성벽을 무너뜨리는〔무너뜨렸던〕 중포병이며", "모든 국가들이 사멸당하지 않기 위해서 부르주아적 생산 양식을 채택하지 않을 수 없게" 강제한다는 『공산당 선언』의 유명한 주장은 중국과 관련해서는 역사적으로 면밀히 살펴보면 유효하지 않다.[4] 면 방적업(방직업은 아니지만), 철도업, 광산업 외에 서양의 상인들과 제조업자들이 중국의 경쟁자들보다 경쟁 우위에 있었던 경제 활동은 극히 적다.[5] 마르크스 자신이 이후 『자본』에서 인정했듯이, 중국을 서구의 "끝없는" 자본 축적의 명령에 종속시킨 진정한 "산파"는, 그가 중포병이라고 은유적으로 비유한 저가의 상품이라기보다는 영국의 군함이었다.[6]

다른 책에서 상세하게 논증했듯이,[7] 19세기 중반 아편 전쟁으로 실현된 문명의 충돌에서 유럽이 우위를 보인 것에 대한 설득력 있는 해답은 앞선 5세기 동안 국가 간 체계의 동학에서 드러난 유럽과 동아시아의 근본적인 차이에서 찾을 수 있다. 이 시기 내내 유럽의 국가 간 체계의 동학은 주요 구성원들 사이의 부단한 군사적 경쟁과 체계 및 체계의 유동적 중심의 지리적 팽창 경향이라는 특징을 보인다. 유럽 강대국들 간의 장기 평화는 일반적이라기보다는 예외적인 경우에 속했다. 나폴레옹 전쟁 이후의 "백 년 평화(1815~1914년)"는 "서양 문명사에서 전례 없는 현상"이었다.[8] 더욱이 백 년 평화의 시기 동안에도 유럽 국가들은 비유럽 세계에서 셀 수 없는 정복 전쟁을 벌였고, 점증하는 군비 경쟁에 뛰어들었으며 그 군비 경쟁은 전쟁의 산업화로 절정을 이뤘다. 이러한 연루가 처음에는 유럽 체계 내의 갈등을 줄이는 새로운 지리적 팽창의 흐름으로 귀착되었지만, 결국에는 전례 없는 파괴적인 결과를 낳은 유럽 강대국들 사이의 새로운 전쟁으로 이어졌다.[9]

이러한 동학과는 대조적으로, 동아시아의 민족 국가들의 체계는 체계 내부의 군사적 경쟁과 체계 외부의 지리적 팽창이 거의 없었다는 점에서 확연히 구별된다. 바로 뒤이어 검토할 중국의 변경 전쟁 frontier wars이라는 중요한 사례를 제외하고는, 동아시아가 유럽 체계에 종속적으로 편입되기 이전에 동아시아의 민족 국가들은 1백 년이 아니라 3백 년 동안이나 서로 거의 평화 상태에 있었다.[10] 더욱이 동아시아 국가들 간에는 서로 경쟁적으로 해외 제국을 건설하고 유럽에 비할 정도로 군비 경쟁에 몰두하는 경향이 전혀 나타나지 않았다. 물론 동아시아 국가들도 서로 경쟁을 하기는 했다. 예를 들어 도쿠가와 막부 시대(1600~1868년)의 일본은 중국 대신 일본을 중심으로 한 조공 무역 체계를 창출하려고 시도했으며, 조선과 중국으로부터 농업, 광산업, 제조업의 기술적, 조직적 노하우를 흡수하기 위해 노력했다.[11] 그러나 이러한 종류의 경쟁은 동아시아 체계를 영토 팽창과 전쟁 수행이라는 유럽의 방향보다는 국민 경제의 형성 쪽으로 추동하는 경향을 나타냈다.

중국이 청나라 통치의 첫 150년 동안 변경 지대에서 수많은 전쟁을 벌여왔다는 사실이 이 주장을 무효화하지는 않는다. 왜냐하면 그 전쟁들은 내륙 아시아의 침략자들과 정복자들에 맞서 방어하기 힘든 변경 지대를 평화가 회복된 주변 지대와 완충 지대로 바꾸는 데 주된 목표가 있었기 때문이다. 일단 1760년대 무렵에 이 목적을 달성하자 영토 팽창은 멈추었으며, 군사 활동은 새롭게 확립된 국경 내 폭력 사용에 대한 중국 국가의 독점 공고화를 목표로 하는 치안 유지 활동으로 전환되었다. 이러한 영토 팽창도 꽤 상당한 편이지만 유럽의 연쇄적인 팽창—일찍이 아메리카 대륙과 동남아시아에서 이베리아 국가들의 팽창이 있었고, 동시대에는 북아시아에서 러시아의 팽창과 동남아시아에서 네덜란드의 팽창이 있었으며, 그 이후에 남아시아와 아프리카에서 있었던 영국의 팽창과 북아메리카와 오스트레일리아에서 있었던 영국의 후손들의 팽창은 말할 필요도 없다.—과 비교하면 무색해진다. 그 차이는 양적인 것일 뿐만 아니라 질적인 것이기도 했다. 유럽의 연쇄적인 팽창의 흐름은 "자기 강화적인 순환self-reinforcing cycle"에 필수적인 요소였다. 이 순환 속에서 유럽 국가들의 상호 경쟁하는 군사 기구는 다른 민족과 정치체를 희생시키면서 팽창을 뒷받침했고, 또한 그 팽창의 뒷받침을 받았다.[12] 이러한 자기 강화적인 순환은 동아시아에서는 전혀 찾아볼 수 없다. 청의 영토 팽창은 해외 주변 지대의 자원을 수탈하기 위한 다른 국가들과의 경쟁에 의해 추동된 것이 아니며, 그러한 경쟁으로 귀결되지도 않았다. 이러한 경쟁과 관련한 정치 경제적 논리는 중국의 관행과는 거의 공통점이 없었다. "새로운 변경 지대를 통합하는 정치적 팽창을 위해 정부는 주변 지대에서 자원을 수탈하는 것이 아니라 주변 지대로 자원을 이동시켰다."[13]

이러한 유럽 체계와 동아시아 체계의 상이한 동학은 어느 정도는 체계 구성 단위 간의 권력 분배의 차이에서 유래할 수 있다. 페르낭 브로델Fernand Braudel이 유럽 역사에서 "확장된extended" 16세기(1350~1650년)라고 칭한 시기—동아시아 역사의 명대(1368~1643년)와 거의 정확히 상응하는—이전에도 동아시아의 정치, 경제, 문화적 권력은 유럽보다 훨씬 더 그 중심(중국)에 집중되어 있었다. 유럽에서는 이 시기에 엄밀한 의미에서의 중심을 확정하기가 어렵다. 그리고 1592~1598년에 조선 정복으로 중국의 중심적 지위에 군사적으로 도전했던 일본의 시도가 좌절되고, 1648년 베스트팔렌 조약으로 유럽의 세력 균형이 제도화되면서 그 차이는 더 뚜렷해졌다.

유럽 체계의 세력 균형 구조는 그 자체로 유럽 국가들이 서로 전쟁을 벌이는 경향의 한 원인이었다. 칼 폴라니Karl Polanyi가 강조했듯이, 세력 균형 메커니즘은 "권력을 행사할 능력이 있는 단위가 셋 이상이라면 …… 가장 강한 쪽이 힘을 증가시키려고 할 때 약한 쪽들이 서로 힘을 합쳐 맞서는 식으로 행동하는" 메커니즘이다. 이는 19세기에 백 년 평화가 만들어지는 데 핵심적인 요소였다. 그러나 역사적으로 세력 균형 메커니즘에서는 항상 참여하는 구성 단위들이 "계속 상대를 바꾸어가며 끊임없이 전쟁을 벌여야만" 독립 유지라는 목적을 달성할 수 있었다.[14) 19세기에 이와 같은 메커니즘이 유럽 국가들 사이에서 전쟁보다는 평화를 가져왔던 주된 이유는, 어떤 개별 국가도 통제하지 못하는, 전쟁을 통해 작동하는 메커니즘이던 세력 균형을 영국이 평화를 진작하는 비공식적 지배의 도구로 바꿀 수 있을 정도로, 영국의 손에 정치적 경제적 권력이 집중되어 있었기 때문이다.[15)

19세기에 유럽 국가들 사이에서 세력 불균형이 확대되자 전쟁 빈도가 줄어들었다는 사실은 동아시아 체계의 전형적인 세력 불균형이 동아시아 국가들 사이에서 전쟁이 드문 이유라는 것을 보여준다. 그러나 앞에서 언급한 19세기에 영국의 손에 권력이 집중되자 그 어느 때보다 파괴적인 전쟁 수단의 생산과 체계 외부의 자원을 얻기 위한 전쟁 수단의 사용 모두와 관련하여 국가 간의 경쟁이 확대되었다는 사실을 고려하면, 세력 불균형이 더 컸다는 점 자체로는 동아시아 체계에서 사실상 이러한 두 종류의 경쟁이 없었다는 점을 설명할 수는 없다. 유럽에는 있었지만 동아시아에는 없었던 또 다른 요소가 "결합되어" 이러한 국가 간 경쟁 방식의 차이를 만들어냈을 것이다.

이 다른 요소는 동아시아 발전 경로에 비해 유럽의 발전 경로가 훨씬 더 외향적이었다는 점이다. 비록 정치적 권역들 내부와 두 권역 사이에, 그리고 여러 권역을 가로질러 일어난 교역은 두 체계의 작동에서 모두 필수적이었지만, 일반적으로 원거리 무역은, 특히 동서 무역은 동아시아 국가들, 특히 중국에서보다 유럽에서 훨씬 중요한 부와 권력의 원천이었다. 베네치아의 부를 만들어내고, 베네치아의 경쟁자인 제노바의 선동과 원조로 이베리아 반도의 국가들이 동양 시장과 직접적인 연계를 모색하도록 끌어들인 것은 바로 이 근본적인 비대칭이었다.[16] 콜럼버스의 우연한 아메리카 대륙 "발견"은, 아시아의 재물을 얻기 위한 단축 항로를 찾던 중에 이루어진 일이긴 하지만, 유럽 국가들에게 대서양에 있는 새로운 부와 권력의 원천과 아시아 시장으로 들어가는 새로운 수단을 제공하여 이 비대칭의 조건들을 변화시켰다. 그러나 이 발견이 이루어진 지 2세기가 지난 후에도, 영국의 경제학자인 찰스 대버넌트Chales Davenant는 여전히 아시아 무역을 통제하는 자가 "모든 상업 세계를 절대적으로 지배하는" 지위에 있다고 주장했다.[17]

유럽의 지배자들은 서양과 동양을 연결하는 항로에 대한 독점적인 통제권을 확보하기 위해 끝없는 전쟁을 벌였다. 왜냐하면 동양 무역의 통제권은 부와 권력을 추구하는 데 결정적인 자원이었기 때문이다. 이와는 대조적으로 중국의 지배자들에게는 이러한 무역로에 대한 통제보다 인접 국가들과의 평화로운 관계나 인구가 밀집한 토지를 농업 기반의 국민 경제로 통합하는 것이 훨씬 더 중요했다. 이러한 차이는 1405년부터 1433년까지 7차례에 걸쳐 동남아시아를 들르고 인도양을 횡단한 정화鄭和 제독의 대항해가 비용에 비해 얻게 되는 이득이 적었음을 설명해준다. 설사 정화의 선단이 "항해 왕자 엔리케의 원정대가 세우타Ceuta의 남쪽으로 열심히 노를 저어 나아가기 시작한 수십 년도 전에 아프리카를 돌아 포르투갈을 '발견했을'" 가능성이 아주 높을지라도, 이러한 낮은 수익성을 고려했을 때, 명이 동서 간의 항로를 통제하기 위해 자원을 낭비하기보다는 국내 시장 발전에 집중한 것은 대단히 합리적인 것이었다.[18]

사실 중국의 "조공 무역"은 경제적 측면에서 이익보다 비용이 더 컸다. 진한秦漢 시대에 통일된 조세 체계가 확립된 이후로 줄곧 중화제국의 조정과 제후국 간의 조공 관계는 세금 징수를 필요로 하지 않았다. 오히려 유일한 예외인 원元을 제외하면 특히 당 이후로 제후국은 중화제국 조정에 상징적인 선물만을 제공하고 그 보답으로 귀중한 선물을 훨씬 더 많이 받았다. 그러므로 명목상 "조공"이라는 것은 실제로 중화제국Middle Kingdom으로 하여금 제후국들의 충성을 "사고" 동시에 광범위한 변경 지대 전역에서 사람과 상품의 흐름을 통제할 수 있게 한 쌍방향 거래였다.[19]

이러한 관행의 지속 가능성은 여러 가지 조건에 달려 있었다. 중국 경제는 제후국들의 충성을 사기 위해 필요한 자원을 생성해야만 했으며, 중국 국가는 이러한 자원을 통제하는 위치에 있어야만 했고, (약탈, 정복, 전쟁, 불법 무역과 같은) 중국 통치의 권위에 도전하는 수단으로 중국에서 자원을 강탈하려는 시도가 성공하지 못할 것이라고 주변국들을 납득시켜야만 했다. 명은 국민 경제를 통합하고 확대하는 데 성공을 거두었음에도, 혹은 그랬기 때문에 16세기 초에 이르자 이러한 조건들을 재생산하기 어렵게 되었다. 국내에서는 만연한 부패, 치솟는 인플레이션, 증가하는 재정 적자에 직면했으며, 이와 더불어 북쪽에서는 여진족의 팽창, 동남 연안에서는 명의 세금 징수관을 피해 이루어진 불법 무역의 확대로 외부의 압력도 증가했다. 내부 붕괴와 외부 압력은 상호 증폭 작용을 일으켰으며, 결국에는 1644년 명조의 붕괴로 이어졌다.[20]

청의 통치가 확립되면서 대외 무역보다 국내 무역을 우선시하는 명 초기의 정책이 원기왕성하게 재개되었다. 대외 무역이 억제되었지만, 사방으로 국경 지대를 합병하면서 국내 시장의 규모가 확대되었고, 제국 전체에 걸쳐 보호 비용이 감소하였다. 청의 통치자들은 그 절감분을 신민들에게 저렴하고 안정된 조세의 형태로 돌려주었다. 이러한 저렴하고 안정된 조세와 함께, 제국 전역에 걸친 토지 조사, 재정 개혁, 더 효율적인 정보 수집 체계를 통해 관료의 부패와 탈세를 근절하려는 강력한 조치가 취해졌다. 게다가 한족 지주와의 관계에서 권력을 강화하기 위하여 초기의 청 왕조는 계속해서 대토지를 소규모의 토지로 분할하는 것을 장려하였으며, 조세 인상 없이 재정 기반을 재확립하려는 목적으로 토지 개간 사업에 착수하였다.[21] 대토지 분할과 토지 개간을 통해 이루어진 토지 소유권에 대한 이중의 "민주화democratization"는 수리 시설을 유지하고 확대하려는 국가의 대대적인 조치를 야기했다. 이와 마찬가지로 중요한 점은, 청 왕조가 중국의 점점 늘어나는 어마어마한 인구를 먹여 살리기 위하여 이전의 어떤 왕조들보다 더 시장 메커니즘에 의존해왔는데도 이전 왕조들보다 뛰어나게 곡물 시장의 변동으로부터 백성들을 보호했다는 것이다. 청 왕조는 곡창 제도를 통해 곡물이 풍부하고 가격이 낮을 때 곡물을 수매하여 저장하고, 곡물이 부족하고 비

정상적으로 가격이 높을 때 시장보다 낮은 가격으로 곡식을 되팔 수 있었다.[22]

이러한 정책들의 성과는 눈부신 평화, 번영, 인구 증가였으며, 이는 유럽 계몽 운동의 주도자들이 중국을 "도덕적 지침과 관련한 제도 발전의 모범이자, 자애적 절대주의benevolent absolutism, 능력주의 사회, 농업 기반의 국민 경제 같은 자신들의 다양한 주장을 옹호하는 데 뒷받침이 되는 증거로" 바라보게 만들었다.[23] 그러나 청의 통치자들과 유럽의 중국 찬양자들 모두 외향적인 유럽의 발전 경로가 이러한 모든 성과를 곧 무색하게 만들어버릴 창조적 파괴의 과정을 통해 세계를 재구성하고 있음을 깨닫지 못했다. 윌리엄 맥닐William McNeill의 말을 빌리면, "유럽의 배들은 사실상 유라시아를 뒤집어놓았다. 해양 변경이 스텝* 변경을 대신하여 외부인들과 교류하는 중요 장소가 되었으며, 아시아 국가들과 민족들의 자율성은 무너지기 시작했다."[24]

이 부분에서 결정적인 것이 유럽의 발전 경로의 자본주의적 성격이다. 이 특징은 자본주의적 제도와 경향이 단순히 존재한다고 해서 만들어지는 것이 아니라 국가 권력이 자본에 대해 어떤 관계를 맺는가에 의해 결정된다. 브로델은 **시장 경제**와 **자본주의**를 구분하는 자신의 주장을 지지하는 강력한 근거로 중화제국을 들고 있다. 중국에는 단지 "견고하게 확립된 시장 경제"만 있었던 것은 아니었다. 중국에는 16세기에 유럽의 뛰어난 자본주의적 조직을 구성했던 비즈니스 공동체에 비견할 만한 상인들과 은행가들의 공동체도 있었

---

* **스텝** 중앙아시아의 대초원 지대

다. 그러나 "국가가 감독하고 항상 국가에 의해 어느 정도 좌우되는
…… 명백히 한정된 특정 집단 외에 '이례적으로' 부를 쌓은 개인을
국가가 적대시한 것"은 "결코 자본주의라 할 수 없다."는 것을 의미
했다.[25]

　브로델은 명과 청 시기에—이전 시기의 왕조들은 물론이고—자
본가들에게 적대적인 국가가 자본가들을 좌지우지했던 정도를 과장
하고 있다. 하지만 유럽에서는 전 세계적인 해양 및 영토 제국의 중
심이 되어가는 과정에서 이탈리아의 도시 국가에서부터 네덜란드의
원형적 국민 국가를 거쳐 국민 국가인 영국에 이르는, 스스로를 자
본주의와 동일시하는 점점 더 강력한 국가들의 연쇄sequence가 나타
나는데, 동아시아에서는 이와 유사한 것이 나타나지 않았다는 것도
사실이다. 유럽의 발전 경로를 자본주의로 특징짓는 것은 다른 무엇
보다도 이러한 연쇄이다. 그리고 역으로 이러한 연쇄에 비교할 만한
것이 없다는 것은 명과 청 초기에도 중국과 동아시아 전체의 시장
기반 발전이 여전히 비자본주의적이었다는 가장 명확한 표지이다.
이와 밀접한 관련이 있는 것이 동아시아에서는 유럽 국가들에서 전
형적으로 나타난 끊임없는 군비 경쟁 및 해외 영토 확장과 비슷한
어떤 것도 일어나지 않았다는 점이다. R. 빈 윙R. Bin Wong이 지적하
듯이, "유럽의 상업적 부는 대부분 계속해서 증가하는 전쟁 비용에
맞춰 세입 기반을 확대하려는 궁핍한 정부가 개발한 것이다. ……
유럽의 상인들과 정부들 모두 그들의 복잡하게 얽힌 관계에서 이익
을 취했다." 후기 중화제국은 16세기와 18세기 사이에 유럽이 직면
한 재정적 어려움과 같은 곤란을 겪지 않았기 때문에, "중국의 관료
들은 새로운 형태의 금융, 거대한 상업 대출, 사채 및 공채의 개념을

떠올릴 이유가 거의 없었다."[26]

이러한 환경의 동아시아에서 자본주의가 발전할 수 있는 가장 큰 기회는 중심 가까이에 있던 것이 아니라 체계 내 국가들의 외곽 가장자리의 틈새에 있었다. 이러한 발전의 가장 두드러진 전형이 화교 공동체였으며, 이들의 활력과 경제적 중요성은 세계사에서 유례를 찾기 힘들다. 주기적인 불운과 다른 경쟁자들의 도전이 있었는데도, 화교 공동체는 엄청난 이윤을 남겨서 현지 정부에 안정된 세수를 공급하고 중국 연해 지역에 송금을 했다. 하지만 그럼에도 유럽의 국가들, 회사들, 상인들이 청 왕조와 도쿠가와 막부의 내향적인 정책으로 인해 생겨난 동아시아 해양에서의 정치적 공백을 점차 채워나가는 것을 막아낼 수는 없었다.[27]

간단히 말해서, 유럽의 발전 경로에서 전형적으로 나타난 군사주의, 산업주의, 자본주의 간의 공동 상승 작용은 끊임없이 해외 영토 팽창을 추진했으며, 또한 그 결과로 유지되었는데, 이러한 공동 상승 작용은 동아시아에서는 나타나지 않았다. 이는 동아시아 국가들이 유럽 국가들보다 훨씬 오랜 기간 동안 평화 상태에 있었으며, 중국이 세계에서 가장 큰 시장 경제로서의 지위를 확고히 할 수 있었다는 것을 의미했다. 그러나 해외 팽창과 유럽식의 군비 경쟁에 몰두하지 않았기 때문에 결과적으로 중국과 동아시아 체계 전체는 팽창하는 유럽 열강들의 군사적 맹공에 취약하게 되었다. 영국이 인도 아편 수입품에 대해 중국 시장을 강제로 개방시키기로 결정했을 때—이 무역은 영국에 유리한 만큼 중국에는 치명적이었다.—중국 정부는 1841년 2월의 단 하루 만에 정크선 9척, 항구 5군데, 군 주둔지 2군데, 해안 포대 1군데를 박살낸 증기 전함에 속수무책이었다.[28] 비참한 전쟁, 대규모 반란의 발발, 전과 마찬가지로 비참한 (이번에는 프랑스가 연합한) 영국과의 두 번째 전쟁을 차례로 겪은 이후, 중국은 세계 자본주의 체계에서 종속적이고 점점 더 주변부적인 국가가 되었다. 이러한 지위와 권력의 상실은 아편 전쟁의 패배가 낳은 주된 결과였다. 이 패배로 인해 서양의 군사적 우위의 완전한 함의가 무자비하게 드러나면서, 중국뿐만 아니라 일본의 통치 집단도 군사적 근대화라는 긴급한 과제를 자각하게 되었다. 또한 이로 인해 중국과 일본은 오랜 기간 유럽 체계의 특징이었던 군비 경쟁에 뛰어들게 되었다.[29] 일본과 중국의 산업화 노력이 처음에는 비슷한 경제적 결과를 낳았지만, 1894년 청일 전쟁에서의 일본의 승리는 양국 간의 근본적인 차이를 드러내는 징후였다. 중국에서 산업화 추진의 주요 주체는 지방 당국이었다. 1850년대의 반란을 진압하는 동안 중앙 정부에 대한 지방 당국의 권력은 상당히 확대되었고, 산업화의 도입으로 인해 지방 당국의 자율성이 강화되었다. 이와는 대조적으로 일본에서는 산업화 추진이 메이지 유신의 필수 부분이었는데, 메이지 유신은 지방 당국을 희생시켜 중앙 정부의 수중에 권력을 집중시켰다.[30] 결국, 청일 전쟁의 결과는 일본과 중국의 산업화 궤적의 기저에 존재하던 분기를 심화했다. 이 패배로 인해 중국은 기존의 취약하던 국가적 응집력이 더욱더 약해졌고, 주권을 제한받았으며, 전쟁 배상금에 짓눌렸다. 이는 청나라 체제의 최종적 붕괴와 반[4]주권적인 군벌들의 자치 확대로 이어졌으며, 뒤이어 일본의 침략, 민족주의 진영과 공산주의 진영 간의 반복되는 내전들이 일어났다. 이와는 대조적으로 일본은 1894년 청일 전쟁에서의 승리와 뒤이은 1904~1905년 러일 전쟁에서의 승리로, 이리에 아키라ⅹ

江昭의 말을 빌리자면, "제국주의 정치의 게임에서 상당한 지위를 지 닌 참여자"로 자리 잡게 되었다.[31]

일본은 (1895년의 대만을 비롯하여) 중요한 중국 영토를 획득하고 1910년에 조선을 식민지로 합병하면서, 저렴한 식량, 원료, 시장을 안정적으로 해외에서 얻을 뿐만 아니라 미래에 중국을 공격할 수 있 는 유용한 전초기지들을 확보했다. 동시에 일본은 일본 국민 소득의 3분의 1이 넘는 중국의 배상금으로 중공업을 확대할 자금을 마련했 으며, 자국에서의 산업 확대와 제국주의적 해외 팽창을 위한 추가 자금을 런던에서 얻어낼 수 있었다.[32] 일본은 1931년 만주 장악에 이어 1935년 허베이華北 점령과 1937년에 시작된 전면적인 중국 침 공, 이후의 내륙 아시아 일부 및 동남아시아 다수 지역의 정복으로 지역 내 지배 국가로서는 영국을 능가했다. 하지만 지역 패권을 얻 기 위한 일본의 노력은 지속될 수 없었다. 일본은 15년간의 중일 전 쟁(1931~1945년)에서 교착 상태에 빠지게 되었고, 진주만 침공에 맞서 폭발한 미국 주도의 막대한 화력에 직면하여 항복하게 되었는 데, 이는 제국의 과대 확장이 보여주는 전형적인 사례였다. 일단 일 본이 패하게 되자, 중화인민공화국이 동아시아의 중심적 지위를 놓 고 서구와 경쟁하게 되었으며, 이는 지금까지도 이 지역의 추세와 사건을 형성하고 있다.

## 동아시아 부흥
## : 미국과 일본 주도의 국면

아편 전쟁에서 2차 세계 대전까지 100여 년 동안 동아시아의 국가 간 관계는 군사주의, 자본주의, 영토 팽창주의의 결합으로 드러났으며, 이는 서양의 번영을 확보해주었으나 동아시아에, 즉 처음에는 중국과 조선에, 그리고 결국에는 일본에게도 거대한 불행을 가져다주었다. 그러나 이와는 대조적으로 2차 세계 대전의 종전 이후 반세기 동안은, 서구 체계와 동아시아 체계의 혼성화hybridization가 방향을 바꾸어놓았으며, 점차 지역의 경제적 부흥에 유리한 조건들을 창출하였다.

1945년에 미국이 일본을 군사적으로 점령하고, 한국 전쟁의 여파로 동아시아 지역이 적대적인 두 진영으로 분열되자, 브루스 커밍스Bruce Cumings의 표현에 따르면, "(일본, 한국, 대만, 필리핀과) 쌍무적 방위 조약을 통해 결속되고, 이 네 나라의 외교 당국 위에 군림하는 미국 국무부가 지휘하는 미국의 수직적 체제가 만들어졌으며, 이 네 나라는 모두 반半주권 국가가 되었다."33) 이러한 미국 체제의 군사주의적 성격은 13세기 말과 14세기 초의 원나라 체제와 결국에는 실패한 20세기 초의 일본 중심 체제라는 부분적인 예외를 제외하고는 동아시아에서는 전례가 없는 것이었다. 그렇지만 미국 체제는 중국 중심의 조공 무역 체계와 세 가지 측면에서 중대한 유사성을 보여주었다. 첫째, 중심 국가의 국내 시장이 예속국들의 시장보다 비교할 수 없을 정도로 컸다. 둘째, 정권의 정당성을 인정받고 중심 국가의 국내 시장에 접근하기 위해서 예속국들은 중심 국가에 대한 정치적 종속 관계를 받아들여야만 했다. 셋째, 예속국들은 정치적 종속에 대한 대가로 중심 국가로부터 "선물"을 받았으며, 매우 유리한 무역 관계를 인정받았다. 이것이 팍스 아메리카나의 전후 초기의 "관대한" 무역과 원조 체제였으며, 이는 동아시아 경제 부흥이 시작되는 데 결정적인 기여를 했다.

이러한 유사성에 비추어보면, 미국이 2차 세계 대전 이후에 이전 시기 중국 중심의 조공 무역 체계의 주변부를 미국 중심의 조공 무역 체계의 주변부로 전환시켰다고도 볼 수 있다. 그러나 미국 중심의 체계는 제국과 예속국 사이의 정치적 교환 관계를 조성했는데, 이는 예전의 중국 중심 체계에서는 전례가 없던 것이다. 이러한 관계 속에서 미국은 지역적으로 그리고 전 지구적으로 보호의 제공과 정치적 권력 추구를 특화한 반면, 동아시아의 예속국들은 무역과 이윤 추구를 특화하였다. 이러한 정치적 교환 관계는 동아시아 지역의 부흥을 이끌어낸 일본의 극적인 경제 팽창을 촉진하는 데 결정적인 역할을 했다. 이 부흥이 막 시작되었을 때, 프란츠 셔먼Franz Schurmann이 언급하였듯이, "일본 정부는 방위비 부담에서 자유로웠기 때문에 모든 자원과 에너지를 경제 팽창 정책에 쏟아부었으며, 이는 일본에 풍요를 가져다주었고, 일본의 기업들이 전 세계 구석구석까지 진출할 수 있게 했다."[34]

미국의 "관대함"은 미국의 냉전 정책 목표와 금융 역량에 기인했으며, 그에 의해 좌우되었다. 이 점에서 결정적인 것이 조지 케넌George Kennan의 봉쇄 정책인데, 이 정책은 커밍스의 표현에 따르면, "세계에는 네 개 혹은 다섯 개의 산업 구조가 존재하는데, 소련이 하나를 소유하고 있고, 미국이 네 개를 소유하고 있으며, 이 상황은 그대로 유지되어야 한다."는 사고에 기초하였다.[35] 일본의 산업 구조는 네 개 중의 하나였다. 그래서 일본의 산업 구조는 한국 전쟁 기간과 그 이후에 이루어진 미국의 막대한 지출에 의해 뒷받침되었다. 대체로 1950~1970년의 20년간 일본에 대한 미국의 원조는 평균적으로 매년 5억 달러였다.[36] 케넌이 오로지 일본에만 관심을 기울였는데도, 한국과 대만에 대한 군사 및 경제 원조는 훨씬 더 많았다.[37]

이 질서에 대한 금융 지원은 지속되기 어려웠으며, 미국이 일본의 경제 권력을 자신의 정치적 목적을 위해 이용할 방법을 찾도록 유도했다. 이미 1949년에 미국 정부는 "다양한 상품들에 특정한 생산 비용 우위를" 제공하는 미국, 일본, 동남아시아 사이의 "삼각" 무역의 장점을 어느 정도는 알고 있었음을 보여주었다.[38] 그러나 일본의 경제가 굳건하게 회복되고 미국의 금융 제약이 심해지자, 비용 절감의 필요성으로 인해 동아시아 지역 경제 내에서 일본의 역할은 재정의되었다. 1950년대에 미국은 일본과 그 구식민지들을 미국의 무역, 권력, 후원의 네트워크에 개별적으로 통합하려고 해왔다. 그에 반해 1960년대에 미국은 이들을 일본을 중심으로 한 지역적 무역 네트워크에 **상호** 통합하기 시작했다. 이 목적을 위해서 미국 정부는 한국과 대만이 일본 식민지였던 과거에 대한 민족주의적 적개심을 극복하고 일본의 무역과 투자에 문호를 개방하도록 적극 장려했다.[39]

미국의 군사주의적 조공 무역 체제하에서 일본은 20세기 전반기에 영토 확장을 통해 힘들게 손에 넣으려고 했다가 결과적으로 2차 세계 대전이라는 대참사 속에서 놓쳐버린 경제적 배후지를 "공짜로" 획득했다. 사실 일본은 경제적 배후지보다 더 많은 것을 획득했다. 일본은 미국 정부의 조치를 통해서 GATT 가입과 미국 시장 및 미국의 해외 군비 지출에 대한 특권적 접근권을 얻어냈다. 더욱이 미국 정부는 외국 자본에 대한 일본 경제의 행정적 폐쇄를 용인했는데, 이는 거의 대부분의 다른 정부들을 미국이 주도하는 냉전 십자



중국, 자본주의를 바꾸다

군 운동의 적으로 돌리는 결과를 낳을 수도 있었다.

일본은 이러한 특별 대우의 대가로 미국 전쟁-복지 국가warfare-welfare state의 고도로 효율적인 "하인"이 되었다. NSC 48/1의 첫 초고에서 어렴풋이 윤곽이 드러났듯이, 1960년대에 미국에서 금융 제약이 심해져 재정 위기의 조짐이 보이자, 일본 기업을 미국의 구매력과 값싼 아시아 노동 간의 중개자로 편입하여 생긴 비용 이익이 실현되기 시작했다. 1964년에서 1970년 사이에 미국의 대일 수입이 세 배로 증가하게 되자, 미국의 기존 대일 무역 흑자가 14억 달러 적자로 전환되었다. 그러나 미국이 일본 제조업자들로부터 미국이나 기타 지역에서보다 훨씬 낮은 비용으로 전쟁 수단과 생계 수단을 대량 조달하지 못했다면, 1960년대에 미국은 국내 복지 지출과 해외 전쟁 지출 증가로 인해 더 큰 금융상의 타격을 입었을 것이다.

일본의 지원에도 불구하고 동아시아에서 미국 중심의 냉전 체제는 성립된 지 얼마 되지 않아 붕괴하기 시작했다. 이 냉전 체제는 한국 전쟁 동안 자리를 잡았는데, 이는 "미국의 군사 시설 군도archipel-ago"40)에 의해 뒷받침되는 봉쇄와 전쟁 위협을 통해서 중화인민공화국을 이 지역의 비공산주의권과의 정상적 통상 외교 관계에서 배제함으로써 이루어졌다. 그에 반해서 베트남 전쟁의 패배 이후 미국은 중국이 여타 동아시아 국가들과 정상적인 통상 외교 관계를 수립하는 것을 받아들일 수밖에 없었다. 이로 인해 이 지역의 경제 통합과 팽창의 범위는 상당히 넓어졌지만, 이 과정을 통제하는 미국의 능력은 그만큼 감소했다.41)

이 지역에서 미국 군사 체제의 위기 및 이와 동시에 발생한 일본의 국내 시장과 기업 네트워크의 팽창은 이식된 (서구) 유형보다는 이 지역에 고유한 (동아시아) 유형에 더 가까운 국가 간 관계 유형이 다시 출현했다는 것을 보여준다. 이 지역에 고유한 (동아시아) 유형에서는 그 중심적 역할이 주로 체계 내 국민 경제들의 상대적 규모와 고도화 정도에 따라 결정되는 반면, 이식된 (서구) 유형에서는 그 중심적 역할이 주로 체계 내 군산 복합체들의 상대적 힘에 따라 결정된다. 베트남에서 미국의 패배는 권력의 원천으로서의 산업 군사주의industrial militarism의 한계를 폭로했고, 반면 1980년대에 세계 정치에서 점증하는 일본의 영향력은 군사적 권력 원천보다 경제적 관계가 점점 더 유효하다는 사실을 보여주었다.

이러한 성쇠의 반전은 미국 군산 복합체의 위기에서만 비롯된 것이 아니다. 이는 또한 1870년대 이래로 미국 자본의 부를 일구어온 수직적 통합 방식의 다국적 기업들이 처음으로 겪기 시작한 위기에서 시작된 것이기도 했다. 수직적 통합 방식의 다국적 기업들이 세계적으로 늘어나고 다양해지면서 기업 간 상호 경쟁이 격렬해졌고, 이로 인해 이 기업들은 그동안 자기 조직 내부에서 수행하던 업무를 소기업들에게 하청을 주어 비용을 절감해야 했다. 기업의 수직적 통합과 관료화 경향은 소기업의 비공식적 네트워크와 종속적 활성화의 경향으로 대체되기 시작했다. 이 새로운 경향은 세계 어디에서나 두드러지게 나타났지만, 동아시아보다 더 성공적으로 추진된 곳은 없었다. 동아시아에서 일본의 대기업들은 형식상으로는 독립적인 다층적 하청업체의 지원에 크게 의존했다. 1970년대 초부터 이러한 다층적 하청 체계의 규모와 범위는 일출 효과溢出效果*로 인해 점점 더 많은 동아시아 국가들로 급속히 확대되었다.[42]

이 일출 효과는 섬유, 금속 제품, 전자 기계와 같은 노동 집약적 산업이 소득이 낮은 동아시아 지역으로, 즉 제일 먼저 한국, 대만, 홍콩, 싱가포르라는 떠오르는 네 마리 호랑이로 대량 이전되도록 촉진함으로써, 이 지역의 경제 부흥이 시작되는 데 결정적인 기여를 했다. 임금 상승으로 인해 산업 생산의 저부가가치의 말단에서 네 마리 호랑이의 경쟁 우위가 약해짐에 따라 이 국가들의 기업들은 일본 기업들과 협력하여 인접한 (주로 아세안) 국가들의 여전히 풍부하고 값싼 노동 자원을 활용했다. 그 결과로 노동을 찾아 나서는 지역적 팽창의 두 번째 라운드가 벌어졌으며, 이는 첫 번째 라운드와 비슷하지만 더 큰 규모로 자신의 기반이 되는 노동 자원의 경쟁력을 약화시켰다. 이런 상황이 발생하자마자 한층 더 큰 규모로 세 번째 라운드가 시작되었다. 일본과 네 마리 호랑이의 기업들은 두 번째 라운드의 지역적 산업 팽창의 수용자들과 결합하여 거대하고 경쟁력 있는 값싼 노동 예비군을 보유하고 있던 훨씬 더 가난하고 인구가 많은 나라들(특히, 중국과 베트남)로 저부가가치의 노동 집약적 활동을 이전시켰다.[43)]

일본 자본은 노동을 찾아 나서는 연쇄적인 투자 라운드들로 인해 나타난 이러한 "눈덩이snowballing" 과정의 주도적인 중개자였으며, 이 과정은 1970년대와 1980년대에 지역적 팽창을 조장하고 유지시켰다. 그러나 처음부터 대부분의 동남아시아 국가들에서 일본 기업과 현지 기업 간의 주요 중개 역할을 한 것은 이 지역의 현지 기업 네트워크에서 지배적 지위를 차지해온 화교들이었다. 일본의 다층

---

* **일출 효과** 어떤 요소의 생산 활동이 그 요소의 생산성은 물론 다른 요소의 생산성을 증가시켜 경제 전체의 생산성을 올리는 현상을 말한다.

적 하청 체계가 지역 전역으로 확장된 것은 위로부터 미국의 정치적 후원을 받았을 뿐만 아니라 아래로부터 화교들의 상업적 금융적 후원이 뒷받침되었기 때문이다.[44]

그러나 시간이 지남에 따라 이 양쪽의 후원은 이 지역의 경제적 통합 및 확장 과정을 주도하는 일본 기업들의 능력을 제약하기 시작했다. 1990년대 초에 한 일본 대기업 대표가 한탄했듯이, 일본은 군사력을 보유하지 못했기 때문에 일본 기업들은 미국 기업들이 하듯이 다른 나라의 정책 결정에 영향을 미칠 수 없었다. "이것이 미국 기업과의 차이이며 …… 일본 기업가들이 고려해야 할 부분이다."[45] 이 차이는 단지 일본이 제3국의 정책에 영향력을 행사하는 미국의 능력에 필적할 수 없다는 것만 의미하는 게 아니었다. 더 중요한 것은 미국에 대한 일본의 군사적 의존으로 인해 일본의 정책이 미국의 이해관계에 따라 결정될 가능성이 그 반대의 경우보다 훨씬 높다는 사실이었다.

이러한 비대칭은 전후 미국의 "관대한" 무역 및 원조 체제가 잘 돌아가고 있는 동안은 문제가 되지 않았다. 그러나 미국의 후한 지원에 대한 재정 제약이 심해져서 미국이 베트남 철수를 결정하고 중국과의 관계 회복을 시도하자마자, 일본에 대한 미국의 보호 공급 "가격"이 가파르게 상승하기 시작했다. 그래서 1980년대 초중반 레이건 시대에 소련과의 군비 경쟁이 확대되자, 일본은 미국의 대외 경상 수지 적자와 대내 재정 적자에 대한 자금 지원을 상당 부분 분담하도록 요구받았다. 게다가 미국이 세계 금융 시장에서 자금을 얻기 위해 벌인 경쟁으로 몇몇 라틴 아메리카 나라들이 거의 파산 상태에 이르자 일본 은행들은—바바라 스톨링스Barbara Stallings의 표현

에 따르면―"미국 은행들 자체보다 훨씬 더 충실하게"[46] 계속되는
채무 위기를 처리하기 위한 미국의 지침을 따랐다. 그리고 미국 정
부가 이 위기를 관리하기 위해 IMF와 세계은행을 강화하기로 결정
하자, 일본은 이 기구들의 투표 구조를 크게 바꾸지 않으면서도 이
기구들에 대한 분담금을 더 많이 부담하는 데 기꺼이 동의했다.[47]
동시에 미국은 일본이 엔화의 대폭 평가 절상과 소위 대미 수출에
대한 자발적 제한 조치 확대를 통해 경쟁을 억제하도록 강제하기 시
작했다. 이러한 상황은 아버지 부시 정부하에서 일본에게 130억 달
러에 달하는 걸프전 비용을 진정한 "보호 비용"으로 뜯어내면서 절
정에 달했다.[48] 이러한 환경에서 일본은 미국과의 정치적 교환 관
계에서 얻는 이득이 줄어들기 시작했다. 설상가상으로 미국 기업들
은 일본 기업들과 효과적으로 경쟁하기 위해 스스로 구조 조정을 시
작하였으며, 직접 투자를 통해서뿐만 아니라 특히 느슨하게 통합된
조직 구조 속의 모든 종류의 하청 계약을 통해 동아시아의 풍부한
노동과 기업 자원을 활용했다. 이러한 경향의 가장 극적인 결과로,
GM과 같은 수직 통합형 기업 대신 월마트와 같은 하청형 기업이 선
도적인 미국 기업 조직으로 등장하였다.[49] 개리 해밀턴<sup>Gary Hamilton</sup>
과 창웨이안張維安이 보여주었듯이, 월마트의 하청 계약 같은 "구매
자 주도"의 하청 계약은 후기 중화제국의 대기업들의 두드러진 특징
이었으며, 현재까지도 대만과 홍콩에서 지배적인 기업 조직 형태로
남아 있다.[50] 따라서 미국 하청 네트워크의 형성과 확장은 서양이
동아시아 유형으로 수렴하는 또 하나의 사례로 해석할 수 있다.

　이러한 수렴에도 불구하고, 세계의 선도적 자본주의 조직들 간의
경쟁이 격해지는 동안 동아시아 하청 네트워크의 동원으로 주로 이

득을 본 것은 일본 자본도 미국 자본도 아니었다. 오히려 여기서 가장 이득을 본 것은 동아시아 발전 경로의 또 다른 유산인 화교 자본이었다. 앞서 언급했듯이 화교 공동체는 수세기 동안 중국 중심의 조공 무역 체계의 틈 속에서 싹튼 자본주의 맹아의 주요 발생지였다. 공산당이 국민당에 승리하여 동남아시아로 이주한 중국인들이 갑자기 크게 증가하면서 화교 공동체에 기업가들이 충원되었다. 바로 뒤이어 한국 전쟁으로 인해 지역 간 무역 흐름이 되살아났고, 화교들에게 새로운 사업 기회가 생겨났다. 동시에 유럽과 미국의 식민지 시대의 대규모 기업이 철수하고 유능한 합작 파트너를 찾는 새로운 다국적 기업이 등장했다. 중국 대륙과 주변 해양 지역 간의 무역 중개자로서의 화교의 역할은 중화인민공화국에 대한 미국의 무역 금지와 중화인민공화국의 대외 무역 제한으로 인해 억압당했지만, 그럼에도 화교들은 동남아시아 경제의 감제고지瞰制高地를 확실히 장악하였다.[51]

화교 자본은 따라서 일본의 다층적 하청 체계의 국경을 뛰어넘는 팽창과 지역 내 사업 파트너를 찾는 미국 기업의 수요 증가로 이윤을 얻기에 아주 유리한 위치에 있었다. 동아시아의 양질의 저비용 인적 자원을 둘러싼 경쟁이 격렬해질수록 화교는 점점 더 이 지역에서 가장 강력한 자본주의적 네트워크 중 하나로 부상했으며, 다방면에서 미국과 일본의 다국적 기업 네트워크를 압도하였다.[52] 그러나 화교들이 부와 권력을 갖게 되는 가장 큰 기회는 1980년대에 중국 대륙이 지역 시장과 세계 시장에 재통합되면서 찾아왔다. 이런 점에서 중화인민공화국의 대외 무역 및 외국인 투자 개방은 결정적이었으며, 개방의 성공으로 인해 동아시아 부흥의 완전히 새로운 단계,

즉 중국이 다시 지역 경제의 중심으로 서는 단계가 시작되었다.

## 전통으로부터의 유산과 중국 경제의 부상

미국과 일본이 주도하는 동아시아의 경제 부흥은 서양의 부유한 (그리고 점차 경쟁력을 상실한) 생산자들과 소비자들의 수요를 충족시키기 위해서 점점 더 큰 규모로 지역의 저비용 노동 자원을 동원하는 눈덩이 과정에 기초했다. 일단 지역 내 미국 중심의 군사 체제가 중국이 여타 동아시아 국가들과 정상적인 통상 외교 관계를 맺는 것을 다시 받아들일 수밖에 없게 되자, 중국은 노동을 찾아 나서는 이 눈덩이 과정의 가장 유력한 종착지가 되었다. 그러나 이 과정이 중국을 부유하게 만들지 가난하게 만들지는 대체로 노동을 찾는 투자 쇄도의 주요 수혜자가 외국 투자자들보다는 중국 국민들이 되도록 만드는 중국 정부의 능력에 달려 있었다.

덩샤오핑의 개혁이 성공한 것은 두 가지 핵심 조치를 통해 이 조건들을 충족시켰기 때문이다. 그중 하나는 1980년대에 중화인민공화국이 중국을 지역 및 세계 경제에 재통합시키고 "일국양제一國兩制" 모델에 따라 홍콩과 마카오, 종국적으로는 대만을 되찾는다는 이중의 목표를 추구하면서 화교들의 지원을 요청한 결정이었다. 이 동맹은 중국 정부의 미국, 유럽, 일본 기업들에 대한 개방 정책보다 훨씬 더 성과가 컸다. 외국 기업들은 노동자의 고용과 해고, 상품의 구매과 판매, 이윤의 해외 송금에 대한 자유를 제한하는 규제에 시달리자, 중국에 발판을 마련하는 데에 필요한 최소한의 투자만 유지하려는 경향이 있었다. 이와는 상반되게 화교들은 현지 관행 및 풍습, 언어에 친숙했고, 친족 관계와 지역 공동체 유대를 잘 활용했으며, 공산당 관료들에게 우대받았기 때문에 규제에 훨씬 덜 시달렸고, 이 규제를 회피하거나 자신의 이점으로 만들 수 있었다. 이런 까닭에 외국 기업들이 "투자 환경"을 불평하고 있는 사이에, 화교 기업가들은 40여 년 전에 상하이에서 홍콩으로 옮겨간 만큼이나 빠른 속도로 (그리고 그 당시보다 더 큰 규모로) 홍콩에서 광둥으로 옮겨가기 시작했다. 이러한 성공에 고무되어, 1988년에 중국 정부는 그간 홍콩 주민에게 부여하던 특권의 상당 부분을 대만 주민에게도 확대하여 화교 자본의 신뢰와 지원을 얻기 위한 노력을 배가했다.[53]

중국공산당과 화교 기업 간에는 천안문 사건이 발생하기 훨씬 전부터 이와 같은 정치적 동맹이 형성되어 있었다. 천안문 사건 이후 미중 관계가 냉각되자 중국에 대한 서양의 투자 열기는 더 시들해졌다. 그러나 중국의 부상이 자신의 힘으로 탄력을 받게 되자마자, 일본, 미국, 유럽의 자본들은 어느 때보다 대규모로 중국에 투자하기 시작했다. 외국인 직접 투자는 1980년대를 통틀어 전부 200억 달러에 지나지 않았는데, 2000년에는 2000억 달러까지 치솟았고, 이후 3년 만에 4500억 달러로 배 이상 늘었다. 하지만 클라이드 프레스토위츠[Clyde Prestowitz]가 언급했듯이 "만약 외국인들이 투자하고 있다면, 이는 화교들이 더 많이 투자하고 있기 때문이다."[54]

다시 말해서, 외국 자본은 경제 팽창이라는 시류에 편승한 것이지 경제 팽창을 일으키거나 주도한 것이 아니었다. 외국인 직접 투자는 중국 수출을 끌어올리는 데 주된 역할을 했지만, 중국의 수출 호황은 중국 부상의 최근의 일화이고, 그렇다 해도 외국 자본(특히 미국 자본)은 중국이 외국 자본을 필요로 하는 것보다 훨씬 더 중국을 필요로 했다. 인텔에서 GM에 이르기까지 미국 회사들은 중국의 매우 경쟁력 있는 노동 공급과 빠르게 성장하고 있는 국내 시장을 이용하기 위해 중국에 투자하느냐 아니면 경쟁자들에게 패배하느냐라는 지상 과제에 직면했다. 더욱이 중국은 빠른 속도로 단순 제조업 중심지에서 첨단 기술 제품의 가장 중요한 개발·판매 지역으로 변해 왔다. 미국의 한 첨단 기술 기업의 부사장이 언급했듯이 "중국만큼 중요한 나라가 될 수 있는 곳은 거의 없다."[55]

중국은 어떻게 이렇게 중요한 나라가 되었는가? 화교의 지원을 요청한 덩샤오핑의 결정에 더하여, 중국 생산자들이 노동을 찾는 해외 투자의 쇄도를 이용할 수 있게 한 가장 결정적인 조치는 농촌에 기반을 둔 시장 경제 전통을 부활시킨 것이었다. 1978~1983년에 농가 생산 책임제를 도입하여 잉여 농산물 처리에 대한 의사 결정권과 통제권을 인민공사에서 일반 농가로 돌려주었으며, 게다가 1979년과 1983년에 농산물 수매 가격이 대폭 상승하자 농업 수익이 크게 증가하였다. 이는 기존에 인민공사와 사대 기업社隊企業*이 비농업 제품을 생산하던 경향을 강화했다. 정부는 지리적 이동에 대한 여러 가지 제도적 장벽을 이용하여 농민들에게 "탈농재촌離土不離鄕"을 장려하였으나, 1983년에는 농촌 주민들이 장거리 운송 및 거래를 통해 제품의 판로를 찾을 수 있도록 허가해주었다. 1984년에

---

＊ **사대 기업** 과거 인민공사에서 직접 운영하던 농촌 지역의 중소기업들로서, 개혁 개방 이후 크게 발전한 향진 기업의 모체라고 할 수 있다. 향진 기업鄕鎭企業은 농촌지역에 존재하고 농민들에 의해 설립된 다양한 형태의 비국유 기업을 뜻하는 데, 1980년대에서 1990년대에 이르기까지 중국 농촌지역의 생산, 고용, 도시화 등 여러 측면에서 경제 성장을 주도했으며, 각 지역의 특성에 맞게 다양한 형태로 발전하여 큰 주목을 받았다.

규제는 더욱 완화되어, 농민들은 인근 도시에서 새로 생겨난 집체 소유의 향진 기업에서 일할 수 있게 되었다.[56]

재정 분권화는 경제 성장을 촉진하고 재정 여유분을 장려금으로 사용할 수 있게 지방 정부의 자율성을 보장하였으며, 관할 지역의 경제적 성과에 기초하여 간부를 평가하는 새로운 시스템이 도입되면서 지방 정부에 경제 성장을 뒷받침하려는 강한 동기가 부여되었다. 이러한 재정 분권화와 새로운 간부 평가 시스템으로 인해 향진 기업은 당 간부와 정부 관료가 발전이라는 새로운 목표를 위해 자신의 기업가적 능력을 쏟아붓는 가장 중요한 장소가 되었다. 또한 향진 기업들은 대부분 재정적으로 자립했기 때문에, 농촌의 잉여 노동력을 생산적으로 흡수할 수 있는 노동 집약적 산업 활동에 농업 잉여를 재할당하는 주요 중개자가 되었다.[57] 그 결과로 비농업 활동에 종사하는 농촌 노동력이 1978년의 2800만 명에서 2003년의 1억 7600만 명으로 폭발적으로 증가했다. 이 중 대부분이 향진 기업에서 증가했으며, 1980년에서 2004년 사이에 도시 지역의 국유 부문과 집체 부문에서 없어진 일자리의 거의 네 배에 달하는 일자리를 만들어냈다. 이 시기의 끝 무렵에 향진 기업은 도시 지역의 외자 기업, 민간 기업, 합자 기업의 노동자를 모두 합친 것보다 두 배 이상 많은 노동자들을 고용하고 있었다.[58]

1993년에 덩샤오핑 스스로도 인정했듯이, 중국 지도부는 향진 기업의 폭발적인 성장에 깜짝 놀랐다. 정부는 1990년에야 향 혹은 진의 모든 주민에게 집체 소유권을 부여하는 한편, 지방 정부에 경영자 임면권을 부여하거나 임면권을 정부 기관에 위임할 수 있게 하여 향진 기업의 법제화와 규제에 개입했다. 정부는 향진 기업의 이윤

배당도 규제했다. 이윤의 절반 이상을 기업의 현대화, 생산 확대, 복지 기금 및 상여금 기금 증대를 위해 재투자하도록 지시했으며, 그 나머지 대부분도 농업 인프라 건설, 기술 서비스, 공공 복지, 새 기업에 대한 투자에 헌납하도록 했다. 1990년대 후반에는 모호하게 정의된 재산권을 주식 보유 형태로 혹은 완전한 사적 소유권으로 전환하려는 시도가 있었다. 그러나 이러한 규제를 강제하기 어려웠기 때문에, 향진 기업은 범주화하기 힘든 다양한 지역별 방식을 특징으로 하게 되었다.[59]

그러나 향진 기업은 이러한 조직적 다양성에도 불구하고, 혹은 아마도 그 다양성으로 인해 개혁이 성공하는 데 결정적인 기여를 했다. 첫째, 향진 기업은 그 노동 집약적 성향으로 인해 도시 지역으로의 대규모 이주 증가 없이 농촌 지역의 잉여 노동을 흡수하고 소득을 증가시켰다. 실제로 1980년대의 노동 이동은 대개 농민들이 농업을 버리고 농촌의 집체 기업에서 일하는 것으로 나타났다. 둘째, 상대적으로 향진 기업은 규제를 덜 받았기 때문에, 향진 기업이 수많은 시장으로 진출하자 전체적으로 경쟁 압력이 증대하였으며, 국유 기업뿐만 아니라 도시 지역의 모든 기업들이 생산성을 늘려야 했다.[60] 셋째, 향진 기업은 농촌 지역의 주요 세원이 되어, 농민들의 재정 부담을 줄이고 사회 안정성에도 기여했다.[61] 넷째, 가장 중요하고 핵심적인 측면으로, 향진 기업은 이윤과 임대 수익을 지역에 재투자하여 국내 시장의 규모를 확대하였으며, 투자, 일자리 창출, 노동 분업의 새로운 조건을 만들어냈다. 릴리 차이Lily Tsai가 중국 농촌에 대한 광범위한 연구에 기초하여 관찰했듯이, 가계 혈통이나 특정 사찰에 소속되는 것은 공식적인 민주적 관료 제도의 실질적인 대체물이다. 왜냐하면 지방 정부의 관료들은 이러한 비공식적인 규칙이나 규범의 영향을 받아 사회 안정을 유지하는데 필요한 수준의 공공재를 공급하기 때문이다. 향진 기업의 기업주 및 경영자에게는 사회적 동기, 정치적 보상 외에도 공산당 당원이 되거나, 인민대표대회 대의원이 되거나 농촌 지방의 간부로 임명되는 것이 지역 공동체에 잉여금을 재투자하는 주요 동기가 되었다.[62]

이와 유사하게 질리언 하트Gillian Hart는 오랜 기간 동안 임노동 고용으로 흡수할 수 있는 수요 조건을 창출하지 않은 채로 농민들을 토지에서 몰아낸 남아프리카공화국과 비교하여 중국의 발전 장점을 요약하면서, 향진 기업이 이윤을 그 지역에 재분배, 재투자하고, 학교, 보건소 및 기타 형태의 집단적 소비에 사용한 점을 강조했다. 더욱이 농가 간의 토지 분배가 상대적으로 평등했기 때문에 다수 향진 기업에 소속된 주민들은 공업 및 기타 형태의 비농업 노동에 종사하는 동시에 소규모 토지를 집약적으로 경작하여 생계를 조달할 수 있었다. 실제로 "도시 지역의 기업과 달리 〔향진 기업의〕 성장을 이끌어낸 핵심적인 힘은 향진 기업이 노동자들에게 주택, 의료, 퇴직금 등의 혜택을 제공할 의무가 없었다는 점이다. 사실상 기업은 대부분의 노동 재생산 비용 부담을 피해갔다." 나아가 하트는 이러한 유형이 중국뿐만 아니라 대만에서도 관찰된다고 말한다.

중국과 대만의—남아프리카공화국과 완전히 구별되는—특징은 1940년대 후반부터 시작된 토지 재분배 개혁이 효과적으로 지주 계급의 권력을 무너뜨렸다는 것이다. 중국과 대만에서 농지 개혁을 추진한 정치 세력들은 밀접한 연관이 있으면서도 정반대의 위치에 있었다. 하지만 사회주의 중국과 탈사회주의 중국 모두에서, 그리고 "자본주의" 대만에서도 농촌을 완전히 바꾸어놓은 재분배 개혁은 토지로부터의 추방이 없는 급속하고 분권화된 산업 축적이라는 특징을 나타낸다.[63]

이러한 관찰은, 중국보다는 아프리카의 사하라 이남 지역과 라틴 아메리카에 더 많이 존재하는 도시와 준도시의 실업·불완전 고용 노동자들보다 중국의 사례처럼 생계 수단에서 부분적으로만 분리되어 있는 대규모의 농민층이 경제 성장을 촉진하는 더 커다란 경쟁적 이점이 되는가라는 질문을 제기한다. 전술한 분석에서 도출되는 그 질문에 대한 답은, 값싼 노동력 공급의 풍부한 원천으로서뿐만 아니라 특히 전국 시장을 확대하는 방식으로 노동력 공급을 흡수하는 데 필요한 기업가적 에너지와 경영 기술의 원천으로서 농민을 동원하는 데 정부 정책이 성공한다면 그렇다는 것이다. 이런 측면에서 덩 샤오핑의 개혁은 대단히 성공적이었는데, 이 성공은 앨빈 소가 이 책의 3장에서 논의한 사회주의 혁명 전통에만 의존한 것이 아니라 기존의 오래된 시장 기반 발전의 전통에도 의존한 것이다.

스기하라 가오루杉原薰가 주장했듯이, 18세기와 19세기 초에 중국은 "근면 혁명industrious revolution"을 경험했으며, 이는 동아시아 특유의 기술적 제도적 경로를 확립했다. 특히 이러한 점에서 중요한 것은 가구를 중심으로, 그리고 그보다는 덜하지만 농촌 공동체를 중심으로 노동을 흡수하는 제도적 틀의 발전이었다. 소규모 생산이 경제 향상을 지속시킬 수 없다는 일반적인 견해와는 달리, 이러한 제도적 틀은 거의 동시대에 영국에서 지배적이던 계급 기반의 대규모 생산에 비해 중요한 이점을 가지고 있었다. 영국에서 노동자들이 경영과 관련한 사항을 공유하고 유연 전문화flexible specialization에 필요한 대인 관계 능력을 발전시킬 기회를 박탈당했던 반면에, 동아시아에서는

특정한 업무의 전문화보다는 여러 가지 업무를 잘 수행할 수 있는 능력이 선호되었으며, 개인의 재능을 향상시키는 것보다는 다른 가족 구성원들과 협력하려는 의지가 장려되었다. 무엇보다도 가족 구성원 모두가 농장의 작업 방식에 적응하고, 부수적이거나 긴급한 상황에 유연하게 대처하며, 생산 경영과 관련된 문제에 함께하고, 앞으로 일어날 문제를 예방하도록 노력하는 것이 중요했다. 일반적인 기술 숙련과 더불어, 경영 기술은 가족 수준에서 적극적으로 추구하던 능력이었다.[64]

동아시아의 제도적 틀 속에서는 비록 고정 자본이나 원거리 무역에 대한 투자 또는 대규모 혁신을 할 만한 여지는 거의 없었지만, 노동 집약적 기술을 발전시킬 수 있는 훌륭한 기회가 있었다. 노동 집약적 기술은 시간당 혹은 일당 생산량을 증가시키지는 않았을지라도, 연간 일인당 소득은 증가시켰다. 이러한 종류의 발전과 서구의 경로에 따른 발전 사이의 차이는 비非인적 자원보다는 인적 자원을 훨씬 더 많이 활용했다는 데에 있다.[65]

향진 기업에서 집약적인 소토지 경작이 공업 및 기타 형태의 비농업 노동, 그리고 노동의 질적 향상에 대한 투자와 함께 이루어지고 있다는 하트의 관찰은, 중국에서 근면 혁명의 유산이 지속되었다는 스기하라의 주장을 뒷받침한다. 이런 측면에서 똑같이 중요한 것이

     중국, 자본주의를 바꾸다

바로, 인적 자원을 가능한 한 충분히 활용하는 경향과 가족 수준에서 그런 인적 자원이 경영 기술과 일반 기교를 갖추게 하는 경향이다. 앨빈 소가 이 책의 3장에서 논의한 중국 혁명 전통의 교육적 성취와 결합된 이러한 경향은, 교육받은 값싼 노동력이 비싼 기계와 관리자를 대체하고 있는 도시 산업의 관행에서도 관찰할 수 있다.[66]

이러한 이중의 대체가 가진 경쟁적 이점은 자본 집약적 공장에서 일하는 미국 노동자들이 중국의 노동자들에 비해 몇 배나 생산성이 높다는 통계에 의해 묻히게 된다. 그러나 『월스트리트 저널Wall Street Journal』의 기사가 지적했듯이, 이 통계는 미국 노동자들의 높은 생산성이 다수의 공장 노동자를 복합적 유연 자동화와 물류 처리 시스템으로 대체한 것과 관련이 있으며, 이렇게 하면 노동 비용은 감소하지만 자본 비용 및 시스템 유지 비용은 상승한다는 점을 보여주지 못한다. 중국의 공장들은 (관리 비용을 포함하여) 자본을 절약하고 노동에 더 많은 역할을 재부여하여 이 과정을 전환시킨다. 예를 들어, 수동으로 만들고 취급하고 조립할 수 있도록 부품을 설계하면, 필요한 총자본의 3분의 1 정도를 줄일 수 있다.[67]

최근 연구에 따르면, 중국의 일부 산업이 자본 집약적인 생산 기술에 더 많이 의존하게 되면서 이러한 경쟁적 이점이 사라지는 과정에 있을지도 모른다고 한다. 전체적으로 중국 경제가 어디까지 변화할지는 가늠하기 힘들며, 앞으로 다가올 수십 년 동안 이 변화가 중국의 부상에 어떠한 영향을 미칠지를 예측하기는 더 힘들다. 그러나 그 미래가 어떻든 간에, 중국의 18세기 근면 혁명의 유산은 지난 25년간 중국의 가파른 경제적 부상을 둘러싸고 있는 수많은 퍼즐을 풀 수 있는 열쇠이다.

# 중국의
# 발전 경로 재고

이제 이 장의 서두에서 제기한 질문들로 돌아오자면, 전술한 분석은 세 가지 주요 답변을 시사한다. 첫째, 아편 전쟁의 종전부터 2차 세계 대전의 종전까지 중국과 그 주변 지역에 손해를 입힌 한 세기에 걸친 쇠퇴는 그 이전의 500년 동안 지속된 동양과 서양의 근본적인 비대칭 관계에서 원인을 찾을 수 있다. 명과 청 초기 중국은 자급자족적 시장 경제와 상대적으로 평화로운 지역 내 국가 간 관계 체계를 성공적으로 창출했다. 이로 인해 이 지역 전체는 끊임없는 군비 경쟁, 자본 축적, 영토 팽창의 공동 상승 작용으로 추동되는 외향적인 유럽 체계의 지구적 확장 경향과의 피할 수 없는 충돌에 취약하게 되었다. 결국 충돌이 벌어지고 아편 전쟁에서 중국이 패하게 되자 동아시아 체계는 유럽식 유형으로 수렴하기 시작했는데, 이는 몰락을 늦추기는커녕, 오히려 더 파괴적인 결과를 낳았다.

둘째, 2차 세계 대전 이후 동아시아 지역의 신속한 회복은 미국이 냉전 대립이라는 특정한 국면에서 이 지역에 수립한 군사적 질서가 주도하였다. 이 질서는 일본 경제가 회복할 수 있는 최적의 조건을 창출하였다. 더 중요한 것은 이 질서가 일본이 주도하는 노동을 찾는 투자의 눈덩이 과정이 출현할 수 있는 조건을 창출했다는 것이며, 이는 결과적으로 이 지역의 경제적 통합과 경제 팽창의 강력한 메커니즘이 되었다. 동아시아 지역의 미국 군사 체제가 베트남전 패배로 붕괴하게 되자, 이 눈덩이 과정은 중국으로의 확장을 통해 새로운 탄력을 얻게 되었으며, 중국은 곧 이 지역 및 지역 외부로부터 노동을 찾는 투자를 끌어들이는 가장 강력한 끌개가 되었다.

마지막으로 셋째, 중국 정부가 노동을 찾는 투자 쇄도를 국가의 경제 성장의 엔진으로 전환시킬 수 있게 만든 요소 중에서, 예전의 중국 중심 지역 체계의 두 가지 유산이 특히 중요한 역할을 했다. 하나는 화교들인데, 이들은 중화인민공화국이 지역 경제와 세계 경제에 재통합되는 데에 아주 효과적인 매개체가 되었다. 다른 하나는 양질의 저비용 농촌 노동 대중으로, 이들은 중국이 시장 기반의 비자본주의적 발전이라는 확고한 전통으로부터 물려받은 유산이었다. 이 두 유산은 중국의 경제 "기적"을 가능케 한 유일한 요소는 아니었지만, 가장 본질적인 요소였다.

# 중국의 경제 기적과 그 궤적

**앨빈 Y. 소**

신자유주의적 자본주의로

신자유주의에서 이탈

국가 발전주의의 부상

신자유주의에서 국가 발전주의로의 이행

미래에 가능한 경로들

냉전 시기 동안 서구 좌파들은 중국을 혁명적 사회주의 모델의 하나로 인식했다. 좌파들은 특히 공유제, 평등주의, 대중 동원, 단호한 반제국주의, 수정주의 노선에 대한 배격과 같은 마오주의 정책에 매료되었다.[1] 그럼에도 1970년대 말에 선진 자본주의 국가들은 공산주의 중국에 대한 적대감을 줄여나가며 중국의 세계 경제 복귀를 환영하였고, 이제 중국은 마오주의 정책 대신 "사회주의 시장 경제"를 선택하게 되었다. 1970년대 말 이래 중국의 경제 발전은 세계를 놀라게 했다. 중국은 수억의 인민들을 가난에서 건져냈다고 소문이 났고, 또한 세계 최대의 제조업 수출국이자 초국적 투자처가 되었다.

서구에서 좌파들은 21세기를 앞둔 시점에서 중국의 전환을 어떻게 해석할 것인가를 놓고 입장이 갈렸다. 일부는 중국의 시장 사회주의가 성장과 빈곤 해소를 달성할 막대한 기회를 제공한 것으로 간주하였고 지역 질서와 세계 질서에서 중국의 부상을 미국식의 신자유주의적 군사주의적 자본주의의 맞상대가 등장한 것으로 여겨 환영하였다.[2] 반면 다른 이들은 최근 중국의 전환을 외국 자본가가 지배하는 경제가 재출현될 조짐이 보이는 신자유주의 경제로의 변화라고 간주하며 비난하였다.[3]

이 장에서는 중국의 최근 전환이 실제 서구 신자유주의 모델보다는 동아시아 발전 국가 모델에 더 가깝다는 것을 주장하고자 한다. 다음 절에서 나는 먼저 중국의 국가 발전주의state developmentalism의 명확한 특징들을 제시하고 이 모델이 신자유주의 모델과 어떻게 다른지를 설명할 것이다. 그런 뒤 나는 지난 20여 년 동안 중국에서 이루어진 신자유주의에서 국가 발전주의로의 이행 과정을 추적하여 국가 발전주의의 미래 경로와 이것이 자본주의 세계 경제에서 갖는 함의를 논의하는 것으로 결론을 맺고자 한다.

# 신자유주의적 자본주의로

2000년대 초까지, 중국 정부는 지구화를 추진하면서 신자유주의 정책을 충실하게 수행해왔다.[4] 마오쩌둥 시기 중국 경제가 국가에 의해 완전히 통제된 이후, 마오쩌둥 이후 시기의 개혁 목표는 자본 축적을 가속화하기 위해 정부의 통제로부터 시장을 자유화하는 것이었다. 그리하여 중국 정부는 중국 경제가 자본주의 세계 경제 안에서 역동적이고 경쟁적이 될 것이라는 희망을 품고서 사유 재산권을 보장하고 자유 시장과 자유 무역을 촉진하는 제도적 틀을 구축하였다. 중국 정부가 지난 몇 년 동안 다음의 정책들을 수행해온 것은 신자유주의적 사고방식을 가지고 있었기 때문이다.

- **농민의 탈집단화와 프롤레타리아화.** 농업 공동체는 개별적 "농가 생산 책임제"가 채택되면서 해체되었다. 향진 기업은 기존의 공동체 자산으로 설립되었으나 기업가 정신, 유연 노동 관행, 공개 시장 경쟁 등의 중심지가 되었다. 동시에 농촌에서 집단적 사회권의 상실로 농민들은 교육, 의료 등의 사회 서비스에 대해 비용을 지불해야 하는 고달픈 현실을 맞닥뜨려야 했다. 집단 체계가 해체된 이후 다른 곳에서 일자리를 찾아야 되는 농민공들은—불법적으로 거주권도 없이—도시로 대거 들어와서 거대한 노동 예비군("애매한 법적 지위 상태의 유동 인구")을 형성하였다. 중국은 현재 세계에서 전례가 없는 엄청난 대량 이주 상황에 처해 있다. 이러한 농촌의 "유동 인구"는 초과 착취에 취약한 상태이며 도시 노동자의 임금 수준을 낮추는 압력 요인으로 작용하고 있다.[5]
- **시장의 복원/확대를 위한 시장화 정책.** 1980년대 말, 시장의 변동에 반응하여 유연한 노동력을 창출하는 새로운 노동 시장이 중국 경제에 도입되었다. 노동 시장이 구축된 이후, 국유 기업은 더 이상 노동자들에게 종신의 고용 안정을 제공할 필요가 없게 되었고, 국유 기업은 신자유주의가 요구하는 대로 생산성과 효율성 제고의 명목하에서 노동자의 고용과 해고에 대한 자율권을 갖게 되었다.
- **재정 분권화와 중앙 정부의 약화.** 1980년대 중반에 성, 시, 현, 향, 진의 정부들은 지방 당국이 상급 정부에 일정 비율의 세입만을

상납하도록 하는 상향식 세원 공유 제도共享稅 revenue-sharing system하에 있었다. 그러니까 지방 당국은 나머지 세입 대부분을 보유할 수 있게 되었다. 이러한 재정 분권화 정책 덕분에 이전과는 달리 지방 정부가 유보된 세입을 처분할 수 있는 권한을 갖게 되면서 지방 정부는 독립적인 재정적 실체가 되었다. 이러한 정책은 중앙 정부의 징세 능력을 심각하게 약화시켰다. 중국 정부는 지방 정부의 예산 외 자금을 통제하기 어려워졌고, 세제 수입 가운데 중앙 정부의 몫은 상대적으로 감소하여 중앙 정부가 중국의 경제생활을 효과적으로 통제할 수 없는 수준에까지 이르렀다.[6]

- **개방과 지역 격차.** 분권화와 개방의 결합이 주로 동부 연해 지역만 급속한 경제 성장을 하게 하면서 중국은 심각한 지역 간 불균등 발전 유형이 되었다. 동부 연해 지역에서는 "외향형" 경제를 특징으로 하고 있다. 다시 말해서 그 지역의 경제는 외국인 직접 투자나 수출 주도 산업화에 의해 추동되었으며 그 경제 성장은 지구적 상품 사슬과의 통합에 의존해왔다. 예를 들어 운동화 상품 사슬의 경우, 1990년대에 나이키나 리복 같은 초국적 기업이 대만의 하청업체에서 중국의 광둥성이나 푸젠성으로 생산 공장을 이전하는 추세가 나타났다. 광둥성의 신발 공장은 대만인 경영자가 운영했으며, 원부자재는 대부분 대만에서 배로 싣고 들어왔다.[7]

- **사유화와 법인화 정책.** 1990년대에, 국유 기업은 법인화가 진행되었는데, 이로써 국유 기업은 더 이상 정부의 재정 지원에 의존할 수 없게 되었고 시장 안에서 독립적으로 운영되어야 했다.

이러한 정책은 국유 부문의 규모를 축소하고 사적 부문의 규모를 늘리기 위한 의도적인 조치였다. 법인화 이후, 국유 기업들은 이윤을 창출하는 독립적 사기업들과 다름없이 운영되고 손실을 보게 되면 파산 처리되도록 요구되었다.[8]

- **사회 서비스의 상품화.** 마오주의 국가가 주택, 의료, 복지, 교육, 연금 등과 같은 사회 서비스를 필요에 따라 모든 주민에게 무상으로 제공했던 것과는 달리, 개혁 이후의 국가는 사회 서비스를 시장 원리에 따라 사람들에게 분배되는 상품으로 간주하였다. 수혜자는 이제 대부분의 복지 분야에서 이러한 서비스의 비용 일부를 지불해야 했다. 이러한 변화는 사회 보험(연금과 의료 보험 그리고 신설된 실업 보험), 고등 교육, 수많은 개인 서비스들에서 관찰된다.[9]

- **시장 자유화의 심화.** 페트라스<sup>Petras</sup>는 중국의 WTO 가입이 국유 부문의 해체, 무역 장벽의 철폐, 보조금의 중단, 농촌의 황폐화, 거의 맹목적인 수출 지향의 시장 전략을 낳을 것이며, 대외對外 생산이 중국 경제를 주도하는 힘으로 고착되게 할 것이라고 지적했다.[10]

이러한 과정을 통해서, 중국은 "신자유주의적" 자본주의 모델로 변화해왔다. 한편에서 국가 규모는 축소되고 있으며, 국가 능력은 약화되고 있고, 경제에서 국가의 역할은 심각하게 줄어들었으며, 국가는 시장과 사회에 복지 후생 서비스를 떠넘기고 있다. 다른 한편에서는 사적 부문과 다양한 노동 시장, 자본 시장, 금융 시장이 급속히 확장되고 있다.

다른 신자유주의 국가들과 마찬가지로, 중국은 신자유주의적 자본주의로의 변화 과정에서 실업 증가, 경제적 불안정, 계급 분화, 노동 착취의 심화, 보건과 교육 여건의 저하, 정부 채무 급증 및 물가 불안 등 막대한 비용을 지불했다. 그래서 하트랜즈버그<sup>Hart-Landsberg</sup>와 폴 버킷<sup>Paul Burtkett</sup>은 중국의 시장 개혁이 사회주의적 혁신을 가져온 것이 아니라 오히려 외국 자본의 지배 심화와 완벽한 자본주의로의 복귀를 낳았다고 지적하였다. 서구의 진보 학계가 중국을 경제 성공의 신화로 찬양하는 것은 잘못되었다는 것이다.[11]

이러한 신자유주의 정책에 맞서, 중국의 노동자 계급은 점차 분노하고 있다. 『중국 노동 회보<sup>China Labour Bulletin</sup>』는 "홍콩과 대륙 중국의 신문들은 연금 요구 시위, 분노한 임금 체불 노동자들의 철도 점거, 몸수색이나 초과 근무 강요와 같은 고용주들의 불법 행위에 대한 집단 소송 등 노동 쟁의에 관한 뉴스를 거의 매주 보도하고 있다."고 전했다.[12] 정부의 공식 통계에 따르면, 1998년의 경우 251,268명이 연루된 6,767건의 집단행동(일반적으로 최소 세 명 이상의 사람들에 의한 파업이나 생산 지연)이 발생했으며, 이는 1990년대 초반에 비해 900% 증가한 것이다. 이렇게 노동 저항이 확산되자 중국 정부는 노동 문제를 사회 정치적 안정의 커다란 위협으로 간주하게 되었다.[13]

# 신자유주의에서 이탈

신자유주의가 1970년대 이래 세계적인 추세가 되었지만, 데이비드 하비David Harvey는 "신자유주의의 지리적으로 불균등한 발전"과 "정치 세력, 역사적 전통, 기존의 제도적 편제 등의 모든 요소가 신자유주의화 과정의 실제 원인과 양상을 복잡한 방식으로 형성하고 있음"을 지적한 바 있다.14)

중국의 사례가 신자유주의적 시장 개혁의 초기 단계와는 잘 들어맞지만, 1990년대 중반 이후 중국의 발전은 신자유주의에서의 이탈을 보여주고 있다. 첫째, 신자유주의 문헌 속의 약한 정부의 이미지와는 대조적으로, 중국 정부는 1990년대 이후 자신의 관리 능력과 재정 능력을 증강시켜왔다. 중앙의 당-국가는 지방 지도자들에 대한 평가와 감독 체제를 강화하기 위해 새로운 "간부 책임제"를 제도화하였다. 현懸 당위원회 서기와 향진의 수장은 이행 계약을 맺고 상부에서 지시한 특정 목표를 달성하겠다는 서약을 하며 이러한 목표 달성을 위한 책임을 개인적으로 지게 된다. 공업 발전, 농업 발전, 세금 징수, 가족 계획 등 분야에 따라 계약의 내용은 다양하다. 중국의 당-국가는 선별 능력, 즉 어떤 정책을 먼저 수행할 것인지, 핵심 지방 지도자로 누구를 임명할 것인지, 어떤 분야를 전략적으로 중요한 목표로 삼을지 결정하는 능력이 있다.15) 그래서 마리아 에딘Maria Edin은 "지방 하급 정부를 통제 감독할 수 있는 능력을 의미하는 정부 능력은 중국에서 증대되고 있으며, 보통 누구나 인정하듯이 중국공산당은 탁월한 제도 적응력을 갖추고 있다."고 주장하였다.16)

게다가 정부는 재정 능력도 강화했다. 중앙의 당-국가는 1994년 "분세제分稅制 tax sharing scheme"를 도입하여 중앙과 지방 간 재정 불균형 문제를 바로잡았다.17) 분세제는 "두 가지 비율"—GDP에서 예산상의 세입의 몫과 전체 예산상의 세입에서 중앙의 몫—의 증가를 통해 중앙 정부의 경제 통제 수준을 제고하는 것을 목표로 한다. 분세제는 그 두 가지 비율을 제고하는 데 성공함으로써 중앙 정부의 재정 기반의 약화를 막고 중앙의 당-국가의 추출 능력extractive capacity*을 향상시키는 데 기여한 것으로 보인다.[18] 정융녠鄭永年은 분세제로 인해 재정 권력이 지방에서 중앙으로 옮겨갔으며 그래서 "이제는 세입에 대해 지방 정부가 중앙 정부에 의존하게 되었다."고 주장하였다.[19]

둘째, 정부 개입 축소를 요구하는 신자유주의 교의와는 대조적으로, 중국 정부는 경제에 더 깊이 개입해왔다. 중국 정부는 물적 인프라를 새롭게 구축하는 엄청난 초대형 프로젝트의 투자 채권을 발행하여 자금을 조달하였다. 중국이 경이로운 도시화율(1992년 이래 인구 1백만 이상의 도시로 확장된 지역만 최소 마흔두 곳에 이른다.)을 달성하는 데에는 막대한 고정 자본 투자가 필요했다. 신규 지하철 시스템과 고속도로가 주요 도시에 건설되고 있으며, 13,000km의 신규 철도 건설로 내륙 지역과 경제적으로 역동적인 연해 지대를 연결하는 안이 마련되어 있다. 중국은 또한 단 15년 만에 미국의 주州 간 고속도로보다 더 광범위한 성省 간 고속도로 시스템을 구축하려 하고 있으며, 거의 모든 대도시에 대형 신규 공항을 건설하고 있거나 이미 완공한 상태이다. 이러한 초대형 프로젝트들은 앞으로 수년간 자본과 노동의 잉여를 흡수할 수 있는 잠재력을 가지고 있다.[20] 이러한 대량의 채권 발행으로 사회 간접 자본 및 고정 자본을 형성하

---

* **당-국가의 추출 능력** 국가 운영에 필요한 인적 물적 자원을 확보하는 능력

　　　　　중국, 자본주의를 바꾸다

는 프로젝트를 보면 중국 정부는 신자유주의 통설에서 벗어나 케인즈주의 국가처럼 작동하고 있다.

셋째, 복지 국가의 해체를 요구하는 신자유주의 교의와는 대조적으로, 중국 정부는 2006년에 "사회주의 신농촌 건설"과 "조화 사회"라는 새로운 정책을 제시하였다.[21] 이러한 정책은 중국 정부의 이데올로기적 지향의 변화를 시사한다는 점에서 중요한 의미를 지닌다.[22] 2006년 이전의 중국 정부가 이른바 "GNP주의"라는 신자유주의적 지향을 지지하던 것과는 달리, 오늘날 중국 정부는 경제 성장과 사회 발전 사이의 더 균형 잡힌 입장으로 변화하고 있다. 시장 개혁은 계속되겠지만, 이러한 새로운 정책은 정부가 시장화의 부정적 충격을 완화하는 데 더 힘을 기울일 것이라는 점을 시사한다. 이러한 새로운 정책 속에서 정부는 발전 계획에 "인민과 환경"을 포함시켜야 했고 GNP 지표와 경제 성장만을 목표로 삼는 것에서 벗어나야 했다.

그리하여 새로운 정책에서는 국가의 재원을 농촌에 하달하여 농촌의 재정 기반을 강화하려고 한다. 농민들의 부담을 덜어주기 위해 농업세가 폐지되었을 뿐만 아니라 농민의 최저 생활 보장 수당을 지원하기 위해 농촌 지출은 15%(150억 달러 수준)까지 신장시키고 의료 보장 예산은 87%까지 대폭 확대하였다.[23] 이러한 정책들은 농민과 농촌 지역에 정부 자금을 대거 투입하는 것을 의미한다. 게다가 복지 사업의 '탈脫상품화'도 추진되었다. 농촌 주민들은 더 이상 학교에서 부과하는 수많은 갖가지 비용을 부담할 필요가 없게 되었다. 그리고 농촌에서는 9년의 기초 교육 기간 동안 교육비를 없앤다는 전국적인 캠페인 차원에서 초등학교 수업료를 폐지할 것이다. 정부는 또한 농촌의 의료 보험 조합에 대한 정부 보조금을 늘려나가고 이를 2008년까지 농촌 향 단위로 80%까지 적용할 계획을 가지고 있다. 현재 상황에서 농촌 주민들은 해당 지역의 민간 병원에서 시장 가격으로 의료비를 지불해야 한다. 이들은 대부분 의료 보험에 가입되어 있지 않아서 의료비로 자신의 보유 현금 가운데 80% 이상을 쓰고 있는 실정이다.[24] 더욱이 새로운 정책은 사회적 불평등, 특히 확대되고 있는 도농 간 격차를 줄이는 것을 목표로 추구한다. 이에 따라 연금은 등록된 도시 거주자들이 특권적 지위를 누리는 그런 것이 아니라 모두에게 그 혜택이 돌아갈 예정이다. 지난 2년 동안 중국 정부는 농촌 주민을 위한 '최저 생활 보장' 계획의 확산을 촉진해왔다. 이는 중국에서 처음으로 도시와 농촌을 가리지 않고 전체 인구를 포괄하는 사회적 안전망이 제도화하는 실제적인 가능성이 열렸다는 측면에서 매우 중요한 발전으로 평가할 수 있다.[25]

넷째, 중국이 노동 집약적인 저기술 저임금 노동에 기초한 수출용 생산의 덫에 걸려 있다는 추정과 달리, 중국은 최근 교육 체제를 현대화하고 과학 및 연구 능력을 제고하면서 첨단 기술 제품 생산에 뛰어들고 있다. 1990년대에 해외 기업들은 상당량의 중요 연구 개발 업무를 중국으로 이전하고 있다. 마이크로소프트, 오라클, 모토롤라, 지멘스, IBM, 인텔 등이 모두 중국에다 연구 실험실을 세웠는데, 이는 중국이 "기술 시장으로서 점차 세련되고 중요해지고" 있으며 "경험은 부족하지만 기술력을 갖춘 과학자들이 많고, 소비자들도 아직 상대적으로는 가난하지만 점점 더 부유해지고 있으며 신기술에 대해서도 열망"하기 때문이다.[26] 1990년대 동안 중국은 부가가치 생산의 사다리에서 위로 올라가 전자, 공작 기계 등과 같은 분야에서 한국, 일본, 대만, 싱가포르와 경쟁하기 시작했다.

다섯째, 신자유주의가 자본가 계급의 힘을 복원, 확대하는 기획이라고 본다면, 중국의 자본가 계급은 아직 허약하고 생존을 위해서도 국가에 의존적이다. 사적 부문은 급속하게 성장해왔지만 국가 부문과의 유착 관계를 끊지 못했으며, 인적 유대와 상호 지분 소유를 통해서 국가 부문과 대대적으로 유착되어 있다. 알고 보면 다수의 집체 기업들이 자본가들이 소유하고 경영하는 기업이며, 상당수의 사기업들은 국유 기업에서 분리된 회사인데, 국가 관료나 그 친족들이 소유하고 경영하고 있다. 이러한 융합으로 인해 소유 관계의 경계가 불분명하기 때문에 국가 소유인지, 집체 소유인지, 사적 부문에서 자본가가 소유한 것인지를 구분하기가 매우 어렵다. 중국에서 자본가 계급은 스스로를 민족 기업가 계급으로 재창조하고 정치적으로 국가 내부로 편입되면서 세계화의 도전과 계급 갈등의 심화에 대응해왔다.[27] 실제로 상호 침투가 아주 심해서, 2001년에 중국공산당은 사적 부문의 "선진적인" 인민들을 결국 당원으로 받아들였다.

여섯째, 신자유주의는 국가 간 경계를 완화한다는 의미를 함축하고 있지만, 중국에서 민족주의는 여전히 최고의 덕목이며 중국 정부는 중국의 국가 주권을 지키기 위해 모든 수단을 강구할 것이다. 그리하여 중국 정부는 19세기와 20세기 전반기의 민족적 굴욕을 강조하는 데 힘쓰고 있으며, 공산주의 혁명 이전에 상실된 영토(홍콩과 대만)를 회복하는 민족 통일 기획을 추진하기로 결정하고, 최근 반일 시위와 국제 스포츠 경기를 통해서 애국심을 동원하고 있다.

마지막으로 신자유주의는 초국적 기업의 성공을 의미하며 생산, 마케팅, 금융의 지구화를 위해 국가의 장벽을 낮추는 것인 반면, 중국에서 해외 간접 투자에 대한 장벽은 지난 20년 동안 중국 정부가 사전에 쌓아온 막대한 외환 보유고를 기반으로 세워졌기 때문에 중국 정부에 대한 국제 금융 자본의 압력을 효과적으로 막아낼 수 있었다. 국유 은행 이외의 금융 중개 형태—주식 시장과 자본 시장—의 허용을 꺼림으로써 중국은 자본이 국가 권력에 대항할 수 있는 핵심 무기 가운데 하나를 빼앗아버렸다.[28]

요약하자면, 중국은 신자유주의적 자본주의와는 다른 유형의 발전을 경험해왔다. 자본주의적인 세계 경제에 대한 개방의 초기 국면에는 중국이 복지 국가의 해체, 정부 능력의 약화, 시장 경제와 사적 부문의 확대, 외국인 투자에 대한 국내 장벽의 철폐, 지역적 격차, 노동자 저항의 출현 등 신자유주의적 자본주의 경로를 쫓아가는 듯이 보였다. 하지만 지난 20여 년간 중국은 신자유주의 방식을 뛰어넘어 동아시아의 국가 발전주의 유형에 더 근접한 행동을 보여왔다.

## 국가 발전주의의 부상

동아시아의 다른 발전 국가들과 비슷하게, 중국은 강력한 국가 기구를 가지고 있다. 중국에서는 국가가 기존의 경제 기득권층에 "포섭"되어 있지 않다는 측면에서 매우 자율적이었다. 구세대 자본가들은 공산주의 혁명과 문화 대혁명 시기에 대대적으로 제거되었다. 1980년대와 1990년대 시장 개혁으로 출현한 새로운 자본가들은 국가에 도전하기에는 너무 허약했고 국가 의존적이었다. 게다가 중국 정부는 발전주의 계획들을 수행할 능력이 있었다. 중국 정부는 직접

은행을 소유하고 금융 부문을 통제하기 때문에, 토착 기업들이 협력할 공산이 더욱 크고 뜻대로 이용할 수 있는 강력한 정책 도구들이 존재했다. 즉 저리 융자의 이용, 외부 경쟁으로부터의 보호, 수출 시장 접근에 대한 정부 지원 등이 모두 중국 정부가 기업들이 정부 목표에 반드시 따르게 하기 위해 사용할 수 있는 수단들이었다. 중국 기업들은 자기 자본 대비 부채 비율이 높았기 때문에 국가의 대출 철회는 중국 기업들에 아주 심각한 위협이었다.

둘째, 다른 동아시아 발전 국가와 유사하게, 중국 정부는 경제에 주도적으로 개입해왔다. 정부는 자본 축적 심화를 위한 엔진 역할을 했다. 채권 발행을 통한 자금 조달이나 인프라 구축 외에도 중국의 중앙 정부는 전략적 발전 계획안을 발전시켰으며, 가격을 결정하고 자본의 흐름을 규제하고 위험을 분산시켜왔으며 연구 개발 비용을 부담해왔다. 지방 수준에 대해서, 진 오이<sup>Jean Oi</sup>는 향, 현, 시, 성의 정부들이 지방의 자본주의적 발전을 촉진하기 위해 정치적 권위를 활용하는 양상을 설명하기 위해 "지방 정부 조합주의<sup>local state corpo-ratism</sup>"라는 문구를 만들었다.[29] 예컨대, 저우핑鄒平에서 지방 관료들은 신규 기업들에 제공하는 초기 자본금을 올려주었고 밀착 관리하면서 그 기업들의 지속적인 성장을 지원하였다. 지방 관료들은 자신들의 정치적 권위를 활용하여 투자 자본을 동원하고 신용을 배분하였으며, 지방 차원에서 초기 단계에 존재하던 것을 훨씬 뛰어넘는 시장 정보와 기술적 전문 지식을 제공하였다. 이러한 과정을 통해 지방 정부는 영리 기업의 많은 특징들을 띠게 되었고 지방 정부 관료들은 기업의 이사회처럼 행동하였다.

셋째, 다른 동아시아 발전 국가와 유사하게 중국 정부는 민족주의 이데올로기를 적극적으로 동원하여 중국을 강력하게 만들 국가 기획을 수행하는 데 이용해왔다. 개혁 이후 시기에, 더 이상 마르크스주의나 공산주의로 국가를 정당화할 수 없게 된 중국은 이데올로기적 공백을 경험했다. 따라서 민족주의는 중국 인민들의 지지를 얻기 위한 정부의 유일한 희망이 되었다. 외부 세계에 대한 적대감에만 의존하는 민족주의를 발전시키는 것이 아니라 문화적 유산과 전통을 기반으로 강력한 민족 통합 정서를 구축하는 것이 최선의 방안이라고 중국 정부는 믿고 있는 것 같다. 그러나 민족주의는 양쪽 길을 모두 그르칠 수 있다. 중국 정부는 민족주의의 과잉이 중국공산당의 통치 능력을 약화시키는 것은 물론이고 현대화 계획을 위해 장기적으로 평화적 환경을 조성한다는 중국 대외 정책의 가장 중요한 목표를 추구하는 데에도 지장을 초래할 수 있음을 잘 알고 있다. 중국 정부의 입장은 『'아니오.'라고 말할 수 있는 중국The China that Can Say No』의 저자가 옹호하는 것과 같은 극단적인 민족주의를 거부하는 것에서, 또한 반일 정서를 조절하려고 노력하는 모습에서 잘 드러난다. 실제로 신사 참배라는 일본의 도발에 대해 중국은 대만이나 홍콩보다 훨씬 더 자제하는 반응을 보였다. 민족주의를 조절하려는 중국 정부의 시도는 유고슬라비아 주재 중국 대사관에 대한 나토의 오폭 사건의 여파 속에서도 반미주의를 억제하려고 노력한 사실에서도 잘 나타난다.[30]

넷째, 다른 동아시아 발전 국가와 유사하게, 중국 정부는 외국인 투자와 자본 축적에 우호적인 환경을 유지하기 위해 노동 부문을 규율하고 노동자 시위를 탄압했으며 시민 사회 활동을 막았다. 노동 종속은 임금을 낮추고 노동자 계급을 길들이는 중요한 수단이기 때

문에, 수출 주도의 산업화를 위해서는 권위주의가 불가피한 것으로
보인다. 그렇게 하지 않는다면 동아시아 발전 국가의 수출은 자본주
의 세계 경제에서 경쟁력을 가질 수 없을 것이고, 초국적 기업들도
노동 집약적 생산 기지를 동아시아로 이전하지 않을 것이다. 엄격하
게 조직된 레닌주의적 당-국가 기구를 가진 중국 정부가 매우 효과
적으로 노동 운동가들을 포섭하고 노동자 계급을 분열시키며 노동
쟁의를 진압하였다는 것은 아이러니하다.

　마지막으로, 다른 동아시아 발전 국가와 유사하게, 중국은 자본주
의적 산업화의 초기 국면에 자본이 유입되었다. 냉전 시기에, 초기
자본 축적 문제를 해결하고 발전 국가의 정책 추진 능력을 촉진하기
위해 미국은 한국이나 대만 같은 동아시아 국가들에 막대한 원조금,
차관, 하청 등을 대대적으로 지원했다. 물론 냉전이 종식된 1980년
대 말 이후에 미국은 중국의 발전 국가 프로그램을 지원하기 위해
동아시아 국가들에게 했던 것과 유사한 지원금이나 차관 및 하청을
제공하지는 않았다. 그러나 다행히 중국에는 체제 전환의 초기 단계
에 (동아시아에 필적할 만한 수준으로) 화교들의 투자 자금이 유입되어
초기 자본 축적을 위한 자금을 제공하였다. 1978년 이전에 화교 자
본주의는 홍콩, 대만, 싱가포르 그리고 여러 화교 사회에서 번창하
였다. 중국 정부가 외국인 투자 개방 정책을 채택한 이후, 홍콩은 중
국의 외국인 투자와 대외 무역의 본산이 되었다. 1990년대 초에 홍
콩 기업들은 주장강 삼각주 지역에 사는 300만 명 이상의 노동자를
고용했다. 1980년대 말, 대만은 중국 대륙의 2대 교역 상대국이자
투자국이 되었다. 1990년대에 들어 동남아 지역의 화교 기업가들은
중국에 대한 무역과 투자에 두드러지게 높은 관심을 표명하였다.

요약하자면, 중국의 후후발 발전^latest development 유형은 신자유주의 국가보다는 동아시아 발전 국가의 유형에 근접한 형태이다. 중국은 고도의 국가 자율성과 강력한 목표 수행 능력이 있는 막강한 정부 기구를 가지고 있으며, 발전 계획 수립, 적자 재정을 통한 투자, 수출 촉진, 전략적 산업화 등을 통해 경제 영역에 대대적으로 개입해왔다. 또한 중국은 노동자 시위를 억압하고 대중의 투쟁을 억제하는 등 매우 민족주의적이고 권위주의적이다. 게다가 중국의 자본주의적 산업화는 원시 축적의 결정적 국면에 자본이 유입됨으로써 엄청난 득을 보았다.

그런데도, 중국의 국가 발전주의는 몇몇 중요한 측면에서 동아시아 국가들과 차이를 보여왔다. 첫째, 중국의 발전 국가는 기업가 정신에 강하게 집착하는 경향을 보였다. 동아시아 발전 국가의 관료들은 비록 자본가의 성장을 촉진하긴 했지만, 스스로 자본가로 변신하거나 직접 기업 경영에 관여하는 경우는 거의 없었다. 그러나 중국에서는 국가 관료들이 유능한 경영자가 되도록 요구받았으며 국유 기업이 이윤 창출 사업에 뛰어들었을 뿐만 아니라 많은 국가 관료들이 공유 자산을 준準사유 자산으로 만들거나 아예 사기업으로 전환시켰다. 잘 알려져 있듯이 중국에서는 국유 기업들과 집체 기업/사기업들 사이의 경계가 모호하고 정부 관료와 민간 자본가 사이의 분명한 구분도 어렵다. 오히려 중국의 특징은 국유 부문과 민간 부문의 "두 다리로 걸어가는兩條腿走路" 혼합형 국가 자본주의이다.

둘째, 중국의 발전 국가는 지방화된 "상향식" 전략을 사용하였다. 동아시아 발전 국가는 중앙 집권적 정책을 채택하고 발전 과정에서 중앙 정부가 가장 주도적인 역할을 했다. 반면에 중국에서는 공산주의의 유산, 재정 분권화 정책, 광대한 영토의 특성 때문에 성, 현, 향의 지방 정부 지도자들이 동아시아 발전 국가의 경우보다 훨씬 더 적극적인 역할을 수행했다. 중국 지방 정부 관료들은 도시 산업화와 거대 도시의 발전을 촉진하기보다는 농촌 산업화와 중소형 도시의 발전을 촉진해왔다. 예컨대, 중국 남부에서는 새로운 "상향식" 발전 메커니즘이 형성되고 있는데, 주로 지방 정부가 주도권을 가지고서 화교 자본과 국내 토착 자본을 유치하고 노동력과 토지 자원을 동원하고 있으며, 이로 인해 지방 경제가 국제 노동 분업과 지구적 경쟁 궤도에 진입하게 되었다.

셋째, 중국의 발전 국가는 정당성의 기반으로서 "GNP주의"와 민족주의에 의존하였지만, 산업화 도약 단계에서 동아시아 국가들에 비해 평등주의에 더 많은 관심을 기울였다. 마오주의 체제하의 혁명적 사회주의의 유산을 경험했고 노동자와 농민이 사회의 주인이라는 헌법적 원리가 있는 상황에서, 중국의 "발전" 국가는 동아시아 발전 국가들보다 불평등, 가난, 착취에 대한 비난에 더 민감했다. 그래서 중국 정부는 대량 해고와 사회적 안전망의 제거로 이어질 수도 있는 정책의 경우 그 실행을 여러 번 철회하기도 했다. 가장 최근의 정책들을 살펴보면, 2006년에 중국 정부는 사회주의 신농촌 건설과 농업세 폐지, 농민과 농촌 지역에 대한 자금 유입을 정책 목표로 삼았고, 무상 교육 제공, 의료 보조금 지원, 최저 생활 기준의 보장, 중국 전체 인구에게 돌아가는 사회적 안전망의 제도화 등의 탈상품화 정책을 시도하였다.

중국이 발전 국가의 방향으로 움직이고 있다고 한다면, 우리는 다음의 질문에 답하여야 한다. 중국이 신자유주의에서 국가 발전주의로 이행하고 있다면, 이는 어떤 의미를 가지는가? 이러한 국가 발전 주의의 미래는 무엇인가?

## 신자유주의에서 국가 발전주의로의 이행

우선, 이러한 과정은 이행이지 단절이나 혁명은 아니다. 신자유주의에서 국가 발전주의로의 이행은 꽤 오랜 시간이 걸렸다. 이러한 과정은 구체적인 청사진 없이 이루어진, 점진적이고 상황 적응적인 과정이었다. 개혁은 시행착오의 연속이었고 잦은 중간 궤도 수정과 정책의 반전이 있었다. 다른 말로 하면, 중국의 발전 정책은 "한 방"으로 자리 잡은 완벽한 기획이 아니라 많은 중간 궤도 수정을 거치며 계속되는 과정이었다.

1980년대와 1990년대에 중국 정부는 신자유주의를 처음으로 시험해봤지만, 제대로 돌아가지 않음을 알게 되었다. 자본가 계급은 중국의 역사적 전환을 담지하기에는 너무 적고 약했으며 너무나 정부에 의존적이었다. 하지만 초국적 자본가 계급은 중국의 자본과 노동을 이용할 수 있을 만큼 강력하고 탐욕스럽고 열정적이었다. 신자유주의가 계속되었다면 중국은 완전히 외국 기업에 의해 지배되어 초국적 자본의 해외 전초 기지로 변모했을 것이다. 더욱이 중국은 "충격 요법"—가능한 한 급속히 중앙 계획 경제의 해체를 요청했던 것—이 효과적이지 않았을 뿐만 아니라 동유럽 공산주의 정부들의 붕괴를 이끌기도 했음을 목격하였다.

게다가 중국 내부 상황은 그렇게 절망적이지 않았다. 중국 정부는 외부의 침략 위협하에 놓여 있지 않았으며 대외 부채가 대량으로 발생하지도 않았고 아울러 내부에서도 직접적인 전복의 위협에 직면해 있지도 않았다. 중국 정부는 여전히 "위로부터" 다양한 발전 정책을 제시하고 수행할 수 있는 자율성과 능력을 가지고 있었다. 예를 들면 정부는 다양한 유형의 발전 정책을 선택적으로 도입할 수 있었고 시장 개혁 속도를 다변화하고 초국적 자본에 대한 개방 영역을 확대/제한할 수 있었으며, 가장 중요하게는 그 정책들이 효과적이지 않을 경우 정책들을 조정할 수 있는(혹은 심지어 반전시킬 수 있는) 자유를 여전히 가지고 있었다.

국가와 다른 계급들 간의 비대칭적인 권력 관계 덕분에 중국은 지난 몇 십 년간 다양한 발전 정책을 자유자재로 추진할 수 있었다. 허약하고 의존적인 자본가 계급은 국가에 신자유주의적 발전 경로를 강제하기에는 정치적으로 무기력했다. 탄광에서의 아동 노동, 농민공에 대한 차별, 환경 오염과 같은 자본주의적 폐해에 맞서 점증하는 노동자 저항과 대중 투쟁에 직면하면서도 자본가 계급은 국가 발전주의 정책을 뒤집을 수 없을 만큼 무력하다.

중국은 동아시아에 위치해 있기 때문에 한국, 대만, 일본의 발전국가 모델과 전후의 괄목할 만한 경제 성장에 오랫동안 관심을 가져왔다. 그래서 장경섭은 동아시아 국가들 사이에서 의식적으로 기술, 산업 조직, 국가 정책 등을 서로 배우고 이식하는 과정이 있음을 지적한 바 있다.[31]

# 미래에 가능한 경로들

중국의 경험이 시행착오, 오류에 대한 교정, 정책의 반전 등을 특징으로 한다면, 국가 발전주의의 미래 궤적은 어떻게 될 것인가? 이러한 국가 발전주의 양식은 가까운 미래에 점차 사라질 가능성이 있는가?

첫 번째 가능한 시나리오는 한국의 경우와 같이 신자유주의로 회귀하는 것이다. 1990년대에 재벌이 다국적 기업들과의 연계를 통해 힘을 강화하면서 한국의 발전 국가는 해체되었다. 재벌의 힘이 지구적으로 미치게 되면서 이들은 경제기획원을 해체시키고 비정부적 금융 제도들을 구축하여 금융 자유화를 추진할 수 있었다.[32]

현재 중국의 자본가 계급은 소수이고 미약한 수준이지만, 20년 정도면 성장하여 매우 강력해질 수도 있다. 이러한 상황이 발생한다면, 자본가 계급은 더 이상 지배 연합의 하위 파트너로 만족하지 않을 것이다. 대신 이들은 자신들의 경제적 이익을 확대하여 정부에 자신들의 계급적 기획을 관철시킬 것이다. 하비는, 신자유주의는 선진 자본주의 국가에서 권력을 유지/확대하려는 자본가 계급의 기획이라고 지적하고 있다.[33]

다른 가능한 시나리오는 제국의 경로이다. 국가 발전주의가 성공을 거두면서 세계 경제에서 중국이라는 국가는 엄청나게 강대해졌다. 중국이 팽창한다면 다른 헤게모니 국가들과의 갈등이 발생하는 것은 불가피할 것이다. "중국의 부상"이라는 시나리오 속에서 세계 경제의 패권국들은 시장, 자원(특히 석유), 금융, 영토 등을 장악하려는 중국과 다툴 것이다. 역사를 통해 우리는 기존의 패권국이 항상 자신의 권력을 유지하려 하고 모든 수단을 동원해서 다른 국가가 자신의 지위를 위협하지 못하도록 할 것임을 알고 있다. 중국이 만약 헤게모니 이행 전쟁에서 승리하지 못한다면, 중국은 21세기 자본 축적의 중심으로 부상할 수 없을 것이다.

국가 발전주의는 국가적 상징을 만들어내고 강한 국가를 구축함으로써 중국의 부상과 세계 경제에서의 헤게모니 경쟁이라는 상술한 시나리오의 추동력을 제공할 것이다. 실버와 아리기가 주장한 것처럼 "서구가 지배하는 부의 세계적 위계 체제가 전복될 가능성이 있는 미래에 빈곤국으로서는 중국이 유일하게 기회를 잡아 부상할 것으로 보인다."고 말하는 것은 너무 낙관적인 것이겠지만, 중국의 국가 발전주의와 관련된 쟁점들은 그 지구적인 함의 때문에도 더 심층적인 분석이 요구되고 있다.[34]

# 대중화권의 거대 하청업체: 파트너십을 넘어 권력 역전을 넘보다

**리처드 P. 애플봄**

소비재를 만드는 노동 집약적 생산의 폭발적인 전 지구화는 이제
는 잘 알려지고 잘 입증된 현상이다. 대기업뿐만 아니라 소기업도
세계 어느 공장이든 이용할 수 있게 되었다. 이러한 국제적 생산을
통해 통합된 지구적 네트워크는 전형적인 구매자 주도의 지구적 상
품 사슬이다. 이 지구적 상품 사슬에서는 "대형 소매업체, 판매업
체, 유명 브랜드의 제조업체가" 일반적으로 개발 도상 세계에 위치
한, "여러 수출 국가들의 분산된 생산 네트워크를 구성하는 데 중심
역할을 한다."[1] 역사적으로 이러한 공장 중 일부는 대규모였지만
(예를 들어 신발 산업에서), 대부분의 하청업체들은 상대적으로 소규
모였다. 이로 인해 이 하청업체들은 거대 구매자에 훨씬 더 취약해
졌다. 역사적으로 많은 공장들은 의뢰인의 구체적인 지시에 따르는
저부가가치의 단순 조립 공정에 국한된 "전속 네트워크captive net-
works"의 일부였다.[2]

우리는 현재 생산과 유통이 질적인 차원에서 고도로 통합되어 구매자 주도의 지구적 상품 사슬이 전반적으로 새로 형성되기 시작한 시대에 들어서고 있다.[3] 지난 십 년간, 특히 환태평양 지역에서 두 가지 경향이 나타났는데, 이는 "제조업자"와 "소매상"의 경계가 변화한 것으로, 첫째는 거대 소매업체의 출현이고 둘째는 그에 상응하는 대형 하청 공장의 출현이다. 학자들은 이 첫 번째 경향을 연구하기 시작했는데, 이는 사회학자 개리 해밀턴이 주도하는 슬론재단 산업연구회Sloan Foundation Industry Studies 워크숍의 주제였다. 그러나 두 번째 경향은 연구가 되지 않았으며, 그 결과로 대부분이 이론화하지 못했다.

이어지는 논의에서 나는 거대 초국적 하청업체의 등장이, 현재 막을 수 없는 것처럼 보이는 미국과 EU 기반의 거대 소매업체가 시장 조성자market maker로서 보이는 우위를 포함하여, 지구적 공급 사슬의 동학을 바꿀 수도 있다고 주장할 것이다. 적어도 나는 경제 강대국으로의 중국의 부상은 여러 방면에서 현재의 동학에 영향을 끼칠 것이라고 주장할 것이다. 최소한 거대 하청업체—"대형 공급업체"—는 그 스스로가 자신에게 공급하는 업체들에게는 시장 조성자이며, 생산 공급 사슬의 핵심 측면에서 통제력을 늘려나가고 있다. 만약 이러한 최근의 경향이 지속된다면, 거대 하청업체는 가장 큰 업체를 제외한 모든 "대형 구매업체"의 권력에 도전하게 될지도 모른다. 이는 일부 지구적 공급 사슬의 지배 구조를 변화시켜, 대만과 중국에 기반을 두고 있는 대형 다국적 공급업체들이 언젠가는 그 스스로 대형 구매업체로 변신하여 이들이 현재 공급하고 있는 기업들에 도전할 수 있는 가능성을 높이고 있다. 동아시아 경제가 성숙함에 따라, 동아시아 국가들이 수출 지향적 산업화에서 국내 시장을 위한 생산으로 방향을 전환하면서, 이전에는 미국과 EU 기반의 대형 구매업체들의 권력 증대에 유리하던 동학도 변화하여, 동아시아 경제에 기초한 다국적 기업과 관련된 그 대형 구매업체들의 시장 조성 능력이 서서히 약해지고 있다. 특히 중국은 "자주 혁신"을 강조하면서 수출 지향적 산업화를 점점 더 보완해나가, 현재 중국에서는 점점 커가는 거대 국내 시장이 출현했다. 1995년 제3차 전국 과학 기술 대회에서 처음으로 "과학 기술 진보를 가속화하기 위한 결정"이 공표된 이후, 이는 중국 경제 전략의 중심적인 특징이 되었으며, '11차 5개년 규획(2006~2011년)'*과 '국가 중장기 과학 및 기술 발전 계획 요강'에서도 강조되었다.[4] 중국 지도부가 보기에, 중국의 발전은 자국 경제의 향상을 진정으로 바라면서 불확실한 외국 다국적 기업의 기술 이전에만 매달리는 단계를 벗어났다. 중국은 예상되는 첨단 기술에 대한 기초 및 응용 연구, 제품 개발, 상업화 등에 중점 투자함으로써 "도약형 발전leap-frog development"을 이룩하여 현재 외국 기업들에 수출하고 있는 다수 제품의 세계 최상급 생산자가 되기를 희망하고 있다. 이로 인해 중국이 점차 대형 공급업자에서 세계적으로 경쟁력을 갖춘 대형 구매자로 변신할 수 있을지는 여전히 열려 있는 문제이다. 현재 중국의 성장 궤적과 정부의 지원 정책을 보았을 때 이러한 전환이 얼마나 조속히 일어날 수 있을지는 논쟁의 여지가 있긴 하지만 말이다.

---

* **11차 5개년 규획** 중국은 1953년부터 5년마다 국가의 중단기 계획을 제정하고 있는데, 11차 5개년 규획부터 통제의 느낌을 주는 '계획計劃' 대신 국가가 주로 방향을 제시한다는 의미를 담은 '규획規劃'으로 용어를 바꿔서 사용하고 있다.

# 거대한
# 초국적 하청업체의 출현

월마트 등 대형 소매업체의 지구적 공급업체로서 거대 공장이 출현한 것은 대체로 예상치 못한 새로운 상황이었다. 대다수의 경영 이론가들은 "유연 전문화", "가상 기업virtual corporation", 기타 탈집중화된 생산과 유통 형태를 강조하며 거대 생산 설비의 시대는 끝났다고 주장해왔었다.5) 이제는 더 이상 어떤 기업가도 루지 강River Rouge이나 캐논 밀스Cannon Mills와 같은 자본 집약적인 공업 단지에 수만 명의 노동자들을 모아놓으려고 하지 않는다. 하지만 실제로는 지난 10년간 주로 홍콩, 대만, 한국, 중국에서 소비재 구매업체—소매업체와 유명 브랜드 제조업체—와 계약을 맺고 대규모 공장을 운영하는 거대한 초국적 기업들이 등장했다. 이 경향은 지구적 공급 사슬 내 조직 권력의 극적인 이동을 예고하는 것인지도 모른다. 이러한 거대 초국적 하청업체의 등장은 아직 면밀히 검토된 적이 없다.

예를 들어 섬유 의류 산업 분야에서 공장 및 국가 수준에서의 생산 통합은 매우 뚜렷하게 나타나고 있으며, 2005년 1월 1일에 30년 동안 지속되던 다자간 섬유 협정Multi-Fiber Arrangement(MFA)이 종료된 지금에는 크게 가속화할 것이다. 이전까지 의류 생산은 다자간 섬유 협정의 쿼터 제도로 인해 140여 개국으로 분산되었다. 다자간 섬유 협정의 종료는 규모의 경제로 인해 대형 기업들과 소수 공급국으로의 생산 통합을 초래할 것으로 보인다.6) 업계에 따르면, 갭GAP, JC 페니JCPenny, 리즈 클레이본Liz Claiborne, 월마트와 같은 대형 소매업체와 제조업체는 예전에는 50개 이상의 국가에서 공급받았는데, 구매 결정을 제약하는 쿼터 제도가 없어지자 10~15개 국가에서 공급받을 것이라고 한다.[7] 많은 연구 조사에 따르면, 다자간 섬유 협정이 종료되면 중국 혼자서 수출 지향 의류 생산의 절반을 차지하게 될 것이며, 섬유 의류 수출에 크게 의존하고 있는 남아시아, 중앙아메리카, 카리브 해 연안 지역, 아프리카의 개발도상국들에는 어쩌면 파괴적인 결과가 있을 것으로 예측된다.[8]

동아시아에 기반을 둔 거대 하청업체의 사례는 풍부하다. 섬유 의류 산업 분야에서, 대만의 다국적 기업인 녠싱방직주식회사年興紡織股份有限公司는 "세계에서 가장 큰 데님 직물 및 의류에 특화된 단일 흐름 공정in-one-stream 제조업체이며," "캘빈클라인, 도나카렌뉴욕(DKNY), 타미힐피거, 노티카, 머드진Mudd Jeans, 갭, 리바이스재팬 같은 디자이너 브랜드에서부터 JC페니, 월마트, 타깃, VF 데님 제품(리Lee, 랭글러Wrangler), 시어즈Sears, 노 익스큐지스No Execuses 등의 소매업체 자체 브랜드와 수입업체에 이르는 고객 기반을" 자랑하고 있다.[9] 녠싱방직주식회사는 대만, 멕시코, 니카라과, 레소토에 공장을 두고 있다. 모자 제조업체로는 세계에서 두 번째로 큰 한국의 다국적 기업인 유풍이 도미니카공화국, 베트남, 방글라데시에 공장을 두고 있다. 모토가 "세계를 씌우자"는 유풍의 "플렉스핏flexfit" 모자는 60여 개 국가로 수출된다.[10] 가전제품 분야에서도 대형 하청 공장들이 델, 휴렛팩커드, 에릭슨, 지멘스 같은 브랜드의 전자 회로 기판, 개인용 컴퓨터, 휴대전화, 휴대용 전자 기기, 콘솔 게임기를 비롯한 IT 기기의 통합 생산과 최종 조립을 하고 있다. 특히 동남아시아와 중국은 가장 앞선 가전제품 제조 중심지가 되었다.[11] 세계에서 가장 큰 전자 제품 하청 생산업체인, 미국에 기반을 둔 플렉스트

로닉스Flextronics는 전 세계에 걸쳐 거의 10만 명에 달하는 노동자를 고용하고 있는데, 그중 절반이 아시아에 있으며, 주로 (아시아 본부가 위치한 싱가포르에 가까운) 말레이시아 남부와 중국의 광둥성 남부에 있다.[12]

이런 대형 기업의 다수가, 특히 대만 기업이 라틴 아메리카와 아프리카에 진출하고 있다. 예를 들어 대만 기업은 2003년까지 남아프리카공화국, 스와질란드, 레소토에 대략 21억 달러를 투자했으며, 이 나라들에서 11만 명 이상의 노동자를 고용했는데, 이는 레소토 총 노동 인구의 1/5에 달하는 수이다.[13]

# 중국의 섬유 의류 산업의 공급 사슬

중국에서 섬유 의류 생산 기업들이 더 값싼 노동력을 찾아 내륙으로 이동하고 있으며, 선진적인 공급 사슬 관리 형태를 갖춘 대형 기업이 점점 더 중요해지고 있지만, 중국의 섬유 의류 생산은 여전히 연해 지역의 중소기업들에 집중되어 있다. 차오닝Cao Ning은 중국에서의 공급 사슬 관리를 수직 통합형, 전통적 구매형, 제3자 조정형이라는 세 가지 유형으로 구분하였다.[14]

**수직 통합형 공급 사슬**에서는 소매업체가 공급 사슬을 내부화하는데, 최소한 자신의 조립 공장을 소유하며, 때로는 방적 공장과 방직 공장을, 심지어는 면화 농장까지 소유하여 추가로 후방 통합을 보강하기도 한다. "세계 일류의 프리미엄 면 셔츠 생산업체 중 하나인" 홍콩의 에스켈그룹Esquel Group은 한 사례이다. 에스켈그룹은 주로 다른 고객 회사들을 위해 생산하지만, 자신의 브랜드(파이Pye라는 상표)도 생산한다. 전체적으로 이 기업의 4만 7천 명의 노동자들은 매년 6백만 벌의 의류를 생산하고 있으며, 중국, 말레이시아, 베트남, 모리셔스, 스리랑카의 의류 제조 공장을 포함하여 9개 나라에 17개의 공장이 있으며, 방적 공장과 면화 농장도 있다. 에스켈그룹이 2000년 베이징에 자체 브랜드인 "파이"를 판매하는 직영 매장을 설립한 것은 수직 통합의 한 사례이다. "면화 밭에서 직영 매장에 이르기까지 에스켈그룹은 절대 조정자absolute coordinator이다."15) 에스켈그룹의 웹사이트에 따르면,

에스켈그룹의 수직 통합 관리는 의류 제조 과정의 모든 단계에서 최고의 품질을 보장합니다. 의류 생산은 우리 회사가 직접 초장 섬유(ELS) 면화와 유기농 면화를 재배하고 있는 중국 북서부 신장에서 시작해 방적, 방직, 염색, 제조, 포장, 판매로 이어집니다. 에스켈그룹은 섬유 의류 생산 분야에서 아주 강력한 제품 개발 능력을 갖추고 있습니다. 회사의 디자인 및 기획팀은 연구 개발 센터와 긴밀히 협조하여 링클프리와 나노 기술 활용과 같은 독창적인 마무리 기술을 만들어내고 있으며, 이에 에스켈그룹은 의류 산업에서 최첨단을 달리고 있습니다.

하지만 이러한 수직 통합이 제조에서 유통으로 옮겨가고 있다는 것을 시사하는 단계인지는 논쟁의 여지가 있다. 에스켈그룹의 고도의 수직 통합은 공급업체에 대한 통제의 측면에서 시장 조성의 한 형태로 보일 수는 있지만, 이 회사는 여전히 주로 다른 기업들의 제조업체이다. 에스켈그룹의 고급 브랜드인 파이가 이 회사의 총수익

에서 차지하는 비중은 낮은 편이다.[16]

두 번째 종류의 공급 사슬 관리는 익숙한 **전통적 구매형 공급 사슬**인데, 이 공급 사슬에서는 소매업체가 시방서대로 의류를 생산하도록 개별 제조업체와 계약을 맺는다.[17] 소매업체든 제조업체든 공급 사슬 조정의 책임을 질 수 있다. 제조업체 조정형 공급 사슬은 공급 사슬의 통제력이 소매업체에서 제조업체로 이동할 수 있는 가능성을 시사하기 때문에 특수한 이해관계이다. 제조업체 조정의 한 형태인 "공급자 주도 재고 관리vendor managed inventory"는 홍콩에 기반을 둔 TAL 그룹의 사례를 들어 설명할 수 있다. TAL은 1947년 홍콩에서 방적 공장으로 시작하여 디자인, 유통, 제조를 포함한 주요 의류 제조업체 중 하나로 성장했다.[18] TAL의 2만 3천 명에 달하는 노동자들은 홍콩, 태국, 말레이시아, 대만, 중국, 인도네시아, 베트남, 멕시코, 미국 등의 공장에서 전 세계에 걸쳐 연간 6억 달러의 매출액을 생산하고 있다. TAL의 고객 회사로는 브룩스브라더즈, 엘엘빈L. L. Bean, JC페니, 지오다노, 랜즈엔드Lands' End, 리즈 클레이본, 노티카, 타미힐피거 등이 있으며, 소매업체들이 TAL의 매출 대부분을 차지하고 있다. 미국에서 팔리는 와이셔츠 여덟 벌 중 한 벌은 TAL 제품이다. TAL은 공급 사슬을 효율적으로 관리하였기 때문에 성공할 수 있었다.

오늘날, TAL은 구매 주문서(PO), 사전 출하 통지서(ASN), 송장, 판매 시점(POS) 자료, 주문 상태 등 다양한 전자 데이터 교환(EDI) 문서들을 다룰 수 있는 몇 안 되는 아시아 공급업체 중 하나임을 자랑하고 있다. 1990년대 후반부터 현재까지, 기업들에게는 넘어야 할 장애



중국, 자본주의를 바꾸다

물이 또 하나 생겼다. 현재 기업들은 수요와 공급을 훨씬 더 효과적으로 동기화同期化해야 한다는 요구를 받고 있으며, 이는 광범위한 제품 개발, 마케팅/판매, 공급 사슬을 긴밀히 조응시켜야 한다는 것을 의미한다. TAL은 JC페니와 같은 고객 회사들과 공급자 주도 재고 관리를 통해 이에 대응했다. 이렇게 하여 TAL은 자신의 디자이너 및 생산 공장을 지구 반대편에 있는 미국의 매장과 연결시킬 수 있었으며, 이는 고객 회사들에게 엄청난 효율성을 가져다주었고, TAL은 사업 기회를 넓힐 수 있었다. …… 현재 TAL은 제조 생산 능력을 갖춘 통합 동기화 서비스 제공자로서 소매업체의 판매 시점에서의 요구, 즉 최종 소비자의 요구에 대한 가시성visibility을 확보했을 뿐만 아니라, 이 정보를 제품 연구 개발 및 공장 생산 공정과 직접 연결할 수 있다.[19]

JC페니는 주요 공급업체 TAL에 의존하면서 실제로 와이셔츠의 재고를 없앨 수 있었다. TAL은 자신이 특허를 낸 소프트웨어를 통해 JC페니의 북아메리카 매장들의 판매 시점 자료를 관리하면서 JC페니와 협의할 필요 없이 다양한 스타일, 색상, 크기의 와이셔츠 생산 수량을 결정할 수 있었다. 심지어 TAL은 JC페니의 신제품을 디자인하고 시험 판매하기도 한다. 칸Kahn에 따르면, "이 새로운 과정에 특이하게도 JC페니는 참여하지 않는다. 전체 프로그램은 TAL이 설계하고 운용한다. …… TAL은 JC페니의 북아메리카 매장에서 직접 판매 시점 자료를 수집하여 자체 고안한 컴퓨터 모델을 통해 제조 수량을 관리하고, 스타일, 색상, 크기에 따라 얼마나 많은 셔츠를 생산할지를 결정한다. 제조업체인 TAL이 소매업체인 JC페니의 창고와 의사 결정자들을 거치지 않고 JC페니의 각 매장에 직접 와이셔츠를 보낸다."[20]

　TAL은 브룩스브라더즈와 랜즈엔드에도 비슷한 서비스를 하고 있다. 공급자 주도 재고 관리는 판매 업체들에 대한 제조업체들의 시장 조성 권력을 증대시키고 있으며, 소매업체에서 하청업체로의 권력 이동을 시사하고 있다. 현재 공급 사슬을 관리하고 있는 것은 소매업체라기보다는 하청업체이다.[21] 뉴욕에 있는 TAL의 디자인 팀은 제품을 개발하고 있으며, TAL은 판매 자료를 분석하여 JC페니의 매장에 들어갈 제품 수량을 결정하며, TAL의 아시아 지역 공장은 제품을 생산한다. 이 산업 분야를 연구해온 한 경영 컨설턴트에 따르면, "재고 관리를 외주화하는 것은 아주 중요한 기능을 넘겨주는 것이다. 이는 많은 소매업체들이 넘겨주기 싫어하는 것이다."[22]

　세 번째 종류의 공급 사슬 관리는 **제3자 조정형 공급 사슬**로, 의류 무역 회사가 조정 업무, 품질 관리 감독을 담당하고, 때때로 패션 디자인도 담당하는 것이다.[23] 공급업체가 시장을 조정하는 이러한 형태의 주요 사례로는 리앤펑Li & Fung 利豐그룹이 있다. 리앤펑은 홍콩에 기반을 둔 거대한 다국적 무역 회사로 2만 5천여 명의 직원들이 40개국 70여 개의 사무소에서 일하고 있으며, 2006년 총수익은 104억 달러에 달했다.[24] 리앤펑그룹은 의류 및 신발 외에도 가구, 완구, 문구, 가정용품, 스포츠용품, 여행용품의 수출 관리를 맡고 있다. 리앤펑그룹 같은 무역 회사는 점점 더 강력해져서 공급 사슬 관리에서 주도권을 쥐고 있는 것으로 알려져 있다.[25] 리앤펑그룹은 수출 서비스, 가치 사슬 물류 관리, 유통업이라는 세 가지 핵심 사업으로 편성되어 있다.

1. 리앤펑유한회사는 다양한 소비재의 수출 공급 사슬을 관리하고 있다. "리앤펑은 1만 개가 넘는 공장의 지구적 네트워크에 의지하여 다양한 부품과 공정에 맞는 가장 좋은 공급업체를 찾아 함께 일하고 있다. 리앤펑의 활동 범위는 초기 제품 개발 및 디자인, 원자재 조달, 생산 계획, 공장 하청, 제조 관리, 품질 보증, 수출 서류 작성, 선적 및 운송 등 공급 사슬 전체에 걸쳐 있다. 리앤펑의 창업 투자 회사는 유럽과 미국의 소비재 기업들에 투자하고 있다. (『하버드 비즈니스 리뷰Harvard Business Review』에 실린 리앤펑그룹의 CEO 빅터 펑Victor Fung과의 인터뷰에 나온) 한 예를 들어보자면, 리앤펑은 한국에서 방적사를 조달하고, 대만에서 염색을 하고, 중국에서 단추와 지퍼를 구매하고, 태국에서 최종 제품을 조립하여 대량 주문을 처리할 수 있다."[26]

2. 이화판매그룹利和經銷集團有限公司 Integrated Distribution Services Group*은 "아시아 전체에 걸쳐 세 가지 핵심 사업 영역", 즉 마케팅(판매, 광고, 신제품 발표회), 물류(해운, 창고 관리, 배송), 제조(제작, 시험, 포장)의 "가치 사슬 물류 관리"를 제공한다.

3. 리앤펑소매유한회사는 토이저러스Toys"R"Us, 서클케이Circle K, 브랜디드라이프스타일Branded Lifestyle을 대행하여 대중화권, 싱가포르, 말레이시아, 인도네시아, 필리핀, 한국에서 11,500명의 종업원을 두고 950개 이상의 소매 판매점을 운영한다. 토이저러스는 미국에 기반을 둔 모기업과 합작 투자한 회사이다 (1999년에 리앤펑은 홍콩, 대만, 싱가포르, 말레이시아에서 기업 지

---

* **이화판매그룹** 리앤펑그룹의 계열사

분 100%를 획득했다.). 브랜디드라이프스타일은 아시아에서 유럽과 미국의 주요 브랜드를 대행하여 고객 회사들(이 고객 회사들 중에는 살바토레 페라가모, 캘빈클라인도 있다.)의 "브랜드 가치"를 확실히 인지시키기 위해 노력하고 있다.

## 공급 사슬 도시로 모여드는 소매업체

대형 하청 공장 공급업체의 출현은 지구적 제조업의 권력 동학을 바꾸어놓았다. 비용 절감 및 신속 대응이 가능한 린lean 방식 유통으로 인해 소매업체들은 재고 관리, 판매 예측과 같은 중요 기능을 거대 하청 공급업체에 넘겨줄 수밖에 없었다.[27] TAL의 사례는 이러한 경향을 잘 보여준다. 중국의 루엔타이Luen Thai의 사례처럼 몇몇 경우에는 이 핵심 기능의 이동이 디자인, 창고 관리, 물류 관리와 같은 생산 이전 단계 및 생산 이후 단계의 많은 기능의 이동을 초래하기도 했다.[28]

루엔타이는 9개 국가에 14개의 사무소와 12개의 생산 공장을 두고 2만 5천여 명의 노동자를 고용하고 있는 주요 의류 공급업체로, 2006년 총수익은 6억 6천2백만 달러였다.[29] 이 회사는 잠옷, 바지 및 반바지, 운동복 및 활동복, 여성 의류, 실내복, 아동 의류 등 매년 8백만 벌이 넘는 의류를 생산하고 있다.[30] 루엔타이는 최근에 와나코Warnaco로부터 GJM을, 존스어패럴그룹Jones Apparel Group으로부터 톰웰Tomwell Ltd.을 인수했고, 온타임On Time의 지분을 50% 소유하고 있으며, 광저우화성의류회사廣州市華勝制衣有限公司와 50 대 50으로 합작 투자 사업에 착수하는 등 급속히 확장하고 있다. 이에 더해 루엔타이는 위에위엔裕元 Yue Yuen과 운동복 및 활동복을 만드는 합작 회사를 설립했다.[31] 이 회사는 "디자인에서 매장까지" 전체를 아우르는 사업 모델을 추구하여 광저우 둥관東莞에 약 18만 제곱미터에 달하는 공장, 3백 개 객실의 호텔, 4천 명의 공장 노동자들을 위한 숙소, 제품 개발 센터 등을 갖춘 "공급 사슬 도시"를 만들었다.[32] 이러한 공장으로 인해 의류 제조업체인 리즈 클레이본을 비롯한 루엔타이의 고객 회사들은 한 장소에서 작업할 수 있었으며, 이 회사들의 디자이너들은 공장의 기술자들과 직접 만나 훨씬 더 효율적으로 생산을 계획할 수 있었다.[33] 통합된 공급 사슬로 인해 리즈 클레이본과 루엔타이는 직원을 40% 줄일 수 있을 것으로 전망되며, 물류에서의 긴밀한 조정으로 비용 절감과 실적 개선이 전망된다. 현재 25개국에서 250여 공급업체로부터 공급받고 있는 리즈 클레이본은 루엔타이 복합 공장 단지와 같은 시설을 이용하여 소수 지역으로 구매를 통합시킬 계획이며, 이미 홍콩 사무소와 뉴욕 사무소의 직원들을 이곳으로 재배치하기 시작했다. 이러한 통합 과정은 다자간 섬유 협정의 종료로 강화되었다. 다자간 섬유 협정의 종료로 인해 주요 의류 기업은 상대적으로 몇 안 되는 국가에 있는 소수의 훨씬 규모가 큰 시설에 생산을 집중하게 되었다. 리즈 클레이본과 루엔타이의 경영진은 중국으로 생산을 집중하여 얻게 될 노동 비용 절감에 더하여, "신상품의 소요 시간을 줄이고 물류를 조정할 수 있도록 전체 생산 과정을 재조직하면 실제 이득을 얻을 수 있다."고 확신한다. 디자이너, 직물 및 원자재 공급업체, 재봉업체 등 모두를 한 장소에 모아놓으면 상당한 비용 절감 및 소요 시간 단축과 더불어, "좀 더 빨리 매장에 신상품을 가져다 놓을 수 있을 것"으로 보인다. "이 두 회사는 뉴욕과 아시아에서 같은 일을 하는 100명을 고용하는 대신에, 중국의 신新공급 사슬 도시에서 생산 현장 가까이에 모든 기능을 집중시켜 60명으로 직원을 감축할 수 있을 것이다. …… 회사는 가장 중요한 디자이너와 시장 동향 분석가를 제외하고는 모두 아시아로 옮겨 지루한 연락 작업을 생략할 수 있었으며, 수 주간의 귀중한 생산 시간을 줄이고, 매장에 더 빨리 최신 스타일 제품을 들여놓을 수 있었다. …… 신공급 사슬 도시에서는 직물 공장에서 매장에 이르기까지 모든 이들이 동일한 재고 검사 및 추적 시스템을 사용할 것이며, 모든 제품은 공장에서 매장으로 직행할 수 있을 것이다."[34]

## 초거대 신발 공급업체
## : 위에위엔 vs 나이키

홍콩에 기반을 둔 위에위엔/포첸Pou Chen은 세계에서 가장 큰 유명 브랜드 운동화 및 캐주얼화 제조업체로서, 2006 회계 연도의 총 수익이 37억 달러였다.[35] 회사는 2006년에 수출용으로 유명 브랜드 운동화를 약 2억 켤레 생산했으며, 이는 이전 5년에 비해 거의 4분의 3 이상 증가한 것으로, 세계 총생산의 17%에 달한다.[36] 회사는 나이키의 가장 큰 공급업체로서 나이키 신발의 15~30% 정도를 공급하며(추정치가 매우 다양하다.), 보도에 따르면 인도네시아의 한 공장에서는 나이키 신발을 한 달에 1백만 켤레 생산하고 있다. 나이키 외의 주요 고객 회사로는 리복, 아디다스, 아식스, 뉴밸런스New Balance, 퓨마, 팀버랜드Timberland, (리복이 소유한) 락포트Rockport가 있다. 대부분의 신발은 중국 남부의 공장에서 만들어지며(6개 중 4개는 둥관에서 만들어진다.), 베트남과 인도네시아에도 공장이 있다.[37] 전체적으로 회사는 2006년에 373개의 생산 라인을 가동하였다.[38] 위에위엔은 스포츠 의류 생산으로도 확장했는데, 프로킹텍스Pro Kingtex를 인수했고 이글나이스Eagle Nice에 투자했으며 루엔타이와 합작 제조 회사를 설립했다. 하지만 이 분야의 수익은 회사 총수익의 2%가 되지 않았다.[39]

2006년 위에위엔의 28만 명에 달하는 전 지구적 노동력은 그 절반이 지난 5년간 증가한 것이다. 이는 주로 위에위엔이 일류 운동화 제조업체로 꾸준히 성장해온 결과일 뿐만 아니라 대중화권(중국, 대만, 홍콩)에서 도소매업이 성장한 결과이기도 하다. 제조 능력의 측면에서 보자면, 위에위엔은 중국 둥관(공장 면적 1400만 제곱미터)과 베트남 호치민 시(공장 면적 1300만 제곱미터)에 세계 최대의 신발 제조 단지를 보유하고 있다.[40] 보도에 따르면, 둥관 곳곳에 퍼져 있는 공장 단지에서는 나이키 공장에 2만 1천 명, 아디다스 공장에 1만 3천 명을 포함하여 11만여 명의 노동자를 고용하고 있다. 나이키 생산 부문은 최근 개선한 노동자 숙소(8명의 여공이 묵을 수 있는 2열 침대의 간소한 방), 구내식당, 그리고 최근에 지은, 도서관, 독서실, 노래방, 무도 시설, 체스룸, 회의실, 교실 등이 있는 "여가 활동 센터"를 갖추고 있다. 보도에 따르면 나이키는 이러한 개선에 450만 달러를 투자했으며, 노동자들에게 개인 자산 관리, 컴퓨터, 상담 등과 관련한 강좌를 제공하는 새로운 시설을 운용하고 있다.[41]

위에위엔은 도소매업으로 확장하여 2006년 9월 당시 대중화권에서 2,100개 이상의 도소매업체 네트워크를 보유했으며, 640개의 소매 판매점을 운용하여 자신의 공장에서 만들어낸 주요 브랜드 제품을 공급했다.[42] 위에위엔의 대중화권 도소매업 총수익은 비록 회사 총수익에서 차지하는 비율은 여전히 작았지만(5.4%) 한 해 동안 80%나 성장했다. 2006 회계 연도에는, 위에위엔의 총매출액에서 아시아 시장이 30%를 차지했으며, 이는 미국 시장(38%)에 이어 두 번째였다.[43] 위에위엔은 도소매업 운용에 낙관적이며, 2008년에 추가로 1,000개의 매장을 개장하겠다는 자신의 목표가 "순조롭게" 진행되고 있다고 주장한다.[44] "중국 국내 소비는 계속해서 활기찰 것이며 …… 2008년 베이징 올림픽은 중국에서 스포츠 관련 상품 판매가 늘어나는 기폭제가 될 것이다. 회사는 대중화권에서 시장 점유율을 높이기 위하여 더 많은 자원을 배정할 것이다."[45] 그 결과, 위에위엔의 수익은 2008년이 시작된 뒤 9개월 동안 56%나 상승했으며, 이는 주로 베이징 올림픽 덕분이었다.[46]

또한 위에위엔은 원부자재, 신발 부품, 심지어 생산 도구와 같은 상류 부문upstream 생산에도 뛰어들어 공급 사슬에서 고도의 수직 통합이 가능해졌다. 예를 들어 2002년에 위에위엔은 67개에 달하는 원자재, 생산 설비, 신발 부품을 포함한 상류 부문의 신발 자재 공급업체들에 대한 포첸의 지분을 인수했다.[47] 또한 위에위엔은 물류 관리를 더 엄격하게 통제하는 방식으로 하류 부문의 통합도 모색하고 있다. 회사에 따르면, "위에위엔과 허치슨포트홀딩스Hutchison Port Holdings의 완전 자회사인 물류정보네트워크기업Logistics Information Network Enterprise(LINE)은 하류 부문의 수직 통합을 가속화하기 위해 합작 회사인 서플라이라인SupplyLINE Ltd.을 설립했다. 서플라이라인은 선도 물류업체로서 완전히 통합된 공급 사슬과 물류 시스템을 제공하여 자재 수입과 제품 수출에 소요되는 시간을 단축하기 위해 설립되었다."[48] 위에위엔은 자신의 공급업체와 관련해서는 분명히 시장 조성자로 부상하고 있다. 그러나 위에위엔이 소매 부문에서, 그리고 나이키나 리복과 같은 주요 브랜드를 상대해서는 시장 조성자로서 얼마만큼의 영향력을 가지고 있는가? 2004년에 생산 비용이 급격히 상승했을 때, 위에위엔은 고객 회사들에게 비용 인상분의 3분의 1에도 못 미치는 비용만을 전가시킬 수밖에 없었는데, 이로 인해 연간 수익이 1.6% 감소하였고 이러한 수익 감소는 12년 동안 처음 있는 일이었다.[49] 몇몇 분석가들은 이를 가장 큰 하청업체조차도 이들이 의존하고 있는 브랜드와의 관계에서 상대적으로 협상력이 약하다는 것을 보여주는 사례라고 보았지만, 일부는 동의하지 않았다. 더욱이 2006년 "평균 판매 가격이 지속적으로 상승 추세에 있으며, 이는 제품 구성의 변화와 기본 자재의 가격 상승을 반영한 것이다."는 회사의 공지는 사실상 위에위엔이 비용 인상분의 일부를 구매업체들에게 전가시킬 수 있었음을 시사한다.[50]

월마트의 공급업체와의 관계는 순전히 가격만을 고려하여 결정되고 아주 순간적인 데 반해, 운동화 산업에서는 구매업체와 공급업체 간의 긴밀한 협력이 요구되며, 이는 안정적이고 지속적인 관계를 통해 구축된다. 예를 들어, 위에위엔은 1970년대에 월마트의 공급업체로 시작했지만, 결국에는 나이키와 같은 고급 브랜드를 상대할 정도로 노하우, 기술 능력, 규모를 발전시켰다. 주요 브랜드들은 매우 다양한 제품 구성과 유연한 생산 시스템을 요구하기 때문에, 위에위엔은 (자재와 물류에 대한 통제를 비롯한) 고도의 수직 통합 덕분에 재빠른 시장 대응이 필요한 고객 회사들과 일을 할 수 있다. 위에위엔

은 이와 같은 요건으로 인해 가장 큰 고객 회사와도 상당한 협상력을 갖출 수 있게 되었다.[51]

위에위엔은 제한적이기는 하나 이미 자체 브랜드 생산에 착수했다. 위에위엔이 "실행을 통한 학습"에 성공하여 결국에는 선도적인 운동화 디자인업체나 판매업체로서 나이키 등의 고객 회사들을 대체할 수 있을 것인가? 나이키와 위에위엔은 서로 의존도가 높은 관계이기 때문에 만약 위에위엔이 자신의 저가 브랜드를 중국 시장에 내놓더라도 나이키가 생산 주문을 중단할 가능성은 높지 않다.[52] 그리고 위에위엔은 광범하고 충성스런 고객 회사들을 기반으로 두고 있기 때문에 고수익을 올린다. 그래서 잠재적인 경쟁 브랜드를 만들어 이러한 관계들을 해칠 가능성은 크지 않다.[53]

현 시점에서 위에위엔은 자신의 공급업체들에게는 강력한 시장 조성자임이 분명하지만, 구매업체들, 특히 나이키와 같은 대형 기업들에게는 종속되어 있다. 운동화의 디자인부터 (200가지 단계에 이르는) 복잡한 생산 과정의 구석구석까지 나이키의 손이 미치지 않는 곳은 없다. 이는 나이키가 공급업체들과 긴밀하게 작업하기 위하여 무수히 많은 생산 전문가들을 고용했다는 사실을 통해 입증된다.[54] 나이키가 위에위엔에 의존하는 정도보다 위에위엔이 나이키에 의존하는 정도가 더 크며, 더욱이 위에위엔은 세계에서 선도 공급업체라는 아주 수익성이 높은 위치를 차지했는데, 이 지위가 위험해지는 것을 원치 않는다.[55] 나이키와 위에위엔 간의 관계에 대하여 면밀한 연구를 해온 제론 머크Jeroen Merk는 "위에위엔이 자신의 브랜드를 시장에 내놓을 만큼 충분한 기술과 현금을 보유했다고 하더라도, 그러면 고객 회사들의 직접적인 경쟁 상대가 되는 것이기 때문에 일부러 그렇게 하지 않도록 결정했다."고 결론내렸다. 사실 위에위엔은 각 브랜드의 기밀을 보호하는 데 크게 신경 쓰고 있다. 위에위엔은 항상 경쟁 브랜드가 자신의 연구 개발 센터의 한 장소에 배치되지 않도록 하고 있다. 이는 위에위엔이 직접 최종 시장에 진입할 수 없다는 것을 의미한다.[56]

위에위엔은 2008년 베이징 올림픽을 소매업으로 확장할 수 있는 중요한 기회로 주시하였지만, 이 기회를 활용해 자체 브랜드를 개발하거나 시장에 내놓지 않았다. 한 신문 기사에 따르면, "위에위엔은 중국 대륙의 시장 점유율을 높이기 위해 2008년 베이징 올림픽을 최대한 활용하려 했다. …… 포첸 경영진은 나이키를 포함한 고객 회사와 경쟁하려고 자체 브랜드를 개발하지는 않겠다고 강조했다. 위에위엔은 오랫동안 자신의 매장에서 나이키, 아디다스, 리복의 운동화 판촉을 해왔다."[57]

## 중국의 산업 고도화 전망

중국은 지난 20년간 매년 평균 약 9%의 급속한 경제 성장률을 기록해왔으며, 2008년에는 10% 아래로 떨어지기는 했지만, 2007년에는 10%를 넘었다. 이 수치가 과장되었다는 주장과 조잡한 정부 통계를 감안한다고 해도, 중국의 성장은 어떤 기준으로 보더라도 폭발적이다. 이 수치가 평균치라는 것을 고려하면, 중국의 성장 거점—광둥성에 위치한 주장강 삼각주 주변의 중국 남부, 상하이, 양쯔강 삼각주 지대—은 더 큰 비율로 확대되고 있다. 성장의 가장 큰 부분은 중국 수출의 거의 절반을 차지하는 중국 남부에 집중되어 있다. 중국 남부 지역에는 제조업이 가장 밀집해 있으며, 가장 큰 공장들이 있고, 농촌 지역에서 가장 많은 노동력이 유입되고 있으며, 세계에서 물동량이 세 번째로 많은 항구(홍콩)와 네 번째로 많은 항구(선전)가 있고, 세계에서 가장 큰 화물 설비가 있다.[58]

광범위한 소비재 산업은 이 성장의 원인이었다. 위에서 언급했듯이 다자간 섬유 협정 종료로 인한 효과가 완전히 나타나기 시작하면, 중국은 전 세계 섬유 수출의 절반을 차지할 것으로 예상된다. 2004년에 중국은 컴퓨터 4510만 대(전년 대비 39% 증가), 에어컨 7050만 대(전년 대비 43% 증가), 냉장고 3030만 대(전년 대비 30% 증가), 세탁기 2350만 대(전년 대비 19% 증가)를 생산했다. 금속 절단기(전년 대비 36% 증가), 시멘트 장비(전년 대비 63% 증가), 금속 압연기(전년 대비 60% 증가), 트랙터(전년 대비 84% 증가) 생산에서도 비슷한 연간 증가율을 기록했다. 중국은 2010년에 자국의 체리奇瑞 Chery 자동차회사의 자동차 100만 대를 미국에 수출할 계획도 세웠다. "모건 스탠리Morgan Stanley는 …… 중국이 현재 세계 시멘트 생산의 절반, 구리 생산의 4분의 1, 알루미늄 생산의 5분의 1을 흡수하고 있다고 판단했다."[59] 이렇게 가속화한 성장으로 인해 엄청난 양의 에너지 수요가 발생했다. 국제에너지기구(IEA)의 보고에 따르면, 중국은 2002년과 2004년 사이에 국제 석유 수요 증가분의 3분의 1을 차지했다.[60]

중국의 정부 정책으로 인해, 단일 제품에 특화된 공급업체, 제조업체, 하청업체의 클러스터로 구성된 역동적인 산업 지대가 형성되었으며, 이는 규모의 경제, 거래 비용 절감, 가격 인하를 촉진시켰다. 중국 정부는 산업 단지 개발을 위해 토지를 개방하고, 기업들에 세제 혜택을 주었으며, 운송망 및 기타 기반 시설을 구축하고, 공공 요금의 보조금을 지급했다. 사기업들은 정부의 지원을 받아 기숙사와 병원이 딸린 공장 단지를 건설했다. 그 결과로 형성된 클러스터는 공동 상승 작용을 일으켜 기술 발전을 촉진시켰다.[61] 중국섬유정보센터 주임 쑨루이저孫瑞哲에 따르면, "수직적 공급 사슬의 측면에서 중국의 경쟁 상대는 없다. 중국에는 단추 생산자, 직물 생산자, 실 생산자, 지퍼 생산자 등 뭐든지 다 있다."[62]

고급 기술 영역에서 세계적으로 경쟁력 있는 통신 장비 제조업체인 화웨이華爲 Huawei의 선전 지역 구내에는 연구 센터, 축구장, 수영장, 3천 채에 달하는 가족 주택 단지가 있다. 상하이에 위치한 철강 업체인 바오스틸Baosteel은 2010년에 철강 생산에서 세계 3위에 오를 것으로 예상된다. 레노보Lenovo는 2004년 12월에 IBM의 침체된 PC 사업 부문을 인수했으며, 이를 대대적으로 과시했다. 중국의 가전 생산 분야에서 선도 기업인 하이얼Haier은 1백여 개 국가에 지점을 두고 있다. 중국에서 가장 수익을 많이 낸 TV 제조업체인 TCL은 2004년에 프랑스 톰슨Thomson의 TV 사업 부문을 인수했으며, 자신의 웹사이트에 TCL-톰슨은 "세계 최대의 컬러 TV 업체"라고 공시했다. 열 개 이상의 중국 기업이 포춘 500대 기업 명단에 이름을 올렸다(표 4.1 참조).

그리고 중국은 차세대 기술에 대량 투자하고 있다. 이 장의 서두에서 언급했듯이 중국은 향후 10년 안에 "혁신 사회"를 이룩한다는 기대 속에서 과학과 기술에 엄청나게 투자하고 있다. 중국은 2020년까지 연구 및 개발에 들어가는 GDP 비중을 두 배로 (2.5%까지)

표 4.1. 포춘 500대 기업 중 중국 기업(2003년, 단위: 10억 US 달러)

| | 부문 | 매출 | 순이익 |
|---|---|---|---|
| 페트로차이나 | 석유/가스 | 36.60 | 8.39 |
| 시노펙 | 석유/가스 | 51.10 | 2.60 |
| CNOOC | 석유/가스 | 4.93 | 1.39 |
| 바오스틸 | 철강 | 5.31 | 0.84 |
| 찰코 | 알루미늄 | 2.80 | 0.43 |
| 레노보[†] | PC | 2.97 | 0.14 |
| SAIC | 자동차 | 0.83 | 0.18 |
| TCL | TV/전자 | 3.40 | 0.07 |
| 하이얼 | 백색 가전/소형 가전 | 9.70 | n/a |
| 완샹 | 자동차 부품 | 2.00 | n/a |
| 화웨이 | 통신 장비 | 5.00[†] | 0.30[†] |

출처: The Economist, January 6, 2005
[†] 2004년 3월까지
[‡] 2004년 3월까지

확대하려는 계획을 가지고 있으며—수출로 인한 산업 흑자 덕분에—막대한 외환 보유고를 첨단 기술을 위한 야심찬 계획의 자금으로 댈 수 있다. 이렇게 되면 수년 내에 지구적 공급 사슬에서 중국이 차지하고 있는 역할은 바뀔 것이다.[63] 중국이 스스로의 힘으로 수출 플랫폼에서 기술 산업 강대국으로 급속히 전환하고 있기 때문에, 이러한 모든 사항을 고려해보면, 장래에 월마트를 비롯한 "대형 구매업체"들의 권력에 대한 강력한 평형추가 등장할 것이다.

중국에서 거대 소매업체의 경제 권력은 제한적이다. 중국은 처음부터 외국 소매업체의 확장을 규제했다(예를 들면, 현지에서 상당한 협력 관계를 맺도록 하면서). 월마트는 중국의 총수출에서 3% 정도를 차지하고 있는 것으로 보이지만, 소매 분야 실정과 관련해 보자면 중국에서 월마트는 2008년에 겨우 100개의 "대형 슈퍼마켓"만 가지고 있으며, 이는 월마트의 해외 영업에서 작은 비중이다.[64] 중국이 WTO에 가입한 이후 외국 소매업체에 대한 규제를 완화하자, 2005년에 월마트는 베이징과 상하이에 처음으로 대형 쇼핑센터를 개장하는 것을 포함하여(선전에는 이미 대형 쇼핑센터가 있다.) 15개의 매장을 추가로 열 계획을 세웠으며, 가까운 시일 안에 매장 면적을 50% 이상 늘릴 것이라고 발표했다.[65] 월마트의 CEO였던 데이비드 글래스David Glass는 중국을 지속적으로 확장 가능한 지역으로 보고 다음과 같이 얘기했다. "유럽에서는 그린필드형 투자*가 어렵고 대규모로 기업을 키우기가 어렵다. 하지만 중국의 미래에 대하여 좀 더 공격적으로 예상해본다면, 중국에 엄청난 규모의 회사를 세울 수 있을 것이다. 중국은 월마트가 미국에서 거둔 성공을 복제할 수 있는 세계에서 유일한 지역이다."[66]

그러나 월마트조차 중국에서 힘겨운 전투를 치르고 있다. 중국 최대 소매업체인 상하이바이렌그룹上海百聯 Shanghai Brilliance Group은 3,300개의 매장에서 81억 달러의 매출을 기록했다. 그리고 월마트는 중국에 100개 이상의 "대형 슈퍼마켓"을 둔 프랑스의 까르푸와도 경쟁하고 있다.[67] 하지만 중국에서 유통업을 확장할 때 가장 큰 난제는 문화적인 문제이다. 중국의 중산층은 날로 증가하고 있지만 이 쇼핑객들은 아파트가 작고 소비재를 둘 공간이 제한적이며, 적은 양

---

* **그린필드형 투자** 해외 투자 시 기업 스스로 부지를 확보하고, 공장 및 사업장을 지어 고용을 창출하는 방식의 외국인 직접 투자

의 물건을 자주 사러 나가는 것에, 그리고 걸어서 쇼핑하러 가는 것에 익숙하다.

## 새로운 질문들

거대 소매업체와 거대 하청업체 간의 생산 및 유통 체계가 점차 통합되면서, 기존의 포드주의 생산 조직 방식의 수직적 통합이라는 특징이 최근의 소비재 산업의 통합에서 다시 반복되고 있음을 보여주는 증거가 더 많이 나타나고 있다. 이러한 동학에 대한 이해는 매우 부족한 편이다. 유통과 하청에서 일어나는 변화의 영향을 추적해서 보여줄 수 있는 장기적인 기획이 필요하다. 특히 나는 현 시점이 세계 경제의 동학 변화 중 일순간에 지나지 않는다는 점을 염두에 두고 일반적으로 동아시아에, 주로 중국에 초점을 맞춰서 체계적인 장기 연구로 나아갈 수 있는 몇 가지 상호 연관된 문제들을 제기할 것이다.

1. 거대 초국적 하청업체의 생산 집중 경향은 공급 사슬 네트워크에서 소매업체에 대한 하청업체의 상대적 힘—예를 들어 하청업체의 생산 비용 협상력이나 자체 브랜드 디자인, 마케팅과 같은 고부가가치 영역으로의 "진입"—에 어떤 영향을 미치고 있는가?

2. 최근의 공급 사슬 관리의 혁신은 대형 구매업체와 공급업체의 관계에 어떤 영향을 미치는가? 예를 들자면, 거대 공급업체들

이 소매업체로부터 다수의 공급 사슬 관리 기능을 넘겨받은 시점은 언제인가? 공급 사슬 관리에서 점차 중심이 되고 있는 리앤펑과 같은 거대 무역 회사의 역할은 무엇인가?

3. 점점 더 많은 소매업체들이 주요 공급업체에 지리적으로 더 가까이 이전하게 되면 어떤 일이 발생할 것인가? 예를 들어 루엔타이의 "공급 사슬 도시" 형태에서 나타난 소매업체들의 이전은 의심의 여지 없이 급속도로 성장하고 있는 중국 시장에 더 가까이 접근하고 싶다는 욕망을 시사하고 있는 것은 아닌가?

4. 중국이 산업 강대국으로 부상하면서, 중국 기업들을 포함하고 있는 지구적 공급 사슬의 동학은 어떻게 바뀌고 있는가? 중국의 대형 공급업체들은 일단 국내에서 그리고 지역 내에서 점점 더 유통으로 진출할 것인가? 이는 현재 세계적인 거대 소매업체의 지배력에는 어떤 영향을 미칠 것인가? 그리고 중국의 (조선, 자동차, 항공, 건설 등) 자본 집약적 산업의 성장은 소매업의 통제를 받는 공급 사슬의 상대적 힘에는 어떤 영향을 미칠 것인가?

5. 대형 하청업체의 등장은 산업 개선과 광범위한 경제 발전의 원인이 되는 다른 기업이나 부문과의 연계를 어느 정도까지 창출할 것인가? 대형 하청업체의 수직 통합은 광범위한 경제 성장을 활성화할 수도 있는 지역 내 경제적 연계의 형성을 제한할 것인가?

6. 마지막으로 중국의 선진 기술 분야로의 진입이 지구적 공급 사슬의 동학에 미치는 영향은 무엇인가? 중국은 점차 경제 정책의 토대를 저가의 수출보다는 기술 주도 성장에 두고 있는데,

이러한 경제 정책이 외국의 거대 구매업체의 주요 저가 공급업체로 자리 잡은 기업들에게는 어떠한 영향을 미치게 될 것인가? 이 기업들은 중국의 증가하는 소비자층에 상품을 공급하는 것으로 시작하여, 자신의 공급 사슬 네트워크, 기술 지식, 외환 보유고를 활용함으로써 다른 형태의 기업—아마도 남에게 의존하지 않는 초국적 거대 구매업체—으로 전환할 수 있을 것인가?

# 중국의 부상과 지구적 부의 재분배

**요제프 뵈뢰치**

경제적 부의 증가 vs 경제적 비중의 증가

기존 사회주의 국가들의 부와 비중의 감소

세계 경제의 비중 변화가 갖는 지정학적 중요성

지정학은 조직들이 자신의 경계 너머의 세계로 권력을 투사하는 방식을 연구한다. 지정학적 권력의 핵심적인 구성 요소는 어떤 행위자에게 이용될 수 있는 경제적 자원의 양인데, 특히 이를 다른 행위자, 즉 협력적 파트너, 경쟁자 및 적대자의 자원과 비교해볼 때 더욱 중요하다. 이 장에서는 소비에트 블록의 붕괴에서 9·11 테러 공격에 대한 미국의 반응으로 지구적 지정학의 동학이 재정립된 2001년까지 여러 나라들의 부와 경제적 비중에 대한 지정학적 변화를 분석한다.

1989년 2월 4일(폴란드통일노동당과 반정부 지식인들 간의 "원탁"회의가 시작된 때)에서 1991년 12월 26일(소련 최고소비에트가 1922년 헌법을 폐지하고 소비에트연방의 해체를 선언한 때)까지 34개월간, 우리는 이제 겨우 인류사적인 중요성을 이해하기 시작한 지정학적 전환을 목도했다. 흔히 "사회주의의 종식", "역사의 종말"로—잘못—언급

될 뿐 아니라—북한과 쿠바의 최근 경험을 고려하면 아주 약간만 정확하게—"냉전의 종식"이라 설명되는 이 지정학적 이동의 정치경제적 본질은, 72년간 소련에서 그리고 41년간 동유럽에서 사적 자본의 기능에 대해 헌법적-법률적 제약을 가해온 일련의 제도들을 제거한 것이다.

1917년 러시아 혁명은 세계 총생산 능력의 약 9.5%, 세계 인구의 8.6%를 사적 자본의 직접 통제에서 벗어나게 했다. 이 벗어남은 불완전하고 불충분했으며, 국가 사회주의*는 지구적 자본주의의 순환적 흐름에서 완전하게 탈피하지 못했다. 하지만 국가 사회주의는 자본주의 보존에 이해관계를 갖는 세력들로부터 지구적인 전략적 대응을 이끌어낼 정도로 중요했다. 2차 세계 대전 이후 아시아와 동유럽이 국가 사회주의로 전환되자, 국가 사회주의가 세계 총생산에서 차지하는 비율은 18%에 이르렀고, 이 전환의 영향을 받는 인구 비율이 세계 인구의 1/3에 약간 못 미치는 정도까지 이르렀다. 유럽에서 국가 사회주의가 몰락한 결과로, 동유럽과 북유라시아의 옛 소비에트 블록 국가들의 총생산 능력—1989년에 세계 총생산의 10.7%와 세계 인구의 7.9%를 점유하던—은 다시 한 번 자본주의 세계 체계의 지배와 동학에 종속되었다.[1] 1989년 이후 경과된 시간은 모든 분석가들에게 소련의 지정학적 기획이 실패한 이후 벌어진 전환 과정을 꽤 분명하게 관찰할 수 있는 기회를 제공한다. 그리고 그 과정들은 다소 놀라웠다.

---

* **국가 사회주의** 생산 수단의 국유화를 통해 자본주의에서 사회주의로 이행하는 중간 단계를 의미하는 말로, 2차 세계 대전 당시 나치 독일의 국가 사회주의와 다르다.



중국, 자본주의를 바꾸다

나는 세계 체계 분석의 일반적 경향에 따라 그러한 과정들의 일부를 묘사할 것이다.2) 이 연구의 경험적 근거는 앵거스 매디슨Angus Maddison3)이 수집한 세계 경제사의 장기 지속longue-durée 조사에 의거한다. 이 작업의 유용한 온라인 부록은 1989년 이후 시기(정확하게는 1989~2001년)에 대한 적절한 데이터를 제공한다. 우연히도 2001년이라는 기한—매디슨 데이터의 특징—덕분에 소비에트 블록 붕괴로 인한 최초의 결과들을 에너지 생산 국가의 소득에 "테러와의 전쟁" 및 그와 관련한 탄화수소 가격 급등hydrocarbon bump이 미친 영향과 혼동하지 않고 평가할 수 있었다.

세계 체계론자들이 강력하게 주장하는 바와 같이 세계는 촘촘하게 조직된 단일한 사회적 실제이다. 각 행위자의 운명(이 분석에서는 각국의 지구적 궤적)은 다른 모든 행위자들(다른 모든 국가들)의 운명과 연관되어 있다. 어떤 행위자들의 지구적 권력의 획득과 강화는 따라서 다른 행위자들의 지구적 영향력의 손실 및 저하와 연관된다. 이러한 과정은 항상 엄격하게 제로섬 과정은 아닐지라도, 서로 뒤얽히고 다차원적이며 역사적으로 형성된 그리고 더디지만 확실하게 이동하는 지구적 네트워크 유대를 통해 분명 이루어진다. 세계 체계의 중심부로 향하는 국가들의 구심 운동, 혹은 주변부로 향하는 원심 운동을 통해 이루어지는 이 과정을 지정학적으로 이해하기 위해서는, 다른 모든 국가들과 비교하면서 개별 국가의 궤적을 이해하는 것이 필수적이다.

자본주의 세계 체계는 매우 부유한 국가와 비참할 정도로 가난한 국가, 매우 강력한 권력을 가진 사회와 아무런 힘도 갖고 있지 않은 사회를 모두 포함하면서 위계적으로 조직되어 있기 때문에, 세계 체계의 기본적 역동성을 이해하기 위해서는 두 가지 기초적인 질문을 계속 던지는 것이 중요하다. 우리는 세계 체계 내의 원심 운동과 구심 운동의 전반적 논리 속에서 어떤 변화를 볼 수 있는가? 우리는 가장 두드러진 국가 이동 사례들을 통해 세계 변화의 방향을 알 수 있는가?

냉전 시기 양극의 교착 상태의 종식이 아무리 중요하다 해도 그것은 이후 20년간 세계에서 발생한 수많은 유사한 전환들 가운데 하나일 뿐이다. 소련 기획의 실패는 아래와 같은 대규모의 역사적 전환의 맥락에서 발생한 것이다:

1. 유럽연합으로 알려진, 서유럽 국가들의 내부 통합을 통해 형성된 초국가적 공권력 조직은 그 범위와 강도 면에서 유례가 없을 정도이다. 이 거대하고 영향력을 증대시키고 있는 공권력이 일관되게 하나의 국가가 되기를 피하고 있다는 사실은 세계 지정학에서 완전히 새로운 동력을 만들고 있는데 그 동력이야말로 다른 모든 행위자의 창조적 대응을 요구하고 있다.[4]

2. 양극 체제의 한 축을 차지하던 소련이 경쟁에서 패배하고 양극 체제의 교착 상태를 유지하기 위해 고안된 제도들을 해체했을 때, 다른 한 축은 상호 파괴의 위협에 방해받지 않은 채 자신의 제도를 발전시키면서 유일한 지구적 권력을 차지했다. 소련의 세계 전략을 위한 다양한 기관들이 해체되면서 새로운 전략 체계—"포스트 양극 체계"라고 부를 수 있는—가 출현했는데, 그 핵심적 특징은 양극 대치의 "서방" 측 주도 세력인 한 단일 국가의 전 지구적인 군사적 중요성이 급증한 것이다. 현재, 이 국

   중국, 자본주의를 바꾸다

가는 상대적 규모와 확실한 군사적 경쟁 상대 부재라는 양 측면에서 인류의 현대사에서 유례없는 군사력을 휘두르고 있다.

3. 한편, 최근 몇 십 년 동안 산업 생산이 세계 경제의 중심부에서 그 외부로 눈에 띌 만큼 급속하게 이전되고 있는 것을 목격해왔다. 외국인 직접 투자도 어느 정도는 이 생산 공장의 원심적 재배치와 결합하여 이전보다 높은 수치를 기록했다.

4. 새로운 종류의 지구적 제도들이 출현하고 있으며, 그 제도들의 유일한 목적은 국가의 규제와 보호 능력이 미치지 않게 빠져나가는 것이다. 이 제도들은 점차 공권력의 성격을 획득하고 있다. 즉 "법과 유사한" 행정의 제도적 힘을 유례없는 규모로 행사하고 있다. 결과적으로 국가 자체가 점차로 초국적인 지구적 유사 법률적quasi-legal 과정과 강제에 종속될 수 있다. 양극 체제 이후의 구조로 종종 언급되는 "지구적 거버넌스"라는 것이 출현하면서 베스트팔렌 체제—식민주의에 의해 만들어진 세계 체계에서 항상 의문시되고, 여하튼 양극 대치의 바로 그 논리에 의해 1980년대 말경 확실하게 흔들린—의 국가 주권 원리는 서서히 무너지고 있으며, 지금까지 가장 강력한 국가들의 주권마저도 점점 더 노골적인 지구적 협상에 종속되고 있다. 이 현상은 독일의 대중적 불만의 주요 원인이며, 광범위하게 나타나는 유럽연합에 대한 적대적 태도뿐만 아니라 이와 관련하여 현재 프랑스, 네덜란드, 오스트리아, 벨기에에서 나타나는 외국인 혐오적, 인종 차별적 정치 현상의 급증을 부분적으로 설명해준다.

5. 산업 생산의 매우 많은 부문이 더 이상 경제 변화의 선도 부문

으로서 중요성을 인정받지 못했다. 높은 이윤과 관련이 있으며, 높은 수준의 노동과 지식 그리고 끊임없는 구조 조정을 요구하는 "유연한 축적"은 재래의 매우 표준화된 산업 생산 체계보다 훨씬 더 매력적인 선택지로 여겨진다. 결과적으로, 전통적인 노동 조직—이전의 대규모 산업의 대량 생산 체계에 뿌리를 둔—의 힘 또한 세계 경제의 중심부와 반주변부에서 서서히 약화되고 있다. 고도로 전문화된 기업 혹은 "틈새" 기업들에게 이전에는 상상할 수도 없던 수익을 가져다준 비즈니스 서비스—특히 법률 서비스, 정치 서비스, 금융 서비스—가 호황을 누리고 있다.

6. 지구적 규모의 투기적 금융 거래, 즉 견실한 "실물 경제" 기반이 전혀 없는 거래가 급격하게 증가하고 있다.

7. 세계에서 가장 부유한 중심부 사회는 빠르게 노령화하고 있으며, 이는 그 국가들이 국민 계정의 세대 간 불균형과 같은 새로운 종류의 위험과 도전에 직면해 있음을 나타낸다.

8. 세계에서 가장 빈곤한 국가들은 일반적으로 국민들과 관련한 문제에 대해 완전히 기능 장애 현상을 보이고 있으며/있거나, 약탈 자본 대 토착 자본과 관련된 문제에 대해서도 그렇다.

9. 앞에서 언급한 문제들과 관련하여, 우리는 새로운 유행성 질병과 (이미 세상에서 근절되었다고 생각해온 질병들을 포함하여) 다른 여러 질병들이 출현하고 있고, 전례없는 속도로 환경을 파괴하는 생산 체계가 확산되며, 지구적 폭력을 위한 새로운 기술들이 등장하여 빠르게 퍼지는 것을 목도하고 있다.

10. 마지막으로, 그리고 아마도 가장 일반적인 문제로, 세계는 매

우 유럽 중심주의적이고 인종 차별적인 정치적 문화적 언어적 도덕적 관행을 통해 단일한 실체로 통합되고 있다.

세계에서 자신의 "지위"를 높이려는 특정 국가의 능력뿐만 아니라 국가 이동에서 벌어진 변화들을 지구적 체계의 총체적인 논리로 이해하고자 한다면, 위에서 열거한 요소들의 복잡한 결합을 관찰해야 한다. 따라서 어떤 개별 요소의 "순수한 효과"를 분리하는 것은 불가능하다. 하지만, 이 장에서의 분석이 제시하는 것처럼, 만약 지구적 권력의 어떤 기본 구조를 고려하고 지역적 유형에 세심한 주의를 기울인다면, 꽤 강력한 간접적 추론을 이끌어낼 수 있을 것이다.

## 경제적 부의 증가 vs 경제적 비중의 증가

2차원의 분석 공간에 세계의 국가들을 위치시킨다고 생각해보자. 그림 5.1은 방향을 잡는 데 도움이 될 것이다. 그림에서 우리는 한 국가의 일인당 GDP 변화와 세계 총생산에서 한 국가가 차지하는 GDP 몫의 변화라는 두 가지 중요한 측정 수단을 묶어서 이용한다. 그 목적은 한 그림 안에 국가 경제의 총체적인 영향력과 평균적인 축적 수준을 함께 묘사하기 위해서이다. 이 두 가지 척도는 대개 같이 움직이지 않는다. 우리는 주어진 기간 동안 각국의 일인당 GDP 변화 양상에 따라 세계 각국을 표시하는 데 세로축을 사용한다. 시간의 경과에 따른 비교 분석을 위해, 세계 평균 일인당 GDP의 백분율로 각국의 수치를 표시한다. 주어진 기간 동안 세계 평균과 비교 측정한 일인당 GDP가 증가한 국가(즉, 뺄셈의 결과가 양수인 곳)들은 세로축의 윗부분에 놓여 있다. 그리고 일인당 GDP가 감소한 국가 (뺄셈의 결과가 음수인 곳)들은 그림 5.1의 아랫부분에 위치한다.

지구적 지정학의 측면에서 경제적 성취에 관한 유용한 측정 기준, 즉 가로축은 세계 경제에서 주어진 국가가 차지하는 경제적 비중 변화를 알려준다.[5] 이것은 주어진 연도의 세계 총생산 중 주어진 국가가 차지하는 GDP의 백분율 몫을 관찰함으로써 측정한 것이다. 앞서와 같이, 우리는 나중 시점의 값에서 이전 시점의 값을 뺐다. 세계에서 차지하는 비중이 증가한—따라서 세계 체계에 더 커다란 영향력을 행사할 수 있는 경제적 기반이 더 큰—국가들은 그림의 오른편에 위치한다. 경제적 비중이 감소한 (따라서 지정학적 중요성도 다소 감소한) 국가들은 왼편에 위치한다.

경제적 비중은 물론 지정학적 권력을 위한 그저 하나의—그리고 모든 맥락에서 필수적인 것은 아니지만, 가장 적절한—중요 요건이다. 즉 핵심적인 군사적, 지적, 도덕적, 조직적 자원 혹은 자연자원의 활용 가능성이 어떤 특정 상황에서는 외부 세계로 자신의 권력을 투사하는 조직의 능력을 결정하는 더 중요한 요인이 될 수도 있다. 베트남전에서 나타난 많은 증거들이 이를 입증하는 사례이다. 하지만 경제적 비중은 의심할 바 없이 지구적 권력의 기본적인 구성 요소이다. 경제적 비중 없이 어떤 한 국가가 오늘날 경제적으로 통합되고 촘촘히 얽힌 세계 체계에 지속적이고 의미 있는 영향을 미치는 것은 상당히 어려워 보인다.

실제 예를 위해서, 그림 5.1은 지구적인 경제적 비중의 측면에서 지정학적으로 발생할 수 있는 가장 흥미로운 궤적을 어느 정도 보여

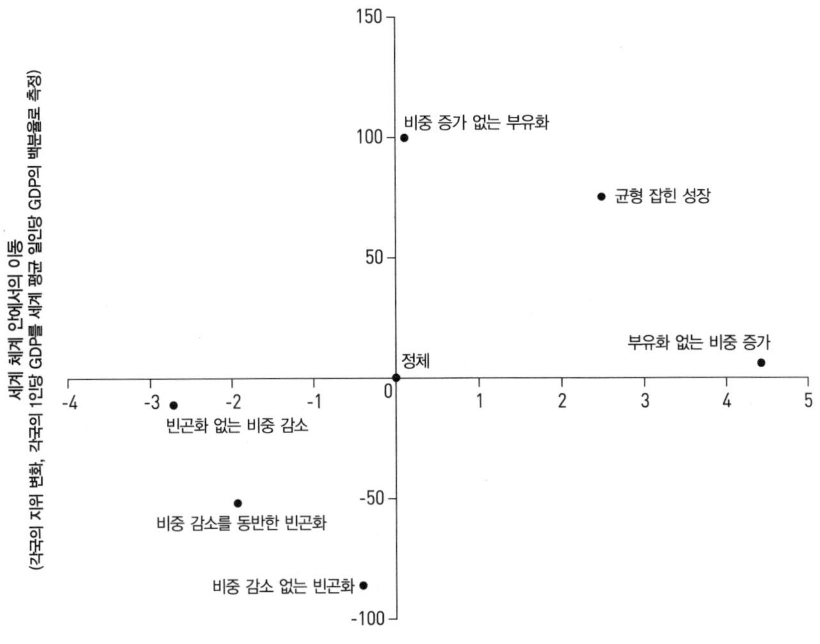


그림 5.1. 국가들의 지구적 궤적 분석의 2차원 모델

준다. 한 가지 가능한 경로는 어떤 한 국가가 세계 평균 일인당 GDP와 관련하여 그 나라의 일인당 GDP는 증가한 반면, 그 나라의 지구적 비중은 거의 증가하지 않는 과정을 나타낸다. 이 유형의 변화는 세로축의 오른쪽, 그래프의 상단 세 번째에 나타나는데 "비중 증가 없는 부유화"라는 말로 표시되어 있다. 한편 이와는 다른 경제 변화 과정을 생각해볼 수 있는데, 어떤 특정 국가가 그다지 부유화를 겪지 않은 채 상당한 지구적 비중을 획득하는 것이다. 이 과정의 배경은 독특한 인구 통계학적 형태를 띠는데, 즉, 어떤 국가의 인구

증가가 세계 평균 인구 성장보다 더 빠르게 나타나는 것이다. "부유화 없는 비중 증가"라 이름 붙인 이 경로는 가로축 바로 위, 그래프의 오른쪽에서 찾을 수 있다. 지구적 자본주의의 전반적 논리 속에서 국민의 집단적 이익을 추구하려고 애쓰는 국가의 시각에서 보면, 최적의 변화 유형은 두 종류의 양陽의 변화의 결합이라는 것을 쉽게 알 수 있다. 이 유형은 그림 5.1 오른쪽 상단 중간에 "균형 잡힌 성장"으로 표시돼 있다. 이러한 양의 유형들에 대응하는 음陰의 유형도 분명히 존재한다. 즉 "비중 감소 없는 빈곤화", "빈곤화 없는 비중 감소", "비중 감소를 동반한 빈곤화"로 적절하게 이름 붙은 이 유형들은 그림 5.1의 왼쪽 하단부에서 찾을 수 있다.

국가가 자신의 이동 경로를 자유롭게 결정하지 못한다는 점을 이해하는 것은 세계 체계에 대한 모든 학문적 접근의 근본 원리이다. 거시 경제학적, 역사적, 지정학적, 지리적, 인구 통계학적, 사회적, 문화적, 도덕적 환경과 사건들이 주어진 국가가 이용할 수 있고 취할 수 있는 지구적 이동 경로에 영향을 미친다. 다섯 세기에 걸쳐 공식 기록된 근대 자본주의 세계 체계의 부와 지구적 영향력이라는 2차원 체계에서 자신의 이동 경로를 "자유롭게" 선택한 국가의 예를 찾아내는 것은 꽤 도전적인 작업이 될 것이다. 이 문제의 연장선상에서 나타나는 3가지 일반 원칙이 있다.

첫째, 그림 5.1에 나타나 있는 여러 이동 경로는 변화에 대한 매우 다양한, 심지어는 정반대되는 사회적, 경제적, 정치적, 문화적 조건들과 기회들로 인한 것이다. 인류 역사의 다양성은 상당 부분은 바로 이 사실에 기인한다.

둘째, 국가가 이용할 수 있는 묘책의 여지는 시간과 공간에 따라

   중국, 자본주의를 바꾸다

다양할 수 있는데, 몇 가지 예를 들면, 가장 자주 볼 수 있는 것으로, 역사적, 지리적, 지정학적 요소에 연유한다. 결과적으로, 지구적 이동에 영향을 미치는 국가 능력이라는 관점에서 실제로 현존하는 국가들의 성취를 비교하는 단일한 도덕적 원칙을 만들기란 매우 어렵다.

마지막으로, 구심이 되려는/영향력을 강화하려는 어떤 국가의 이동 기획의 성공은 부분적으로는 배치된 외부 요소들에 의존하고, 주어진 사회 내부의 자원 구조에도 부분적으로 의존하며, 그러한 내외부 조건에 대한 집단적 반응의 질에도 부분적으로 의존하는데, 이 집단적 반응은 그 사회의 지도적 위치를 차지하고 있는 경제, 정치, 문화 엘리트들에 의해 고안된다.

이 시점에서 소련이라는 극의 붕괴 이후 국가들의 지구적 이동 유형을 검토할 수 있다. 그림 5.2는 세계 모든 국가들이 취한 이동 경로를 보여주는데, 이는 매디슨의 1989~2001년 데이터에 근거했다.[6]

우선, 그림 5.2의 분포 모양을 살펴보자. 그래프의 사분 면 오른쪽 상단의 중간 부분은 완전히 비어 있다. 이러한 점에 비춰보면, 여러 가지 면에서 최적이라 할 수 있는, 앞에서 "균형 잡힌 성장"이라 명명한 이동 경로는 이 연구가 초점을 맞춘 12년 동안 현실에서 거의 나타나지 않은 것으로 보인다. 예외가 있다면 아마도 인도네시아와 베트남(그림 5.2에서 Indo, VN으로 표시)이 이룬 성장 정도일 것이다. 그러나, "균형 잡힌 성장"은 냉전 이후 세계 경제의 지정학적 전환 과정에서 세계 체계의 지배적인 형태는 아니었다고 결론지을 수 있다. 이 간단한 관찰 결과는 지구적 자본주의하에서의 "경제 발전" 유형들

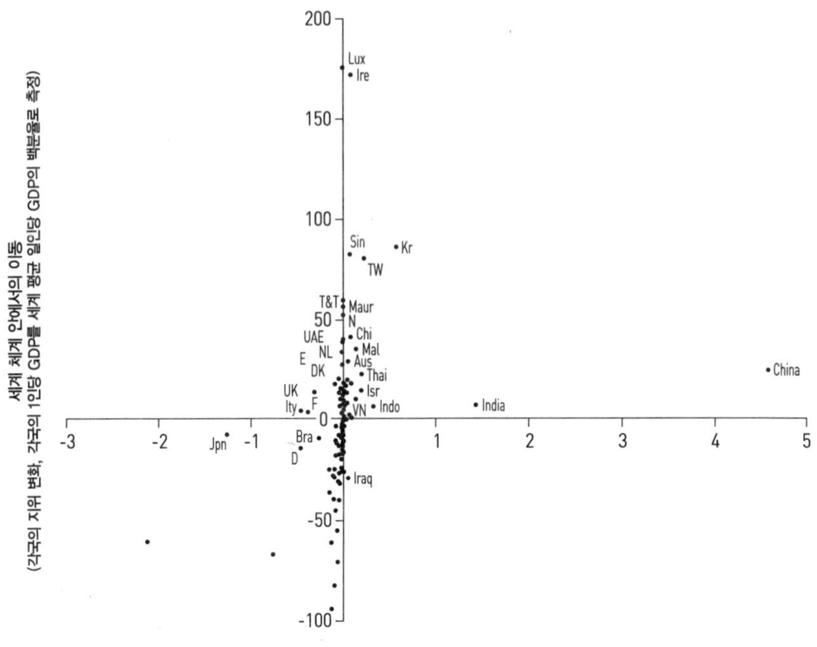


그림 5.2. 1989~2001년, 국가들의 지구적 궤적(국가코드 설명은 298쪽을 참고할 것)

은 내재적으로 불균등하다고 주장하는 관점들의 강력한 근거가 될 수 있다.

오히려, 우리가 보는 것은 완전히 상반되는 두 가지 극단적인 이동 유형이다. 하나는 분명히 세계에서 차지하는 "경제적 비중은 증가"했으나 일인당 GDP 기준으로는 그에 상응하는 "부유화"가 이루어지지 않은 유형이다. 현재 세계 경제에서 이런 유형의 매우 중요한 예가 두 가지 있는데, 이는 두 인구 대국인 중국과 인도이다. 중화인민공화국은 12년 동안 자신의 지구적 비중을 세계 총생산의



중국, 자본주의를 바꾸다

4.6%로 높였으며, 인도는 약 1.5%의 지구적 비중을 차지했다. 장기적인 관점에서 이 두 수치를 보면, 매디슨은 중국의 사회주의 혁명과 인도의 독립에 가장 가까운 측정 점(1950년)에 대해서는 중국과 인도의 지구적 비중을 각각 4.5%와 4.17%로 평가했는데, 2001년에 대해서는 11.9%와 5.3%로 평가했다. 이것은 특별히 중요한 대목인데, 그것은 두 경우의 **동시성**simultaneity 때문이다. 즉 세계의 두 거인이 비록 속도 차는 있을지라도 동시에 그리고 다소 **동일한 경로로** 움직였다는 점이다. 중국의 부상―혹은 중국공산당의 공식 용어인 "평화적 부상和平崛起"―은 20년 이상 실제로 지속돼왔고, 훨씬 더 주목할 만한 점은 자본주의 세계 경제의 주기적 패턴에 전혀 영향 받지 않았다는 것이다.[7]

그 과정을 평이하게 보면, 그 결과 중국과 인도 모두 1989~2001년에 자신들이 세계에서 차지하는 경제적 비중을 높였다. 이를 통해 중국과 인도는, 다른 모든 조건이 같은 상황에서, 경제적 축적의 지구적 거버넌스 측면에서 더 강력해졌으며, 이는 다른 많은 지정학의 영역에서도 마찬가지이다. 이는 무엇보다 먼저 이 사회들 내부에서 변화를 재촉하는 압력으로 작용하게끔 하는 중요한 진전이다.

또 다른 유형―"눈에 띌 만한 비중 증가 없는 부유화" 경로―으로서 우리는 동일한 기간 동안의 가장 작은 EU 구성원인 룩셈부르크와 아일랜드를 살펴볼 것이다. 이 국가들은 1989년에서 2001년까지의 기간 동안 일인당 GDP를 인상적으로 증가시켰으며, 이는 세계 평균 일인당 GDP의 150%를 상회하는 것이었다. 그러한 결과를 가져온 두 나라의 구체적 메커니즘은 매우 다르다. 룩셈부르크는 역외 "투자" 천국으로, 아일랜드는 그린필드형 외국인 직접 투자에 기반을 둔 중고급 기술 조립 제조업 위주의 호황과 EU의 유례없는 수준의 인프라 건설 보조로 부를 증가시켰다. 이 두 나라 외에도 몇 개의 서유럽 국가가 지구적 경제 비중의 증가 없이 부를 증진하는 데 성공했지만, 여기에 속하는 나라의 대다수는 유럽 외부에 있다. 룩셈부르크와 아일랜드에 이어서 비중 증가 없이 부를 증가시킨 국가들의 명단은 다음과 같다. 싱가포르(그림 5.2에 Sin으로 표시), 대한민국(Kr), 대만(TW), 트리니다드토바고(T&T), 모리셔스(Maur), 노르웨이(N), 칠레(Chi), 아랍에미리트(UAE), 네덜란드(NL), 말레이시아(Mal), 에스파냐(E), 오스트레일리아(Aus), 덴마크(DK), 태국(Thai) 등등. 바꿔 말하면, 그 시기에 유럽연합의 12~15개 국가들—주로 소국들—이 가장 높은 일인당 GDP 성장률을 달성한 국가 집단에 들 수 있었지만, 그 유럽연합 국가들이 그 집단 내에서 확실한 우위를 점했던 것은 아니다. 훨씬 더 주목해야 할 것은 EU의 더 규모가 크고, 지구적으로 더 강력하고, 지정학적으로 가장 영향력 있는 국가들이—우연히도, 이 국가들은 대부분 이전까지 지구적인 전략적 교착 상태와 관련한 유럽의 "활동 무대$^{theater}$"를 관리하는 데 가장 깊게 연루돼 있었다.—유럽에 구축되었던 양극 체제의 붕괴 이후 처음 12년 동안 인상적인 기록을 남기지 못했다는 사실이다. 비록 영국은 부의 측면에서 세계 평균 일인당 GDP의 약 13%까지 자신의 지위를 증대시킬 수 있었지만, 지구적 비중은 상당히 줄었다(영국은 세계 총생산의 약 0.3%를 상실했다.). 프랑스와 이탈리아의 상황도 유사하다(영국보다 부유화도 덜 이루어졌다.). 한편 독일민주공화국(동독)을 흡수한 독일연방공화국은 일인당 GDP 계산과 지구적 비중 모두에서 손실을 입었다. 같은 시기 일본은 지구적 비중이 1.25%

감소하고 세계 평균 일인당 GDP가 7% 이상 감소하는 등 훨씬 더 참담한 기록을 보였다.

대부분의 국가들은 그림의 세로축에 꼭 붙어 있다. 즉 이 나라들의 지구적 비중은 많이 변하지 않은 반면, 대부분은 세계 평균 일인당 GDP와 관련하여 20% 안팎의 범위 내에서의 변화를 보여준다. 이 법칙에 계속 예외적인 매우 독특한 국가군이 하나 있다. 이어서 이 집단을 더욱 자세하게 살펴볼 것이다.

## 기존 사회주의 국가들의 부와 비중의 감소

1989년 국가 사회주의 "블록"의 구성원이었던 국가들은 유럽에서 국가 사회주의 체제가 해체된 이후 매우 독특한 이동 경로를 따랐다. 그림 5.3은 이 국가군의 궤적에 초점을 맞춘 것이며, 자본주의를 재도입한 국가들과 그러한 지정학적 조치를 겪지 않은 국가들을 모두 포함한다. 이들 가운데 두 나라(중국과 베트남)는 이미 언급했다. 즉, 이 국가들은 체제 변화를 경험하지 않았다. 대신 이 국가들은 급격한 경제 상승을 겪었다. 이 국가들은 국가 사회주의 개혁 경로의 독특한 예이다. 그러한 방향은 1960년대 말 그리고 1970년대에 헝가리, 폴란드, 체코슬로바키아 같은 국가에서 실험됐다가 나중에 본격적인 자본주의로의 회귀를 위해서 포기한 것이다. 후기 국가 사회주의late-state-socialism라고 명명된 이 계획은 국가가 조직 원리로서 일당 지배를 유지하면서, 국가 사회주의의 사회 경제적, 사회 문화적, 사회 정치적 체제의 기본적인 제도적 틀과 국내 수요에 민감

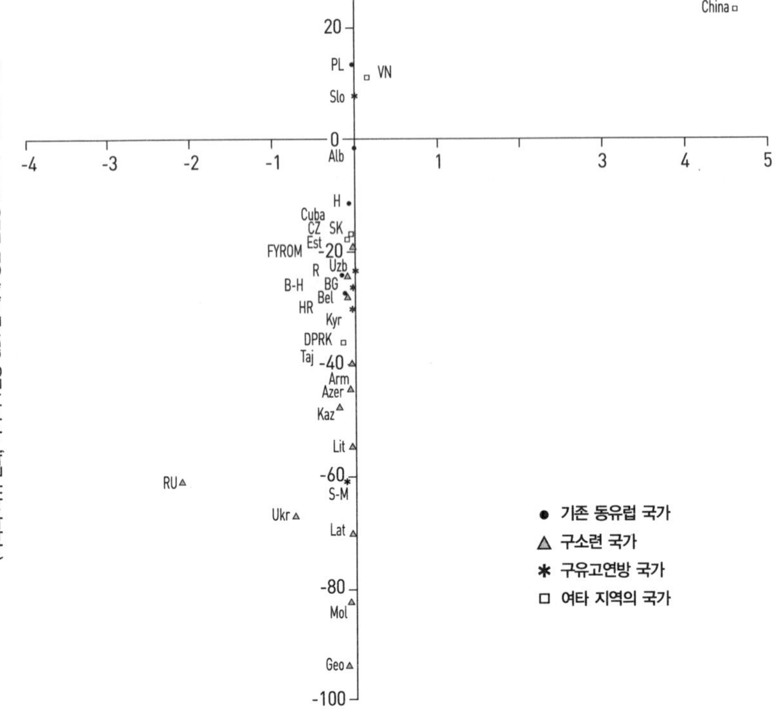


그림 5.3. 1989년 국가 사회주의 체제였던 국가들의 지구적 궤적
(국가코드 설명은 298쪽을 참고할 것)

하게 반응하고 실제로 그에 의해 상당 정도 구동되는 경제 관리 모델을 결합한 것이다. 국가 사회주의의 개혁을 추구하는 정치 지도자들은 국가의 자원 기반을 증대시키기 위하여 총생산량의 증가분을 계속 생산 투자에 쏟아부었을 뿐만 아니라 사회주의적 사회 서비스 영역의 확장을 통해 집단적 소비를 강화했고 사회적 불평등을 완화하려 했다.



중국, 자본주의를 바꾸다

표 5.1. 수익으로 본 중국의 대형 기업

| 순위 | 기업 | 총매출액<br>(백만 위안)[a] | 국가 소유<br>비율(%) | 국내 은행 및<br>자산 관리 회사<br>소유 비율(%) | 외국 사적 자본<br>소유 비율(%) | 국내 자본<br>소유 비율(%) |
|---|---|---|---|---|---|---|
| 1 | 중국석유화공집단공사<br>(시노펙) | 590,632 | 67.92[b] | 9.5 | 19.35 | 3.23 |
| 2 | 페트로차이나 | 388,633 | 최대 지분[c] | | | |
| 3 | 차이나모바일 | 192,381 | 100[d] | | | |
| 4 | 차이나텔레콤 | 161,212 | 72.09[e] | 10.68 | | |
| 5 | 차이나유니콤 | 79,332 | – | | | |
| 6 | 차이나넷콤그룹 | 64,922 | 100[f] | | | |
| 7 | 민메탈스 디벨롭먼트 | 64,593 | 100[g] | | | |
| 8 | 바오산철강 | 58,638 | 85[h] | | | |
| 9 | 중국해양석유총공사 | 55,222 | 100[i] | | | |
| 10 | 화룬창업 | 50,105 | 54.91[j] | | | |
| | 2004년 GDP[k] | 13,651,500 | | | | |

출처: The People's Daily Online, July 30, 2005
추가 출처(2005년 8월 3일 검색):

[a] http://english.people.com.cn/200507/30/eng20050730_199342.html[a]

[b] http://english.sinopec.com/en-company/938.shtml

[c] www.petrochina.com.cn/english/tzzgx/gszljg_6.htm

[d] www.chinamobile.com/english/Profile.html

[e] www.chinatelecom-h.com/company_e/company_e1_1.htm

[f] http://biz.yahoo.com/ic/106/106010.html 및
www.chinanetcom.com.cn/en/2j/about/index.asp

[g] www.minmetals.com/English/intro/intro/200306180001.htm

[h] www.baosteel.com/plc/english/indexe.html

[i] http://210.77.145.59/tea/node/N16500L0Pnull.html

[j] www.cre.com.hk/aboutus.asp?lang=e

[k] www.stats.gov.cn/was40/detail?record=3&channelid=2118&presearchword=gdp


중국과 베트남의 변종 속에서, 이 모델은 국가 사회주의의 경제적
특징—국가 소유의 우위—에 대한 비판자들이 오래도록 불가능하
다고 생각하던, 사실상 매우 확인에 차서 불가능하다고 주장하던

것, 즉 국유 기업들이 높은 생산성을 창출하고 유지하는 것을 잘 해냈다.[8] 게다가, 중국과 베트남은 최근, 언제나처럼 조심스럽게 혼합 경제 모델을 실험하기 시작했다. 표 5.1은 2005년 가장 높은 수익을 달성한 상위 10개 중국 기업을 보여주고 있는데, 중국에서 국가는 외국의 사적 자본에 대해 제한적인 참여, 특히 사회주의 국가가 지배적인 소유권을 보유하는 합자 회사의 형태를 장려하고 있다.

국내 사적 자본의 경우 또한 국유 기업 및 집체 기업과의 공존이 허가됐지만, 적어도 지금까지는 국가 사회주의 경향이 압도적인 이런 혼합 경제의 스펙타클한 성장 과정에서 사적 자본이 경제 발전의 유일한 추진력이라고 주장할 수 없다.[9] 이 모델의 지속적 실행 덕분에 중국과 베트남의 사회주의 국가가 양질의 집단적 소비를 안겨주고 사회적 불평등을 감소시킬 능력과 의지를 키울 수 있을지는 아직 말하기 이르다.

한편, 경제적 성취의 지정학적 성공을 국가 사회주의 자체의 생존 덕으로 생각하는 것은 잘못일 것이다. 또 다른 두 개의 국가 사회주의 사회, 즉 조선민주주의인민공화국—대부분의 역사가 전시 공산주의로 묘사될 수 있는 모델로 존재하고 있는—과 쿠바사회주의공화국—이전의 지역 헤게모니 국가와 주요 무역 상대국에 의해 40년 이상 경제 봉쇄를 당하며 압박받은—은 경제적 성과에서 급격한 쇠퇴를 보여주고 있다. 북한과 쿠바를 볼 때, 냉전 종식의 선언은 다소 조급했던 것 같다. 오히려, 지구적인 전략적 대치의 한 축인 소련의 붕괴—그리고 이와 더불어 소련이 제공하던 보조금과 전반적인 지정학적, 경제적 지원의 상실—로 궁지에 처하고 고립된 이 두 국가 사회주의 체제는 훨씬 더 어려워졌으며, 국지적 냉전의 경제적 결과

로 인해 이 나라들의 사회는 더욱 황폐해졌다고 주장할 수 있을 것
이다.

　이제 국가 사회주의 이후 지정학적 전환을 겪고, 다시 한 번 완전
히 자본주의화한 국가군을 살펴보자. 1989년 이후 자신들의 지구적
비중을 유지하거나 높일 수 있었던 옛 국가 사회주의 국가는 없다.
이 국가들은 모두 그림 5.3에서 세로축 왼쪽에 놓여 있다. 일인당
GDP의 관점에서 이 국가들의 경제적 성취를 볼 경우, 연구 범위 기
간 동안 두 국가, 즉 폴란드(PL로 표시)와 슬로베니아(Slo)가 자신의
지위를 향상시킨 것을 볼 수 있다. 폴란드의 경우 1991년 파리클럽
Paris Club으로부터 외채의 약 50%를 탕감받았음(규모의 측면에서 그
당시 동유럽 최대 외채국이었다.)을 기억할 것이다. 이전에 가장 부유
한 유고슬라비아연방공화국에 속했던 슬로베니아는 유고슬라비아
가 해체되기 훨씬 전에 세계 평균 일인당 GDP의 13%와 7.7%에 상
당하는 경제적 향상을 각각 기록한 오스트리아 경제와 이탈리아 경
제에 재통합되었다. 이 두 성공 사례를 빼면, 동유럽과 북유라시아의
모든 국가 사회주의 국가들은 1989년 이후 자신들의 경제적 지위의 지정학이
라는 면에서 붕괴를 경험했다. 이 포스트 국가 사회주의 국가들의 기록
은 이라크―이 시기 동안 몇 번의 국제전과 내전, 독재, 장기 경제
봉쇄의 참화를 겪은 나라―만큼이나 참담하다. 그림 5.3의 사분면
왼편 아래 부분에는 지정학적 경제적 붕괴를 겪은 가장 황폐해진 국
가들이 위치하는데, 모두 동유럽과 북유라시아의 옛 국가 사회주의
국가들이 차지하고 있다.

　그림 5.3에서 동유럽 국가들은 작고 검은 원으로 표시된다. 상대
적으로 운이 좋은 폴란드와 슬로베니아 아래에는 알바니아(사회주의

"블록" 국가 중 가장 작고 가난한 나라로, 기본적으로 거의 잃을 게 없는 나라)가 위치한다. 헝가리(H)가 그다음을 차지하고 있고(세계 평균 일인당 GDP의 11.4% 하락), 슬로바키아(SK, 16.9% 감소)와 체코공화국(CZ, 17.9%)이 뒤따른다. 루마니아(R, 24.3%)와 불가리아(BG, 27.6%)의 경제적 몰락의 정도는 구소련 공화국들 중 가장 덜 처참한 기록을 가진 공화국들—여기서는, 에스토니아(Est)와 우즈베키스탄(Uzb)—그리고 마케도니아 구舊유고슬라비아공화국(FYROM)과 대략 비슷하다.

그림 5.3에 나타난 유형과 관련하여 두 가지 더 심도 깊은 관찰이 이루어져야 한다. 첫째, 전체적으로 보아, 이전 소비에트 블록의 가장 막대한 손실은 러시아(RU)와 우크라이나(Ukr)에서 발생했다. 이 두 국가는 국가 사회주의 붕괴 이후 첫 10년 동안 깜짝 놀랄 정도의 생활 수준 저하(각각 세계 평균 일인당 GDP의 60.9%와 67.1% 감소)를 경험했을 뿐만 아니라, 세계에서 차지하는 경제 비중에서도 매우 심각한 감소(각각 세계 총생산의 2.1%와 0.8%)가 일어났다. 러시아의 지구적 비중은 4.2%에서 2.1%로 감소했고, 우크라이나의 비중은 소련의 국가 사회주의 붕괴 직후 기간 동안 1.15%에서 0.35%로 축소됐다. 매디슨의 데이터는 현재 세계 경제에서 (지리학적으로 구소련 지역에 해당하는) 북유라시아의 지위가 1700년 이래의 어떤 시기보다도 악화되었음을 보여준다.[10]

그러나 더욱 충격적인 것은 소련 해체 후 새로운 자본주의적 조건에 적응하기 위하여 가장 어려운 시기를 겪은 구소련 공화국들의 운명이다. 그루지야(Geo)와 몰도바(Mol)는 지진이나 쓰나미 같은 큰 재난이 없는 평화 시였음에도 유례없는 속도로 급속히 가난해졌다.

154  

이 나라들은 구소련의 해체 이후 세계 평균 일인당 GDP의 93.8%와 82.8% 상당의 감소를 겪었다. 그 뒤를 바짝 쫓고 있는 것은 구舊유고슬라비아연방공화국 해체 이후 벌어진 다섯 차례 전쟁에 모두 참여한 세르비아-몬테네그로(S-M)로, 대략 세계 평균 일인당 GDP의 60% 정도가 하락했다.

이러한 수치들에 비추어볼 때, "색깔 혁명"이라고 이름 붙은 도시 중간 계급의 집단 봉기가 대부분 포스트 국가 사회주의 세계라는 이런 정확한 구획 내에서 성행했다는 것은 그리 놀랄 만한 일은 아니다. 즉 세르비아-몬테네그로에서 일어났고, 그 뒤를 이어 그루지야와 우크라이나에서 발생했으며(실패하긴 했지만 우즈베키스탄과 몰도바에서 정치 엘리트들의 이와 유사한 시도가 있었다.) 적어도 최근에 이 사회들에서 발생한 중간 계급 소요의 일부는 하나의 정치 질서가 다른 정치 질서로 나아가려고 하는 내재적인 욕구보다는 포스트 국가 사회주의 사회의 교육받은 중간 계급에게 폭력적인 영향을 끼친 완전한 경제 붕괴와 더 관련 있다는 가정은 그럴듯해 보인다.

## 새로운 세계
## : 비중 변화가 갖는 지정학적 중요성

요컨대 세계 체계는 끊임없는 거대한 변화의 과정을 거치고 있다. 주로 비중의 증가로 나타난 중국과 인도의 "부상"은 내부적으로뿐만 아니라 외부적으로도 엄청난 지정학적 중요성을 갖는다. 이 모든 변화는 즉각 현재의 세계 체계에 거대한 폭발력을 부여한다. 유엔과 기타 다자간 포럼에서 당연히 커진 중국과 인도의 역할 외에도, 중국과 인도의 지정학적, 경제적, 정치적, 사회적, 문화적 상호 제휴 혹은 다른 강력한 행위자들과의 제휴—예를 들면, 중국-미국, 인도-미국, 중국-유럽연합, 인도-유럽연합, 중국-러시아, 인도-러시아, 중국-일본, 인도-일본 등의 관계—는 새로운 지구적 중요성을 획득할 것이다. 이 발전으로 인해 발생한 많은 쟁점 가운데, 여기에서는 두 가지에 한정해 주목할 것이다.

첫째, 중국과 인도의 부상을 전례 없는 완전히 새로운 것으로 치부하는 것은 완전한 역사적 오류를 범하는 것이다. 우리는 중국과 인도가 적어도 15세기에서 19세기 중반까지 세계에서 가장 중요한 경제 행위자였음을 기억해야 할 것이다.

매디슨이 계산한 표 5.2의 데이터에 따르면, 중국과 인도의 경제 수준은 19세기 중반이 되어서야 제국주의 지정학과 식민주의의 여러 영향으로 말미암아 하락했는데, 그 시기에도 이 두 나라의 경제 수준은 서양의 가장 "성공적인" 제국주의 국가가 엄청난 노력을 들이고서야 간신히 얻을 수 있었던 수준 만큼이나 높았다. (서유럽의 기록에 따르면, 영국의 최상의 실적은 19세기 말 세계 총생산의 9.5%에 달한 것이다.) 세계 자본주의 역사는—만일 그 대부분의 서술 형식의 밑바탕이 된 유럽 중심주의의 영향 없이 쓰일 수 있다면—세계 경제에서 중국과 인도가 차지하는 경제적 비중을 주로 기록해야만 했을 것이다. 최근의 약 150여 년간의 "서양"의 "찬란한" 세계사는 한시적이며 상대적으로 보잘것없는 에피소드로 보일 것이다.[11] "서양"의 가장 강력한 행위자들뿐만 아니라, "서양"의 집단적 이익과 행위가 조정되는 수많은 조직적 장소들 또한, 서양의 찬란한 역사가 일시적이며 보잘것없는 것임을 인정하기 위해 필요한 도덕적, 문화

표 5.2. 세계 경제에서 중국과 인도가 차지하는 비중, 1500~1900년(%)

|  | 1500년 | 1600년 | 1700년 | 1820년 | 1870년 | 1900년 |
|---|---|---|---|---|---|---|
| 중국 | 24.9 | 29.0 | 22.3 | 32.9 | 17.1 | 11.0 |
| 인도 | 24.4 | 22.4 | 24.4 | 16.0 | 12.1 | 8.6 |

출처: Maddison 2003에서 계산

적, 정치적 수단들을 갖추고 있는지, 그리고 "서양"이 자신들의 "영광"이 곧 종말에 이르게 될 상황에 적응하기 위해서 창조적이고 평화적인 제도 형태를 이용할 수 있을 것인지는, 의심의 여지 없이 인류 생존의 가장 근본적인 문제들 중 하나이다.

하지만 자본주의 역사 대부분 동안 중국과 인도가 차지한 지구적 비중을 단순히 언급하는 것만으로는, 이 전환이 세계 안정화를 위해 제출하는 현재 문제를 해결하지 못한다. 자본주의 세계 체계의 현 구조에는 현 상황을 특히 불안하게 만드는 몇 가지 두드러진 특징이 있다. 나는 이미 이 새로운 특징들을 앞에서 10가지로 정리해 언급했으므로, 여기에서는 이와 관련하여 가장 위험하다고 여겨지는 두 가지 특징만을 다시 언급하겠다. (1) 경제적으로 쇠퇴하고 있는 20세기의 경제적 헤게모니 국가가 지닌 지구적인 군사력의 우월성과 (2) 현 체계의 정치, 도덕, 이데올로기 분야에서 광범위하게 퍼져 있는 유럽 중심주의와 인종주의. 이 두 요소 때문에 인류를 황폐하게 만들 (만약 벌어진다면 이번에는 진정한 의미에서 지구적인) 3차 세계 대전을 피할 수 있는 건설적인 제도의 창조에 초점을 맞춘 범세계적인 사회 조직, 정치인, 국가, 지식인, 사회 운동의 의식적인 노

력이 필요하다. 이는 미래 판타지 혹은 공상 과학 소설 연습이 아니
다. 세계 경제 성장의 두 엔진인 중국과 인도를 서로 다투게 하는 외
부의 노력들이 이미 상당히 진행 중이다.[12]

또 다른 지정학적 쟁점은 가장 성공적으로 자신들의 지구적 비중
을 높일 수 있는 대부분의 국가들(중국, 인도, 인도네시아, 베트남)은
결코 "서양"이 아니라는 사실과 관련되어 있다.[13] 한편 지금까지 세
계에서 가장 부유한 국가들은 지구적 비중의 증가 면에서 특별히 잘
해오지 못했다. 하나의 집단이라고 쳤을 때, 세계에서 가장 부유한
국가들―미국, 2001년 현재 15개 EU 국가들, 일본―은 이 기간 동
안 계속해서 1.66%의 경제적 비중 손실을 겪었다. 이는 위에서 언
급한 아시아 4개 국가가 성취한 6.52%의 비중 증가와 확연히 대비
된다.

흔히 무미건조하게 상정하고 있는 "서양"의 우월한 경제적 성
취―많은 세계 정치 연구자들뿐만 아니라 세계 체계의 정치 경제학
과 지정학을 연구하는 학자들이 익숙하게 사용하고 기대하는 것―
의 재생산 대신, 우리가 목격하고 있는 것은 꽤 급격한 지리적 이동이
다. 북아메리카와 서유럽은 대체로 자신들의 일인당 GDP를 유지할
수 있었지만, 이 지역들 역시 경기 침체와 전반적인 경제적 쇠퇴를
겪어왔다. 그렇기 때문에 북아메리카와 서유럽이 오늘날 자신들의
일인당 부富를 유지할 수 있는 능력은 한편으로는 경로 의존성으로
묘사되는 역사적 과정의 산물이며(즉, 그 능력은 세계 경제에서 이전에
갖고 있던 경제적 이점의 결과이다.), 또 다른 한편으로 인구 감소의 결
과이다. 서양의 지정학적 지위에서 가장 중요한 것은 서양의 세계
경제적 비중이 감소하고 있다는 사실이다. 매디슨의 데이터에 따르

    중국, 자본주의를 바꾸다

면, 이 감소는 상당 기간 동안 지속되어왔다. 유럽권에서 나온 보고
서들에 의하면, 세계 경제의 "엔진"은 서유럽도 북아메리카도 아니
다. 오히려 이 엔진은 아시아로 (다시) 옮겨가고 있다.

촘촘하게 통합된 세계 체계에서 지구적인 경제적 권력의 문제는
거의 제로섬 게임에 가깝기 때문에, 이 결과들은 동유럽 및 북유라
시아의 옛 국가 사회주의 국가들의 진정한 지구적 중요성을 드러낸
다. 간단히 말하면, 동유럽의 붕괴는 세계의 지정학적 완충 장치의
역할을 했으며, 이로 인해 "서양" 사회, 특히 서유럽 국가들이 세계
경제의 측면에서 급격한 경제적 축소라는 지정학적 결과를 직접 겪
게 될 시기가 연기되었다. 지난 10년간 나토로 결성된 미국과 일부
서양 동맹국들은 서아시아 및 중앙아시아에 군사적으로 침투했을
뿐만 아니라 중국과 인도를 서서히 포위해왔지만, 아시아의 부상이
서양으로부터 더 큰 조바심과 더 공공연한 적대 반응을 일으키지는
않았다. 이는 적어도 어느 정도는 수반되는 지구적 지위의 비중 손
실이 대부분 동유럽과 북유라시아 국가들에서 발생했기 때문이
다.[14) 구소련 지역의 지구적 비중 감소(세계 경제의 약 4.65%)는 아시
아의 부상으로 인한 지구적 영향력을 흡수하는 역할을 했으며(일본
을 제외한 아시아 전체는 세계 총생산의 8%를 차지하는 놀랄 만한 성과를
보였다.), 따라서 미국, 유럽연합, 일본은 지금까지 1.66%의 완화된
비중 감소를 유지할 수 있었다. 공교롭게도 냉전 이후 체제 전환 중
인 옛 국가 사회주의 사회들이 경험한 비중 손실(세계 총생산의 4.6%)
은 성공적인 경제이자 여전히 국가 사회주의 경제인 중국과 베트남
이 이룬 성과(세계 총생산의 4.75%)와 거의 정확하게 일치한다.

서구에 이웃해 있으면서 가장 덜 피폐화를 겪은 옛 소비에트 블록

10개국은 최근 유럽연합에 가입했으며(이 가입은 매디슨의 데이터 끝 시점인 2001년 이후, 즉 2004년 5월과 2008년 1월에 이루어졌다.), 이 나라들은 지정학적 자원—국가 사회주의 역사의 특징인 급격하고 강제적인 사회 변화가 있던 기간 동안 형성된 사회적, 문화적, 정치적, 경제적 자원을 모두 포함하는—의 측면에서 서구를 보조하는 데 훨씬 더 많이 기여했다. 하지만 이러한 두 가지 완화 요소가 분명히 단기적임을 이해하는 것이 중요하다. 유럽연합은 계속해서 덩치 불리기를 해왔는데, 이제는 통합할 수 있는 반주변부화된 옛 사회주의 국가들도 없으며, 아시아의 지속적인 부상으로 조만간 세계 체계의 지정학에서 발생하게 될 변화의 충격을 완화할 만한 국가 사회주의 블록의 붕괴도 없다. 아시아의 지속적인 부상으로 인해 요구되는 경제적 비중의 상대적 손실을 상쇄해줄 옛 모스크바 블록이 없기 때문에 그 손실은 그 밖의 국가들이 겪어야 할 것이고, 유럽연합과 북아메리카—계속해서 세계에서 가장 큰 단일 시장이 될 두 곳—가 이러한 전환으로 인해 지금까지 겪은 것보다 더 불리한 영향을 받을 수밖에 없을 것이다. 대체로 미국과 서유럽 외부의 행위자들에게 그러한 부담을 지우려는 시도는 세계에서 가장 부유하고 현재 지정학적으로 가장 강력한 지역 국가들의 지정학적 본질인 듯하다. 이와 관련하여 한 가지 그럴싸한 발전 방향은 나토의 군사적-전략적 구조를 "북대서양" 단일 시장에 맞추는 쪽으로 변경하는 것—이미 미국과 유럽연합 양쪽에서 강력한 기업 로비의 지원을 받고 있는 기획—이고, 이는 적어도 유럽연합에서는 의회의 공약이기도 하다.

현재와 같은 상황이 완전히 전례가 없는 것은 아니라고 주장할 수도 있다. 무엇보다도, 서양 국가가 아닌 일본과 한국은 모두 2차 대전 이후 몇 십 년간 급격하게 경제적 비중을 높이는 괄목할 만한 경제 상승을 경험했다. 그러나 현재 지정학적 상황은 두 가지 결정적인 면에서 그러한 상승과 다르다. 첫째, 한국과 일본의 경제 상승은 지구적인 전략적 대치 상황에서 친서방 측에서 발생한 것이다. 즉 어느 정도는 한국 사회와 일본 사회에 서양의 호의와 지경학적 인내geo-economic patience가 자동으로 부여되는 지정학적 조건 아래에서 발생했다. 왜냐하면, 한국과 일본의 경제적 비중 증가는 반反공산주의 진영에 더 큰 경제 권력을 제공했기 때문이다.

둘째, 한국과 일본은 경제가 상승하는 동안 외국 군대가 주둔하고 있으면서 미국에 관한 한 자신들의 주권을 제한당했고, 그래서 결과적으로 국가 자율성은 줄어들었다. 하지만 현재 아시아의 비중 증가 국가들에는 한국과 일본에서 무수히 많은 제도 형태로 실시되었던 서양의 직접적인 정치적 통제의 기회가 존재하지 않는다. 그리고 냉전 시기의 전략적 논리가 사라지면서 서양의 호의도 사라졌다. 다가올 10년 혹은 20년 동안의 지구적 지정학의 많은 부분은 복합적인 갈등, 긴장, 대결 국면을 어떻게 관리하는가의 문제가 될 것이다.

간단하게나마 창조적으로 세 가지 시나리오를 가정해볼 수 있을 것이다. "나토를 북대서양 단일 시장에 맞추려는" 계획의 배타적인 성격을 고려해본다면, 이 시나리오들에 서구와 미국 외부의 주요 행위자들 간의 새롭고 유례없는 형태의 "수평적lateral" 지역 협력에 관한 내용이 포함되어 있을 것이라고 예상하는 것은 합리적이다. 이 시나리오들은 서로 규모와 범위에서만 다를 뿐이다.

첫째, 현재 가장 역동적이고 가장 큰 두 아시아 국가인 중국과 인도는 발전을 위해 장기간의 의욕적이고 안정적인 협력 관계를 맺는 방법을 계획할 수 있을 것이다. 이 협력 관계에 관한 계획은 분명히 두 나라의 상호 관계의 한 부분으로 형성돼 있다.[15] 이 두 나라의 경제 조직은 조화를 이룰 수 있으며, 그 능력은 충분히 상호 보완적이다. 그렇기 때문에, 아시아의 두 성공적 발전 국가가 경제의 지속 성장을 견고히 할 뿐만 아니라 두 사회가 장기간 공통된 경제적 지정학적 이해관계를 갖게 할 **공동의 경제 인프라**를 형성하는 데 기여할 수 있는 핵심 영역에서 자신들의 인상적인 자원을 동원하는 일이 불가능한 것만은 아니다. 대규모의 교육, 문화, 연구, 인적 교류는 그러한 계획의 논리적 구성 요소가 될 것이다. 이 협력 사업은 유럽과의 관계만큼이나 긴밀한 관계를 아시아와 맺고 있는 러시아를 끌어들일 수도 있다. 러시아의 기술, 경험, 그리고 아마도 더욱 중요한 의미를 가질 천연자원 기지의 일부는 아시아에 위치해 있으며, 러시아의 지정학적 정체성은 항상 아시아적 요소를 갖고 있다. 이 세 대국은 솔직히 세계 현대사에서 비견될 수 없는 아시아 경제 성장의 진짜 강력하고 유일한 엔진을 형성할 수도 있을 것이다.

둘째, 좀 더 넓은 시야에서, 아시아연합<sup>Asia Union</sup>의 실현 가능성에 대해 진지하게 고려해야 할 시기가 온 듯하다. 분명히, 아시아연합을 구성하려는 계획이 극복해야 할 정치적, 사회적, 경제적 장애물들은 수없이 많다. 하지만, 그 장애물들은 아시아연합과 같은 총체적 조직의 부재로 인해 아시아가 맞닥뜨리게 될 경제 성장의 어려움, 문제, 고통에 비하면 보잘것없다. 유럽연합의 출현에서 얻은 가장 큰 교훈은 관세 장벽의 해체뿐만 아니라 표준화 규정, 그리고 모든 상품 유통을 촉진하고 용이하게 할 경제, 법, 정치, 사회를 아우르는 제도를 건설하는 초국가적 과정에서 상당한 이득을 볼 수 있다는 것이다.

마지막으로 셋째, 아시아의 부상은 지구적 규모에서 "수평적" 구조라는 대안에 관한 문제를 전면에 부각시킬 것이다. 아시아의 부상은 UN 내부에서 발언권, 사업, 권력 등의 배분에 영향을 미칠 것이다. 그러나 아시아의 부상이 야기한 것 중 훨씬 더 중요한 것은 **지구적 대안 조직의 문제**를 주제로 삼게 한 것이다. (2003년 9월, 멕시코 칸쿤에서 개최된) 지난 WTO 장관급 회담에서 중심부도 아니고 이전에 식민 국가인 적도 없는 국가들이 일시적 연합에 성공했듯, 범세계적인 문제를 만들어내고 이에 강한 영향력을 발휘할 수 있는 지구적 대안 구조를 만들 수 있는 실질적인 기회들이 있다. 2008년 가을 세계 금융 위기 와중에 결성된 G20 정상 회담에서 한 가지 새로웠던 점은 중국과 인도의 존재감이 두드러지면서 이 두 나라가 중요한 역할을 수행했다는 것이다. IMF의 분담금 및 투표 체계 개혁과 관련하여 현재 진행되고 있는 협상에서도 부상하고 있는 아시아 대국들이 세계에 미치는 지정학적 경제적 중요도 변화가 반영되고 있다.[16]

아시아의 지속적 부상은 중요한 자원 기지를 제공할 뿐만 아니라 이러한 전환을 위한 강력한 도덕적 정치적 자극도 줄 수 있다. 만약 그런 통합의 과정이 아시아에서 나타난다면, 그 시작으로 이 지역의 가장 크고 강력한 두 국가가 상승하고 있는 이때보다 더 좋은 시기는 없을 것이다. 즉 경제가 성장하는 상황에서 제도를 만들기가 훨씬 더 쉬우며, 실제로 혹자는 그런 시기에만 제도를 만드는 것이 가능하다고 주장한다. 아시아의 많은 국가들은 근래에 상대적으로 넉넉한 예산상의 잉여를 보유하고 있다. 아시아의 지속적 상승으로 인한 역사적 문제는 일종의 집단적인 지구적 전망 속에서 그러한 자원들을 얼마나 현명하게 사용하는가 하는 점이다. 물론 서로에 맞서 혹은 이웃의 소국들에 맞서 새로운 무기 체계를 만드는 데 자원이 낭비될 수도 있지만, 다른 한편으로 현명하고 집단 이성적이며 신중하고 영리한 평화적 방식으로 자원을 사용할 수도 있다. 그러한 가장 중요한 결정들이 바로 지금 이 순간 이루어지고 있다.

한 가지는 확실하다. 만약 위에서 언급한 발전 방향 가운데 어느 한 가지 혹은 어떤 결합이 발생한다면, 이 세계의 성격은 변화할 것이다. 그것도 영원히.


이 장은 2005년 10월 14~16일에 헝가리 부다페스트에 소재한 헝가리 저널 『에즈멜레트Ezmélet』가 주최한 대회 〈도전하는 얽힌 헤게모니들Challenging Entangled Hegemonies〉에서 발표한 글과 2006년 벨기에 겐트대학교 글로벌 윤리학과 이매뉴얼 월러스틴 의장Immanuel Wallerstein Chair in Global Ethics 수락 기조 연설문의 일부이다. 이것은 저자의 책 『유럽연합과 지구적 사회 변화: 지정학적 경제학의 비판적 분석The European Union and Global Social Change: A Critical Geopolitical Economic Analysis』의 주제를 발전시킨 것이다. 마후아 사르카르Mahua Sarkar의 충고와 비판 그리고 격려에 감사한다. 또한 이 프로젝트 완성을 더 수월하게 해준 학술 지원금residential fellowship에 대해 부다페스트고급연구원Collegium Budapest Institute for Advanced Study에도 감사드린다.

# 중국 경제의 상승과 일본의 원자재 주변부

## 폴 S. 시캔텔

새로운 역사유물론: 신흥국에 불가결한 원자재 주변부

중국의 급속한 경제 상승

중국의 원자재 주변부 조성 전략: 석탄, 철광석, 석유

역사적 비교

지난 30년간의 중국의 급속한 경제 상승은 한 국가의 경제 상승과 그 경제 상승이 세계 경제를 변화시킬 수 있는 잠재력을 연구하는 데 중요한 기회를 제공한다. 세계 체계 분석은 중국과 여타 경쟁자들이 미국의 헤게모니에 도전하면서 발생하는 단기적 변동, 중기적 추세, 장기적 구조 변화를 연구할 수 있게 해준다. 이 "실시간real-time"의 기회로 인해 장기적 구조 변화의 사후 검증, 즉 행위자를 등한시하고, 국가와 기업 간 경쟁의 역할을 과소평가하며, 그 결과가 역사적으로 불가피했음을 함의하는 분석적 함정을 피해갈 수 있다. 현재 미국 헤게모니에 대항하여 일어나고 있는 맹렬한 도전은 경제적으로나 정치적으로나 헤게모니 경쟁과 장기 변화를 연구하는 데 필요한 분석틀을 제공한다.

이 장에서는 지속적이고 급속한 경제 상승의 가장 근본적인 장애물을 해결하고자 하는 중국의 노력, 즉 다른 상승 국면의 국가들과 현재 헤게모니 국가에 대해 경쟁 우위를 차지하기 위해서 어떻게 하면 더 다양하고 많은 원자재를 저비용으로 안전하게 확보할 수 있는가를 분석한다. 중국의 원자재 접근 전략은 더 일찍 경제 상승을 이룬 국가들이 만들어놓은 현재 체계에 대한 의존성을 원자재 수출국 및 수출 기업들에게 더 유리한 거래 조건을 제공함으로써 그 국가들의 원자재 주변부를 탈취하려는 노력과 결합하는 것이다. 이러한 전략은 19세기와 20세기에 미국이 영국에게 사용한, 그리고 20세기 후반에 일본이 미국에 사용한 전략과 유사하다. 이러한 중국의 전략이 성공할지는 전혀 확실치 않다. 이 장에서는 중국의 전략과 그 성공, 21세기 초 중국의 전략이 직면한 도전들을 분석한다.

## 새로운 역사유물론<br>: 신흥국에 불가결한 원자재 주변부

어떤 신흥 경제에서든, 경제적 상승 전략은 동시대 세계 여타 지역의 기술적, 지정학적, 환경적 조건 및 시장 조건과 그 특정한 세계 경제에서 자국이 차지하는 지위position와 위치location를 이용하고 이에 대응하는 것이어야 한다. 또한 국토의 물리적 특성과 공간적 위치를 실질적/잠재적으로 이용 가능한 다양한 원자재의 물리적 특성 및 공간적 위치와 조화시켜야 한다. 경제 상승의 초기 국면에서는 중공업에 사용될 싸고 안정적인 원자재 공급원에 접근할 수 있는 외부적 해결책과 특히 중공업 및 운송 부문에서의 국내 기술 발전을 잘 조화시킬 필요가 있다. 규모의 경제에서 엄청난 양의 원자재 사용은 최상의 기회인 동시에 최대의 도전이다. 그러나 이러한 규모의 경제는 역으로 운송비를 증가시키는데, 이는 산업 전환의 규모가 확대됨에 따라 가장 가까운 원자재 공급지부터 빠른 속도로 고갈되기 때문이다.[1]

규모의 경제와 공간 비용 간의 이 모순적 긴장은 원자재 가공과 운송 부문에서 기술 혁신을 유발한다. 이러한 혁신들은 규모의 확대를 더욱 촉진하는 경향이 있고, 따라서 해결하려고 했던 규모와 공간 간의 바로 그 모순을 장기적으로 더욱 악화시킨다.[2]

이 모순에 대한 기술적 조직적 해결책을 가장 성공적으로 주도했던 국가들은 동시에 그들 자신의 경제적 지배를 강화하고, 체계적이고 위계적인 축적 메커니즘과 동학을 재구축했으며, 원자재 무역과 운송의 상업적인 경쟁의 장場을 확대하고 강화했다. 원자재 추출과 운송에서, 증대하는 규모의 경제와 그에 따라 증가하는 공간 비용 사이의 긴장 문제에 대한 해결책은 기업, 산업 부문, 국가, 노동, 신기술 간의 국내 관계와 지정학적, 물리적 공간 전역에 걸쳐 복합적인 물리적, 사회적 과정의 조정을 필요로 한다. 경제 부상 국면의 국가들은 자국의 산업 경쟁력을 높이는 동시에, 혹은 그 이전에 이러한 문제들을 해결한다. 이러한 해결책은 국가 경제 조직을 근본적으로 형성하는 제도 변화와 복합적인 학습 과정을 활성화시키며, 동시에 국제 시장과 시장 참여자들을 구속하는 규정을 변화시킨다.[3]

도전과 기회는 생성적 산업 부문generative sector을 조성하는 데 필요한 기초 원자재 산업과 운송 시스템에서 나타난다. 생성적 산업 부문은 전후방 연관 효과를 창출하며, 광범위한 전문 기술과 학문을 활성화하고, 이 기술과 학문을 증진시키기 위해 투자되고 고안된 공식 제도들도 함께 활성화한다. 또한 여타 세계 지역에 관해 여러 전문가들이 보유한 다양하고 광범위한 도구적 지식을 창조하고, 다양한 정치 사회적 맥락에서 거대한 매몰 비용의 소요에 적합한 금융 제도의 발전을 자극한다. 그리고 기업들, 산업 부문들, 국가들 간의 특정한 공식적 비공식적 관계를 촉진하고, 공적 부문과 사적 부문 간의, 그리고 다양한 수준의 공적 관할권 간의 법적 구분 형식을 만들어낸다.[4]

생성적 산업 부문은, 아주 빠른 속도로 성장하기 때문에 원자재의 가공과 처리를 엄청나게 증가시켜야 하는 국가에서 그 수가 더 늘고, 더 쉽게 관찰되며, 더 효과적일 것이다. 그러나 세계 체계 분석의 관점에서 그 개념은 상대적이다. 즉 경제 부상 국면의 국가의 생성적 산업 부문은 원자재를 수출하고 여타 물품을 교역하는 국가들에 중요한 영향을 미칠 수 있다. 이 장은 원자재와 운송을 중심으로 생성적 산업 부문이 어떻게 형성되는가를 분석하는 일련의 비교사적 연구의 일부이다.[5] 이 비교사적 분석을 통해 얻은 교훈을 이용하여 아직은 결과가 불확실한 사례, 즉 중국의 급속한 경제 상승을 진단할 것이다.[6]

생성적 산업 부문이 대체로 분석적 연구가 가장 많이 이루어지는 고수익 부문(17세기 금, 은 산업 혹은 20세기 컴퓨터 기술 부문)이기는 하지만, 반드시 최고 수익 부문인 것은 아니다.[7] 그리고 다른 곳에서 언급했듯이[8] 최고 수익 부문이 반드시 생성적 산업 부문인 것도 아니다. 대신, 생성적 산업 부문은 물적 기초를 제공하고, 많은 분야에서 비용 감축을 통해 경쟁력을 높이고, 경제 상승을 추동하는 데 필요한 국가-산업-기업 관계와 기타 제도의 형태를 만들어낸다.

급속한 경제 성장 국면의 국가는 특히 국내의 원자재 부족과 경제 상승 국가들의 통제를 피해 멀리 떨어진 지역에서 원자재를 가져와야 할 때 발생하는 공간 비용 증가에 직면하여 어떠한 방법으로 이러한 생성적 산업 부문을 유지하는 데 필수적인 원자재를 획득할 수 있는가? 그동안 이 일을 완수하기 위한 한 가지 중요한 전략은 더 일찍 경제 상승을 이룬 국가들로부터 원자재 주변부를 탈취하는 것이었는데, 이 국가들은 까다롭고 비용이 많이 드는 필수 기반 시설을 이미 건설했고, 특정한 원자재 생산국과 세계 경제 간의 국제 무역과 투자 관계를 증진하는 정치적, 조직적, 법적 형식을 만들었으며, 원자재 주변부를 경제적으로 정치적으로 세계 경제에 통합시켰다. 기존의 경제 상승 과정은 세계 경제를 점진적으로 지구화했고, 새로운 원자재 주변부를 세계 경제에 편입시켰다. 따라서 신흥국들은 처음에는 이 기존의 공급 체계에서 원자재를 구입할 기회를 갖게 된다.

하지만, 신흥국의 급속한 성장은, 신흥국의 수요가 극적으로 증가하고 있으므로 성장률이 유지되려면 공급 또한 필수적으로 이에 상응하여 증가해야 한다는 것을 의미한다. 더 일찍 경제 상승을 이룬 국가들이 원자재 주변부에 만들어놓은 기존의 사회적, 물적 기반 시설과 신흥국의 급격한 수요 증가, 그리고 국내 성장을 유지하기 위해 더 높은 가격으로 원료를 구입하려는 신흥국의 의지라는 요인들이 결합되면서 원자재 주변부의 국가들과 기업들이 상당히 매력적이라고 느끼는 기회가 만들어진다. (더 일찍 상승한 성숙한 경제의 완만한 수요 증가와는 대조적으로) 수출 물량의 빠른 증가와 높은 가격은 주변부의 국내 엘리트들과 기업들에게 동기를 부여한다. 이는 심지어 신흥국 수출 목적의 생산에 투자하면서 수익성 있는 투자 기회

가 점차 줄어들고 있는 기존 강대국의 엘리트들과 기업들에게도 마
찬가지이다. 원자재 수출 지역의 국가들은 대체로 원자재 추출과 운
송을 위한 보조금을 통해 이런 투자를 지원하는데, 이는 경제 발전
을 촉진하기 위한 노력의 일환이며, 기존 헤게모니 국가의 권력으로
부터 더 많은 정치적 자유와 더 많은 수익을 획득하길 바라기 때문
이다. 이는 신식민주의의 속박에서 탈피하려는 신생 독립국들의 탈
식민지적 상황에서 그리고 원자재 수출에 대한 더 큰 통제권과 이익
을 얻으려는 국가들의 자원 민족주의적 상황에서 특히 두드러지게
나타난다. 원자재 주변부의 기업, 엘리트, 국가는 정치적 독립과 경
제 발전을 꾀하는 과정에서 신흥국을 잠재적 동맹자로 인식하게 되
었다.

　신흥국의 관점에서 기존의 원자재 주변부와 이러한 관계를 형성
하는 것은 신흥국 자신의 원자재 주변부를 만드는 것보다 훨씬 비
용이 적게 들고 용이하다. 가장 중요한 이익 중의 하나는, 원자재
추출과 운송의 확대에서 비롯되는 비용과 위험의 대부분을 원자재
주변부 국가들, 때로는 중심부 국가들의 기업이 떠맡는다는 점이
다. 동시에, 광산과 운송 시스템에 대한 투자는 종종 신흥국들의 원
자재 추출 산업의 발전을 지원하고 이 산업의 소유자와 노동자들이
소비할 공산품을 주변부로 수출할 기회를 제공하기도 한다. 따라서
더 일찍 경제 상승을 이룬 국가들에게서 이런 주변부를 "탈취하는"
것은 신흥국의 급속한 성장을 더욱 강화한다. 또한 무역과 투자에
서 중요한 새로운 이윤 기회를 창출하는 동시에 비용과 위험을 축
소한다.

　지난 500년간, 주변부 탈취의 과정은 급격하고 전환적인 상승 때

　　　　　　　　　　　　중국, 자본주의를 바꾸다

마다 핵심 요소였다.9) 예를 들어 네덜란드는 1600년대에 기울어가는 제국 포르투갈에게서 브라질 무역의 점점 더 많은 부분을 차츰차츰 빼앗아가면서, 설탕, 귀금속 등 원자재 무역을 상당히 통제하고 본국의 조선, 해운, 금융 등의 산업 발전을 위해 그 이득을 거머쥐었다. 영국은 1600년대 말과 1700년대부터 북아메리카, 카리브 해 연안 지역, 인도, 동남아시아 등에서 네덜란드를 밀어내고 목재, 설탕 등 여러 원자재를 통제했다. 19세기 라틴 아메리카의 탈식민화 시기 동안, 영국은 그 지역의 주요 무역 및 투자 동업자였던 에스파냐 제국을 대체했고, 영국 소비자와 산업들에 곡물, 은, 주석 등 여러 생산품의 안정적 공급과 높은 이윤율을 보장하기 위해서 영국 소유 및 제작의 철도를 만드는 데 그 지역 국가들의 지원을 유도했다. 빠르게 성장하고 있던 미국도 19세기와 20세기에 자국의 경제 상승을 위해 똑같은 일을 저질렀다. 먼저 북아메리카의 너른 지역에서, 그리고 이어서 캐나다, 라틴 아메리카, 카리브 해 연안 지역에서 미국의 산업화를 위한 원자재를 얻기 위해 영국을 몰아냈다. 미국은 종종 원자재 기업들과 국가들에게 영국 헤게모니를 벗어나기 위한 기회라고 말하면서 구리, 보크사이트 등 수요가 급증하는 원자재 공급을 미국으로 돌리도록 했다.

더욱이 이 과정은 20세기 후반과 21세기 초에도 계속되고 있다. 2차 세계 대전 후 미국은 오스트레일리아의 자원을 실질적으로 통제했는데, 이는 오스트레일리아의 반대에도 불구하고 일본과 공급 관계를 수립하기 위해서, 즉 일본의 재건을 통해 아시아에서 미국의 냉전 노력을 지원하기 위해서였다. 미국이 주도한 오스트레일리아의 원자재 무역 관계의 재조직화는 장기 계약과 합작 투자를 통해 일본의 철과 석탄 산업의 점진적인 지구화 유형을 창출했다. 이 원자재 접근 전략은 외견상 (흔히 미국의 헤게모니와 미국 기업의 통제에서 벗어나려는) 자원 민족주의를 지지하는 듯 보여도 일본과 일본 기업에 큰 이익을 주었다. 일본 산업이 부담해야 하는 많은 비용과 위험을 오스트레일리아, 브라질, 캐나다 등의 국가와 기업에 전가할 수 있었기 때문이다. 일본이 미국과 영국에게서 탈취한 원자재 주변부는 일본의 산업 발전에 수십억 달러의 보조금을 제공했고 낮은 원자재 비용이라는 형태로 국제적 경쟁력을 안겨주었다. 이 원자재 주변부는 일본의 급속한 경제 상승의 핵심 축을 형성했으며, 원자재 수출 지역의 국가들과 기업들이 일본으로 원자재를 수출하여 얻은 이익을 이용해 발전시키고 싶었던 원자재 집약적 산업들이 오히려 일본에서 건설되도록 보장해주었다.[10]

그런데 첨단 기술 산업의 시대에 그리고 탈자원화되었다고 여겨지는 오늘날, 자원은 왜 여전히 주목받는가?[11] 탈자원화 주장은 미국과 서구에서 1970년대 이후 중공업이 점점 경쟁력을 잃으면서 많은 기업들이 문을 닫게 되었을 때 그럴싸했다. 하지만 이러한 산업들은 한국, 브라질, 특히 중국 같은 반주변부와 주변부의 저비용 국가로 재배치됐을 뿐이다. 세계 경제는 매년 더 많은 원자재를 사용한다. 즉 원자재 사용은 중심부 외부에서 증가한 것이다. 예를 들면, 2007년 세계 철강 생산은 134억 톤에 달했는데, 2006년과 비교했을 때 7.5% 증가한 것으로, 5년 연속 7% 이상 성장했다. 이는 역사상 최대의 철강 생산량이며, 이 철강의 36% 이상은 중국에서 생산되었다.[12] 예를 들면, 처음에는 일본과의 경쟁에, 그 이후에는 다른 나라들과의 지구적 경쟁에 직면했던 1970년대 초 이후, 미국의 철강 산업은 붕괴했고 그래서 오늘날 미국에선 철강 산업이 시대착오적 유물인 것처럼 보인다. 하지만, 최근 중국이 급속한 경제 성장을 이루는 가운데, 건물, 공장, 도로 등 인프라 건설에 소요되는 철강의 물량은 엄청나고 급속하게 증가하고 있다. 게다가 중국의 수출품 생산도 이에 일조하고 있다. 동시에 중국의 철강 산업은 철강 생산 기업에 막대한 이윤을 안겨주었고, 이 중 많은 기업들은 일본, 한국, 유럽의 철강 기업들과 제휴하고 있다. 철강은 미국 산업의 제품 수명 주기에선 절정기를 지났지만, 중국의 급속한 경제 상승에선 핵심적인 구성 요소로 남아 있다.

## 중국의
## 급속한 경제 상승

지난 30년간 중국이 이뤄온 경제 상승은 어떤 기준으로 보더라도, 20세기 후반과 21세기 초반의 자본주의 세계 경제에서 가장 극적인 변화이다. 철강 산업에서 중국의 철강 생산량은 1949년 15만 8천 톤에서 1980년 4000만 톤으로 늘어났고, 2007년에는 4억 8900만 톤으로 증가해 세계 철강 총생산의 36%를 차지했다.[13] 중국 정부는 이전의 자급자족 정책하에서 실시했던 고비용, 저품질의 국내 자원 이용에서 탈피하여, 국제 무대에서 경쟁력을 잃은 소규모 제철 공장을 폐쇄하고 최신 기술과 최소 비용으로 국제 시장에서 얻을 수 있는 석탄과 철광석을 사용하여 연해 지역에 새로운 제철 공장을 건설하고 있다.[14] 현재 중국은 일본, 미국, 유럽을 뛰어넘어 세계의 철강 생산을 주도하고 있다.[15] 또한 중국은 세계에서 가장 큰 철광석 수입국 가운데 하나가 되었고, 일본이 자신의 경제 상승기에 다양한 기술 혁신, 철강 생산의 사회적 조직, 해운과 원료 공급 협정 등을 통해 만들어놓은 지구적 원자재 공급 시스템을 이용하고 있다.[16]

중국에서 철강, 운송 등 생성적 산업 부문의 연관 산업들은 20세기 전반기에 제국주의 세력의 비호 아래에서 개발되기 시작했다. 그중 가장 두드러진 제국주의 세력인 일본은 중국의 첫 번째 제철 공장을 안산鞍山에 건설했다. 중국공산당은 1950년대부터 1980년대까지 산업 발전이 지속되었다고 강조했다.[17] 이러한 제철 공장들은 규모 면에서 상대적으로 작았고, 안보상의 이유로 종종 내륙에 세워졌다. 중국의 농촌 지역은 석탄과 철광석을 공급했으며, 석탄 산업은 중국 농촌 지역에 가장 중요한 취업 기회를 제공하여 수백만 명을 고용했고, 1985년에는 871만 톤의 석탄을 생산했다. 광산과 제철 공장들은 낡고 한정된 철도 운송 시스템으로 연결되었었는데, 이 운송 시스템은 지역 간 무역을 상당히 제한했으며 생산 비용을 상승시켰고, 자원의 수입과 수출을 매우 어렵게 만들었다. 이 철도 시스템의 문제는 2008년 초의 기상이변으로 인해 재조명되었는데, 설 연휴 기간 동안 엄청나게 많은 여행객의 발을 묶어놓았고, 철로가 폐쇄되면서 화력 발전 생산이 위협을 받았다.

중국 정부의 철강, 석탄 및 관련 산업들에 대한 정책은 1978년에 변하기 시작했는데, 이때 광물과 금속 산업을 세계 경제에서 중국의 역할을 확대할 주요 부문으로 삼았다.[18] 변화의 속도는 1980년대 중국공산당이 더 확대된 경제 개혁 정책을 실시함으로써 가속화했다.[19] 광물과 금속 산업 부문의 공장들에 공급하기 위하여, 오스트레일리아와 브라질을 비롯한 여러 나라에서 질 좋은 철광석의 수입이 급속하게 증가했고, 연해 지역의 제철 공장을 지원하던 몇몇 항구들은 더 많은 물량을 수용하도록 확장되었다.[20]

1995년에 중국은 세계에서 가장 큰 철강 생산국이 되었다. 그러나 이 극적인 생산 능력 증가는 세 가지 주요 문제에 직면했다. (1) 중국 제철 공장의 품질과 제품 계열의 한계로 인해 강판 같은 제품을 다량 수입해야 한다.[21] (2) 오래되고 낡은 기술로 인해 품질 문제, 관리의 어려움, 환경 문제가 발생한다.[22] (3)극도로 낮은 일인당 노동 생산성으로 인해 극도로 낮은 노동 비용 없이는 국제 무대에서 중국의 철강이 경쟁력을 가질 수 없다.[23]

중국 정부는 이후 10년간 일련의 새로운 정책을 시행했는데, 이는 특히 철강 산업과 석탄 산업에서 나타난 문제들을 해결하기 위해서였고, 좀 더 일반적으로는 WTO 가입을 위해 더 광범한 경제를 준비하고 국제 경쟁력을 높이기 위해서였다. 이러한 정책들에는 생산성을 향상시키기 위한 제철 공장 및 기업들의 구조 조정이 포함되었는데, 이를 위해 고용 감축, 많은 소규모 제철 공장과 광산의 폐쇄, 경쟁력 있고 잠재적으로 이윤이 더 남는 소수의 기업으로의 집중이 장려되었으며,[24] 품질 향상을 위해 철강 산업에 대한 투자를 재조정하고 수입 철강을 대체하기 위해 고급 제품 계열로 생산을 확대했고,[25] 외국 기업을 합작 투자 파트너와 기술 제공자로서 끌어들였다.[26] 중국의 철강 기업들은 오스트레일리아, 파푸아뉴기니, 칠레, 페루, 필리핀, 뉴질랜드 등지의 철광석, 구리 등의 광산 및 제철 공장과 합작 투자를 하기 위해 외국 기업과 제휴하기 시작했다.[27] 작은 지분을 보유한 합작 투자 파트너이자 장기 계약을 체결한 구매자 방식으로 이루어진 중국 기업들의 해외 투자는 분명히 일본 철강 기업의 원자재 접근 전략을 본뜬 것이다. 이러한 해외 투자로 인해 중국의 수입 기업들의 비용과 위험이 줄어들었는데, 이는 광산과 인프라 건설에 소요되는 막대한 투자 비용과 위험을 대부분 수출 지역의 기업들과 국가들에 전가함으로써 가능했다.

헤게모니 순환 과정에 관한 기존 연구[28]와 아리기[29]의 저작에 따르면, 중국의 경제 상승의 장기 지속에 관한 가장 흥미로운 문제 가운데 하나는 일본의 역할에 관한 것이다. 급격한 경제 상승의 이전 사례들에서는 매번 기존 헤게모니 국가가 경제 부상 국면의 국가에 자본과 기술을 공급하는 핵심적 역할을 했다. 아리기[30]는 기존 헤게모니 국가가 쇠퇴하고 금융화가 이루어지는 시기에 경제가 급속히 성장하는 국가에서 새로운 투자 기회를 찾으려는 헤게모니 국가의 금융 자본의 노력을 분석한 바 있다. 중국이 부상하는 과정에서 적어도 어느 정도는 일본의 기업들이 원자재, 운송 등 많은 산업에서 이런 역할을 했다. 상하이 근처 동남 해안 바오샨寶山에 있는 가장 크고 가장 현대화된 제철 공장은 니폰철강Nippon Steel 등 일본 기업들의 기술 원조로 건설된 것이며,[31] 이는 분명히 일본의 철강 기반의 해양 산업 발전 지구Maritime Industrial Development Area(MIDAs) 프로그램의 모방이다. 일본 철강 기업들은 몇몇 제철 공장과 강철 가공 공장에 합작 파트너로 참여하면서 중국 측 파트너에게 자본과 기술을 제공했다.[32] 다른 원료 산업에서도 다종다양한 일본 원자재 가공 기업과 무역 회사, 은행들이 비슷한 역할을 수행했다.[33]

중국은 일본의 연해 지역 그린필드형 중공업화 모델을 따르고 있는데, 이는 국가 정책이 철강, 조선 등 중공업의 산업화를 심화하는 데 집중하는 동안 다른 산업들을 저비용으로 충족시키는 것이다.[34]

그러나 더 일찍 경제 상승을 이룬 국가의 모델을 따라 하는 것이 성공을 보장하지는 않는다. 심지어 역사적으로 가장 성공적인 경제 상승의 사례들에서 핵심적인 생성적 산업 부문이었던 산업 부문을 조성할 때도 그렇다. 이는 한편으로 다른 경쟁자들이 새로운 기술과 조직 혁신으로 기존 모델을 능가하기 때문이고, 다른 한편으로는 성공적으로 상승을 지속하는 것은 기존 헤게모니 국가 및 그 밖의 경제 상승 국가들과 상관있는 경쟁 과정이기 때문이다. 일본의 상승 모델을 따르려는 중국의 노력은 기존 헤게모니 국가인 미국과 유럽 연합, 일본, 러시아를 포함한 다른 경쟁국들의 도전에 직면해 있다. 내륙 산업, 특히 동북 지역에 대한 국가 지원 중단으로 인한 경제적 사회적 결과 역시 중국 경제가 상승하는데 있어 잠재적인 내부 제약이다.[35]

분명히 2차 세계 대전 이후의 일본의 발전 모델을 따르려는 이러한 노력들은 이 모델에 따라서 철강과 운송 부문에 일련의 통합된 생성적 산업 부문을 창출함으로써 발생하는 이익과 위험 두 가지를 다 보여준다. 이 모델에 따라 성장 거점growth pole에 기반을 둔 철강 산업 등의 중공업은 유럽, 아시아, 라틴 아메리카, 아프리카의 많은 나라들의 연해 지역에서 찾아볼 수 있지만, 대부분은 경제 성장을 지속하지 못한 채 기껏해야 불완전하게 통합된 고립 지역으로 남아 있다. 국가 정책과 투자 활용은 세계 경제 내에서 특정 성장 거점, 지역, 국가 등의 발전 궤적을 만들어내는 광범위한 국제 경쟁 과정의 일부일 뿐이다. 다른 경제 상승 국가들과 기존 헤게모니 국가의 전략 및 성공과 실패가 국제 경쟁력을 결정짓는 기술적, 조직적, 사회 경제적, 정치적 변수를 만든다. 그리고 성공한 경쟁국은 다른 경쟁국들의 대규모 투자와 가장 좋은 정책 선택지를 효과적으로 제한할 수 있다. 이러한 발전 노력의 결과는 주로 다른 경쟁국들의 전략에 달려 있기 때문에 일본 모델을 따르며 경제 상승을 이어가려는 중국의 노력이 장기적으로 지속될 수 있을지는 확실치 않다.

## 중국의 원자재 주변부 조성 전략 : 석탄, 철광석, 석유

1950년대부터 1980년대까지 일본의 철강 산업은 성장률, 수출, 기술 혁신 등에서 세계를 주도했다. 일본의 철강 기업들과 무역 회사들은 처음에는 미국 정부와 세계은행의 지원을 받으면서, 석탄 산업을 국지적, 지역적 산업에서 진정한 지구적 산업으로 전환하고자 했던 오스트레일리아, 캐나다, 남아프리카공화국 등 여러 국가의 사회적으로 외딴 지역에서 세계적인 석탄 산업을 육성했다. 일본의 철강 기업들은 이 기간 동안 철광석 산업에서 유사한 극적인 변화가 생기게 해서, 철광석 산업을 빠르게 성장하는 일본 철강 산업의 수요에 부응하는 지구적 산업으로 만들었다.

이러한 새로운 원자재 주변부의 석탄을 얻기 위한 일본의 전략으로 인해, 새로운 기업들과 광산들이 일본의 계속된 수요 증가와 가격 상승을 기대하면서 생산에 들어갔고 1980년대 중반에는 야금용 석탄 산업의 엄청난 생산 능력 과잉 문제가 발생했다. 격화된 국제 경쟁과 일본의 장기 계약이 만들어낸 생산 능력 과잉 때문에 원자재 가격이 하락했고 수익도 줄어들거나 사라졌으며(1959년과 1998년 사이 일본이 수입한 석탄의 실질 가격은 1992년 달러 기준으로 86.65달러에



중국, 자본주의를 바꾸다

서 43.63달러로 반감된 것으로 나타난다.),[36] 이로 인해 원자재 수출 기업들이 강한 압박을 받게 되면서 비용을 절감하거나 파산에 직면해야 했다. 1980년대 말부터 2000년대 초까지 진행된 구조 조정의 결과는 기업 도산, 광산 폐쇄, 공동체의 황폐화였다.[37]

중국의 철강 생산과 소비의 성장은 석탄 생산 기업과 석탄 생산 지역의 우울한 상황을 바꿔놓았다. 중국 철강 산업의 야금용 석탄 소비가 급속히 늘면서 2000년대 초에 이르러 중국은 야금용 석탄 수출국에서 수입국으로 바뀌었다. 중국의 석탄 수입은 기존의 석탄 생산 능력 과잉을 흡수하고 캐나다, 오스트레일리아 등 석탄 광산 지역에 대한 엄청난 투자를 자극하였다.[38] 2004년 야금용 석탄의 계약 가격은 톤당 100달러를 넘어섰고, 현물 가격은 톤당 150달러를 초과했다. 이것은 지난 20여 년 동안의 최고 가격이었다.[39] 지난 4년간의 가격 상승은 훨씬 더 극적인데, 2008년에서 2009년 사이 캐나다의 석탄 기업과 톤당 275~300달러로 계약을 맺었다.[40] 세계 도처에서 경제적으로 매력이 없던 광산 프로젝트에 투자가 이루어지고 있으며, 높은 비용 때문에 경쟁력을 잃고 폐쇄됐던 석탄 기업들이 다시 문을 열었다.[41]

석탄 산업의 예에서 보았듯이, 1950년대에서 1980년대까지 일본 철강 산업이 급속하게 성장하면서, 일본 철강 기업들은 일본으로 철광석을 낮은 가격에 공급하도록 구조화된 세계 철광석 산업의 발전을 촉진할 수 있었다. 일본의 철강 기업들은 20세기 후반에 합작 투자를 조성하고, 장기 계약을 맺고, 운송 시스템을 만들었으며, 엄격하게 조정된 구매자 카르텔을 형성하여 실질 수입 가격을 절반으로 낮출 수 있는 지구적 시장을 조직했다.[42] 일본의 이러한 전략들로 인해 1980년대 말 1990년대 초가 되자, 철광석 수출국들과 수출 기업들에 낮은 가격과 과잉 공급 상황이 찾아왔다.[43] 중국의 급속한 경제 상승은 석탄 산업의 경우에서처럼 근래에 전 세계의 철광석 산업을 변화시켰다.

주요 철광석 기업들은 세계 도처에서 생산을 확대하면서, 종종 일본, 한국, 중국의 거대 철광석 소비 기업들과 제휴 관계를 맺었다. 이 엄청난 팽창은 상대적으로 침체한 일본 철강 산업뿐만 아니라 그 대신 급속하게 성장하고 있는 중국 철강 산업으로의 수출 계획 때문이었다.[44] 2003년 이슈가 되었던 살로몬스미스바니Salomon Smith Barney의 보고서는 "상대적 의미에서 지금의 중국은 금속과 광산 분야에서 1960년대와 1970년대의 일본보다 더 중요하다. 왜냐하면 그 당시 일본은 온당한 세계 성장을 배경으로 성장했던 반면, 중국의 성장은 상대적으로 고립된 상황에서 일어났기 때문이다."라고 주장한다.[45] 오스트레일리아에 있는 두 거대 철광석 광산 기업인 RTZ와 BHP는 중국 철강 기업들과 다수의 장기 계약을 체결했는데, 그중에는 중국 철강 기업들의 합작 투자를 포함하는 것도 있고 가격 조정과 해운을 용이하게 할 일본 무역 회사들과의 합작 투자를 포함하는 것도 있다.[46] 중국의 한 철강 기업(시노스틸Sinosteel 中國中鋼集團公司)은 중간 규모의 오스트레일리아 철광석 광산 기업을 인수하려 했지만 다른 오스트레일리아 기업이 더 높은 가격으로 그 기업을 인수했다.[47]

최근 몇 년 동안, 중국의 철강 기업은, 중국이 세계 최대의 철광석 수입국인데도, 일본의 철강 기업에 비해 철광석 구입에 톤당 3.5달러에서 4달러 정도 더 지불했다. 왜냐하면 중국의 철강 기업들은 구매를 조정하지 않았기 때문이다. 그러나 최근의 장기 계약과 합작 투자는 어떤 산업 분석가가 묘사했듯이 "일본의 철강 산업이 가격 결정력을 갖기 위해 이미 해오던 것을 중국이 여러 가지 방식으로 따라 하기 시작했다."는 상황을 보여준다.[48] 중국의 철강 기업은 철 광석 과점 기업들과의 협상력을 강화하기 위해 본국 기업들 간의 합작 투자를 형성하는 모델을 일본에게서 배우려 노력했고, 철광석 가격에 대한 연례 협상에서 주도적 역할을 담당하려 했다. 중국의 제철 공장과 중국 정부는 2006년 철광석 가격 상승에 맞서 힘겹게 싸웠는데, 이때 그들은 중국의 철광석과 철강 가격이 너무 낮아서 더 이상의 수요 증가를 지탱할 수 없으며, 중국 시장의 거대한 규모로 봤을 때 중국의 철강 기업이 가격 결정에서 주도적인 협상자가 되어야 한다고 주장했다. 중국 정부는 2006년 가격 협상에 직접 개입하려 노력했다.[49] 낮은 가격으로 구입하기 위한 중국 정부의 이러한 노력에 오스트레일리아와 브라질은 매우 부정적으로 반응했는데, 브라질광산업연합은 브라질 정부에게 중국 정부가 협상에 개입하는 것은 자유 무역 규정 위반이므로 WTO에 제소하라고 압력을 가했다.[50] 중국 정부는 철광석 가격을 올리려는 시도들을 막기 위해 니폰철강과 협력 관계를 맺길 원했지만 이러한 모든 노력은 수포로 돌아갔다.[51] 중국 기업들은 일본과 유럽의 철강 기업들이 협상한 가격을 받아들일 수밖에 없었다.[52]

2008년의 첫 번째 가격 협상은 2008년 2월에 종료되었는데, 일본과 한국의 철강 회사들이 가격을 설정하는 이 유형이 계속됐고 중국은 받아들일 수밖에 없었다. 브라질의 CVRD는 2008년 일본의 제철 공장들 및 한국의 포스코와 철 가격을 또 65% 인상하는 협상을 했다.[53] 중국 최대의 철강 기업인 바오스틸의 주도하에서 CVRD와 계약을 조정하는 협상을 했지만, 중국 철강 기업들은 4일 후 똑같이 65%의 가격 인상을 받아들였다.[54] 그러나 오스트레일리아 철광석 광산 기업은 오스트레일리아의 단축 항로 덕분에 중국 철강 기업에는 브라질 광석보다 오스트레일리아 광석이 더 유용성이 크다고 주장하며 이 인상률에 만족하지 않았다. BHP와 RTZ의 강경한 협상 전략은 100% 이상의 가격 인상을 목표로 했고, 중국의 소규모 철강 기업들은 이미 95%의 가격 인상에 동의했다.[55] 그리고 중국의 거대 철강 기업들도 처음으로 오스트레일리아 철광석에 대한 운임 차액을 도입하면서 결국 95% 인상된 가격을 받아들였다.[56] 이러한 중국의 노력이 지금까지 성공적으로 저지되었음에도 BHP는 RTZ를 인수하여 훨씬 더 큰 시장 권력을 가지려 하고 있고, 인가된 대량 운송 물품을 매점함으로써 경쟁 기업과 중국 철강 기업의 비용을 급등시키고 있으며, 이전 어느 때보다 높은 수준으로 해운 운임을 끌어올리고 있다.[57] 2002년 초대형 벌크선의 일일 임대 비용은 17,000달러였지만, 2008년 중반에는 303,000달러로 늘어났다. 이는 BHP의 노력과 급속히 성장하는 중국 시장에 대한 원자재 해운 수요가 증가했기 때문이다.[58] 중국의 철강 기업들과 중국 정부는 일본의 기업들과 국가가 철광석 비용을 통제하기 위해 개발한 전략을 사용하려고 했다. 그러나 중공업화에 기반을 둔 중국 자신의 급격한 경제 상승으로 인해 지금까지 이러한 전략은 약화되어왔으며, 중국의 철강 기업들은 계속해서 늘어난 철광석 비용을 지불해야 했다.[59]

더 많은 가격 협상 통제권을 획득하는 데 이러한 어려움들이 있어서, 중국 기업들은 철광석 수출 기업의 소유 지분을 더 늘리기 시작했다. 철광석과 철강 판매로 매우 높은 이윤이 창출되자 이 산업 부문에서 전 지구적으로 합병 활동의 물결이 일었다. BHP는 RTZ에 대한 적대적 인수를 계획했었다. BHP는 세계에서 두 번째로 큰 철광석 생산업체이자 수출업체이고 그 자체가 합병의 산물이며, RTZ는 세계에서 세 번째로 큰 광산을 소유하고 있고 최근 최대 알루미늄 기업 가운데 하나인 알칸Alcan 등 수많은 원자재 회사를 매입했다. 철광석 산업에서 일어난 이러한 인수 시도와 고도의 집중화의 영향으로 중국 철강 기업과 중국 정부를 포함한 주요 철광석 소비자들은 중국의 거대한 외환 보유고를 사용하여 이 인수를 막을 방법을 찾게 되었다. 중국 정부는 투자 은행과 국유 기업을 이용해 BHP의 인수 노력을 막기에 충분할 정도의 RTZ 지분을 매입했다. 중국 국유 알루미늄 기업인 치날코Chinalco는 미국에 본부를 둔 세계 최대의 알루미늄 기업인 알코아Alcoa와 합작 투자를 맺고 2008년 1월 140억 달러에 RTZ의 지분 12%를 매입했다. 이 지분 몫은 BHP의 인수를 막거나 RTZ로 하여금 치날코나 알코아에게 핵심 사업 부문을 팔도록 하기에 충분하다.[60]

　이러한 전략적 노력은 많은 방법들 가운데 가장 주목할 만하다. 잠재적인 적대적 인수 시도에 대비하여 알코아와 제휴 관계를 맺은 것은 중국 국유 기업으로서는 최초의 사례일 것이다. 그리고 세계 철광석 산업의 구조 조정에 직접적으로 간여하려는 이런 노력은 이 산업에 대한 통제권을 획득하려는 중국의 전략이 극적으로 발전한 것이다. 원자재 비용의 상승은 중국에게는 심각한 경제적 문제이다. 그래서 중국 정부는 이 점증하는 국내 문제에 대한 국제적 해결책을 찾는 데 자신의 막대한 무역 이익을 사용하려 한다. 이 투자는 중국 국유 기업의 대외 투자 중 최대 규모이다. 경제 영역에서 국가의 역할이 축소되는 지구화와 신자유주의 시대에 지구적 산업을 주도하기 위해 이루어진 국유 기업의 전략적 행위는 신자유주의 모델의 명백한 예외이다.

2차 세계 대전 이후 일본 철강 산업의 발전이 그랬던 것과 마찬가지로, 일본 제철 공장의 지원을 받는 중국 철강 산업의 등장으로 세계의 철강 산업 및 철광석 산업은 변화할 것이다. 일본이 지구적인 철광석 산업을 만들어내면서 중국의 원자재 기반 산업이 확장될 수 있는 길이 열렸고, 기존의 사회적으로 외딴 지역에서 새로운 광산들과 기업들이 생산에 들어가면서 지속적인 성장이 가능해졌다. 하지만 이 광산 기업들은 1990년대 일본 철강 생산의 장기 침체 이후로는 새로운 시장이 필요했다. 중국 철강 기업들은 세계 최대의 철광석 수입업체이자 철강 생산업체가 되기 위해 이 기회를 이용하고 있고 일본에서 자본과 기술을 들여오고 있다. 그러나 자신들의 협상 지위를 향상시키고 지구적 철광석 산업의 통제력을 강화하려는 중국의 전략은 주요한 도전들에 직면해 있다.

석유 산업에서 중국의 원자재 접근 전략은 이와 유사한 유형을 따르고 있다. 중국 정부와 중국 석유 회사들은 중국 경제 성장의 에너지원인 석유와 가스를 얻기 위해 많은 나라들과 합작 투자와 장기 계약 관계를 체결했다. 러시아, 이란, 수단, 베네수엘라가 중국의 주요 석유 및 가스 수입국이 되고 있는데, 이는 중국의 장기적이면서도 빠른 경제 성장 잠재력에 기초한 것이기도 하지만, 미국 정부의 지정학적 통제의 취약성과 미국 기업에 대한 의존도를 줄이려는 이 국가들의 욕망에 기초한 것이기도 하다. 중국은 카메룬, 나이지리아, 가봉, 앙골라, 브라질, 페루, 카자흐스탄, 아제르바이잔, 사우디 아라비아 등과, 심지어 미국 정부와 일본 정부가 자신들을 위한 미래의 석유 공급지로서 지대한 관심을 갖고 있던 캐나다의 앨버타Alberta 유전 지역에서조차 석유와 가스 공급 거래 협정을 맺었다.[61] 미국 국무부는 최근, 세계 도처의 자원에 대한 미국 석유 회사들의 접근을 지원한다는 분명한 목표하에서 에너지 문제를 담당하는 특사를 임명했다.[62]

아마도 가장 중요한 것은, 중국 정부와 러시아 정부가 경제적, 정치적 관계를 긴밀하게 발전시키고 있다는 것인데, 이는 미국 헤게모니에 대한 평형추를 창출하고 국내 경제 발전을 증진한다는 두 가지 목표가 동기를 부여한 것이다. 중국 산업에서 러시아 원자재의 공급 비중은 점점 커지고 있다. 러시아의 중국에 대한 석유 수출은 가장 큰 관심을 받고 있는데, 가장 두드러진 것은 중국 국유 기업인 페트로차이나(CNPC)와 러시아의 국영 석유 회사인 로즈네프트Rosneft가 60억 달러의 신용 협약과 장기 계약을 체결함으로써 중국 정부가 러시아 정부의 유코스Yukos 재국유화를 지원한 것이다.[63]

원유 수입량이 급증하면서 중국은 세계 여러 지역의 석유 공급량을 열정적으로 찾아 나섰다. 중국해양석유총공사(CNOOC)의 미국 유노칼Unocal 인수 노력은 유노칼의 대규모 아시아 석유 매장량 때문에 실패했는데, 이 실패한 인수 노력은 주요 석유 수입국들 간의 경쟁이 다시 격해지고 있음을 보여주었다. 미국 의회 의원들이 제안된 인수를 잠재적 국가 안보 위협이라고 여겨 청문회를 요구했는데, 여기서 중국과 현 헤게모니 국가 사이의 원자재 공급을 둘러싼 격렬한 경제적 정치적 경쟁이 도드라졌다.[64] 석유 수입자로서 중국이 세계에서 주도적 역할을 하고 있어서 다른 국제 석유 회사들은 CNOOC에 맞서서 유노칼 인수 입찰을 할 용기를 내지 못했다. 이 기업들은 앞으로 중국에 석유를 판매할 때 나쁜 영향이 미치지 않을까 우려했던 것이다.[65] CNOOC가 미국의 정치적 반대 때문에 입찰을 포기한 후, 유노칼은 셰브론Cheveron의 입찰을 받아들였지만, 이로 인해 세계 도처에서 석유를 확보하려는 중국의 노력이 끝나지는 않을 것이다.[66]

이 인수 전쟁에서 결국 중국이 패배했지만, 이것은 세계 경제에서 중국의 역할이 크게 변화했음을 알리는 신호탄이 되었다. 왜냐하면 이 인수 전쟁 이후로 치날코가 최근 RTZ에 투자한 것 같은 중국의 시도가 계속되었기 때문이다. 어느 국제적인 은행가의 표현처럼 "이제는 지구적 금융 공동체가 필요한 때가 되었다. 중국은 더 이상 외국 투자자들을 위한 사냥터가 아니다. 중국은 인수 활동을 주도하는 당사자가 되었다."[67] 현재 중국 정부의 발전 전략은 세계 도처에서 원자재를 확보하는 것과 세계적으로 경쟁력 있는 기업을 육성하는 것에 중점을 두고 있다. 한 중국 정부의 자문 위원에 따르면, 유노칼 인수 시도는 유전을 확보하기 위한 것일 뿐만 아니라 중국 기업의 해외 투자를 증진하기 위한 것이었으며, 경제 계획을 주도하는 기구인 국가발전개혁위원회의 관리 감독하에서 행해진 것이었다.[68] 급속한 경제 성장은 원자재 공급을 성장 속도에 맞출 수 있느냐에 달려 있다. 그래서 중국 정부는 지금 세계 도처에서 원자재 공급 관계를 형성하는 데 상당한 노력을 기울이고 있다. 이러한 노력은 종종 미국, 일본, 유럽연합의 동일한 자원, 특히 에너지 자원에 접근하려는 노력과 충돌하기도 한다. 이러한 경제적 갈등은 세계 석유 생산의 정점이 임박했다는 일부 분석가들의 주장과 맞물려 미래 희소 자원을 두고 정치적 갈등뿐 아니라 심지어 군사적 갈등마저 야기할 정도로 위협적이다.[69]

중미 관계의 경우에서처럼, 중일 관계에서도 상당한 갈등과 경쟁이 나타난다. 에너지 공급은 가장 주요한 갈등의 장이다. 특히 중국과 일본 간의 갈등과 경쟁은 러시아의 석유와 가스 공급을 둘러싸고 가장 두드러지게 나타난다.[70] 일본 정부는 최근에 중국과 벌인 대결에서 러시아 석유를 일본으로 수출할 항구까지 옮길 155억 달러짜리 송유관을 건설하는 데 수십억 달러를 투자하겠다고 약속함으로써 승리했다. 한편 중국과 일본 양국 정부는 모두 사할린에서 주로 개발되는 천연가스를 구입하기 위해 노력하고 있다.[71] 중국 정부는 동중국해 지역의 천연가스 유전을 탐사하고 있는데, 이곳은 중일 양국 모두가 자국 영해라고 주장하는 지역이며 일본의 반복된 요구에도 불구하고 중국 정부는 탐사를 중지하지 않고 있다.[72] 석유, 철광석, 석탄 등 원자재를 둘러싼 경쟁 관계는 중일 관계의 결정적 구성 요소이다.[73]

그러나 중국과 현재 헤게모니 국가인 미국은 단순히 원자재를 둘러싼 경쟁자가 아니다. 미국과 급속한 경제 상승 중인 중국의 관계는 훨씬 더 복잡하다. 중국 정부는 매년 수십억 달러의 미국 재무부 채권을 구입하고 주로 달러 표시 자산인 막대한 외환 보유고를 갖고 있는데, 이 모든 것은 미국 정부의 운영과 달러 가치를 지탱해주고 있다. 중국 기업은 막대한 양의 제품을 미국에 공급하고, 미국에서 수십억 달러에 달하는 제품을 수입한다. 최근의 한 분석에 따르면, "그 결과는 경제 상승 중인 개발도상국 중국이 산업화된 초강대국 미국에게 수출(세계 제2의 공급자)과 대부(세계 제2의 정부 채권 보유자) 둘 다를 제공하는 역사적으로 보기 드문 관계이다."[74] 이는 일본이 20년 이상 급속한 경제 발전을 이룬 후인 1970년대 이래의 미일 관계와 유사하다. 중국은 20년간의 급속한 경제 상승 후 미국에 대해 일본과 똑같은 역할을 수행하고 있다. 그러나 경제 상승 이전의 중미 관계는 미일 관계와 전혀 달랐다.[75]

지난 30년간의 중국의 경제 상승을 이유로 현재와 미래의 중미 간 경쟁 구도를 강조하다 보면, 중미 간의 긴밀한 협력 관계는 잘 보이지 않는다. 1973년 미국과 중국은 둘 다 소련에 반대하는 입장을 취하게 되면서 헨리 키신저가 말한 "암묵적 동맹" 관계를 형성하게 되었으며, "워싱턴 당국은 이전에는 중국 정부를 전복하려고 했으나, 동맹 관계를 형성한 이후로는 중국의 경제 육성을 지원하고 정보를 공유했다."[76] 미국 정부는 중국의 군사 현대화를 지원했고, 중국에 최혜국 무역 지위를 부여했으며, 중국의 수출 주도 발전 전략의 시작과 발전을 지원했다.[77] 더 나아가, 다른 분석가에 따르면 "서양에서, 특히 무엇보다 미국에서 중화인민공화국 학생들과 학자들이 받은 교육은 그 자체로 단기간에 한 나라로 기술이 이전되는 가장 중요한 사례이다. 과거 20년간 중국이 경제 현대화에 필요한 것들(자본, 기술, 시장 접근)을 이전의 어떤 나라보다도 적은 비용으로 많이 얻을 수 있었다는 것에는 의심의 여지가 없다."[78] 이 암묵적인 동맹은 20세기 중반에 가장 강력한 정치적 경쟁자였던 소련과의 지정학적 경쟁에서 미국을 도와주는 결정적 역할을 했다. 그러나 2차 세계대전 후 미일 관계와 마찬가지로, 이 동맹 관계는 세계 경제를 변화시켜나가는 새로운 경제적 정치적 협력자이자 경쟁자의 극적인 부

　　　　　　　　　　　　　　　　중국, 자본주의를 바꾸다

상이라는 결과를 낳았다. 체계를 변화시키는 급속한 경제 상승의 기존 사례에서처럼, 현존하는 헤게모니 국가는 의도하지 않았지만, 새로운 경쟁자를 만들어냈다.[79]

## 역사적
## 비교

종합적으로 볼 때, 세계 경제 내 경쟁이라는 맥락에서, 1950년대와 1960년대 일본의 기업과 국가가 만든 고도로 성공한 모델을 복제하는 것은 경제 상승과 헤게모니를 획득하려는 현재와 미래의 도전자들을 압도하기에 충분하지 않았던 듯하다. 다음 10년에는 중국의 지속적인 경제 상승에 우호적인 방향으로 자본주의 세계 경제가 근본적으로 재조정될지도 모른다. 하지만 중국의 상승은 경제적 정치적 경쟁으로 인해 매우 심한 제약을 받게 될 것이다. 이 경쟁에는 새로운 조직적, 기술적, 사회 경제적, 정치적 혁신의 출현이 포함되는데, 이 혁신은 경쟁 국가에서 규모와 경쟁력을 증대시킬 것이며, 제철 공장, 석탄 광산, 조선 및 기타 산업에 대한 중국의 막대한 투자를 기존 자본주의 세계 경제 시기의 유물로 만들어버릴 것이다.

장기적인 역사·이론적 관점에서 보면, 세계 도처에서 원자재에 접근하려는 중국의 노력 강화는, 말하자면 경제 상승 국가가 더 일찍 경제 상승을 이룬 국가로부터 원자재 주변부를 탈취하는 최근 사례로 특징지을 수 있다. 이러한 주변부 탈취는 빠르게 부상하는 국가의 경제적 상승을 증폭시키며, 동시에 그 상승에 우호적인 방향으로 세계 경제를 재조정한다. 역사적으로 미국은 1800년대 말 1900년대 초 미국 공장에 원료를 공급하기 위해 영국에게서 캐나다, 멕시코, 브라질을 빼앗았다. 2차 세계 대전 이후 미국은 자메이카의 보크사이트 광산을 비롯한 영국의 나머지 식민지 여러 곳에서 똑같은 일을 저질렀고, 석탄의 경우 일본의 경제 재건에 필요한 석탄을 제공하기 위해 오스트레일리아에서도 똑같이 했다. 일본은 나중에 미국에게서 브라질, 인도네시아, 캐나다 서부 지역을 빼앗았다. 중국은 지금 미국에게서 유전과 캐나다 서부의 나머지 자원을 가져오려고 하고 있으며, 일본에게서 브라질, 오스트레일리아, 러시아 및 기타 지역의 자원을 가져오려 하고 있다. 더 일찍 경제 상승을 이룬 국가로부터 원자재 주변부를 탈취하는 전략이 성공하면, 제국주의적 정복을 통해 얻거나 새로운 원자재 생산 지역에서 처음부터 다시 시작해서 얻을 수 있는 가격보다 낮은 가격으로 급속히 성장하는 국가에 원자재를 제공할 수 있고, 이를 통해 급속히 성장하는 국가는 국제 경쟁력을 높일 수 있다. 21세기에 중국이 경제 상승을 지속하기 위해서는 미국과 일본으로부터 원자재 주변부를 획득하려는 노력의 성공 여부가 결정적일 것이다.

# 중국과 러시아의 지경학적 통합: 자원이 부족한 지구에서 중국의 헤게모니

**존 굴릭**

중국의 헤게모니 야심?

1990년대의 중-러 파트너십

9·11 이후의 세계에서 가속화되는 중-러 통합

오래전부터 미국 학자들은 공히 세계 체계에서 우위를 점하고 있
는 미국에 대한 궁극적인 도전은 경제에서나 안보에서나 경이롭게
부상하고 있는 중국이 하게 될 것임을 주장해왔다.[1] 이러한 시각의
지지자들은 매우 다양한 정치적 입장을 가지고 있을 것이다. 극우파
들의 경우, 국제전략연구소International Institute for Strategic Studies와 같은
싱크탱크의 학자들이 중국을 서태평양의 해양 공간과 도처의 전략
적 항로들에 대한 미국의 군사적 지배에 도전할 잠재적인 위협 국가
로 묘사하고 있다.[2] 주류 중도파 중에서 미국외교협회Council on
Foreign Relations 같은 권위 있는 단체와 관련 있는 인사들은 중국이 이
미 강력한 경제적 영향력과 제3세계 국가에 대한 성공적인 외교 활
동으로 미국이 제시한 지구적 인권 기준에 압력을 가하고 있다고 염
려한다.[3] 자유주의 좌파 진영에서는, 동아시아 지역주의자들이 중
국의 부상을 경제적 구심 및 다자간 세력 조정자의 등장으로 평가하

면서 중장기적으로 중화주의적 동아시아 질서가 나타날 것이라고 주장하고 있다.[4] 마지막으로 미국 제국주의를 더 공개적으로 비판해온 학자들은 중국이 미국의 패권을 뒤집어엎는 데 필요한 힘을 축적하고 있다는 희망을 가지고 있다. 조반니 아리기는 최근의 대작*에서, 미군이 이라크와 아프가니스탄에서 많은 비용을 치르며 주둔하고 있기 때문에 미국은 재정 적자를 메워줄 중국의 지원에 더욱더 의존하고, 동시에 중국은 사하라 이남의 아프리카, 라틴 아메리카, 중앙아시아 및 동남아시아에서 무역과 투자 그리고 원자재 조달 외교를 야심차게 구애 없이 펼치고 있음을 자세히 설명하였다.[5] 25년이 넘게 지속된 중국의 역동적인 성장, 연구 개발과 생산 기술의 향상, 통상 외교의 성공적인 추진 등을 들어 아리기는 중국이 다가올 동아시아 중심의 헤게모니 체제의 소재지가 충분히 될 수 있다고 단언하였다.[6]

이러한 논의에서 아리기는 10여 년 전에 『장기 20세기The Long Twentieth Century』에서 그가 주장했던 분석 결과들을 제외하고 있다. 그 당시의 분석 결과들이 표면적인 중국의 부상에 장애가 될 심각한 문제들을 밝히고 있고 오늘날에도 이는 유효하다는 점에서, 아리기의 이러한 태도는 심히 안타깝다. 『장기 20세기』에서 아리기는 연속적인 체계적 축적(혹은 헤게모니) 순환을 통해 지구적 자본주의 질서가 성숙함에 따라 모순 구조는 정점에 이르게 될 것이라고 주장했다. 각각의 연속적 순환 주기를 가진 새로운 층위의 복잡성과 상호 의존성을 확대하는 세계 체계에 비해, 어떤 헤게모니 국가나 헤게모

---

* **최근의 대작** 『베이징의 애덤 스미스Adam Smith in Beijing』

   중국, 자본주의를 바꾸다

니 국가가 되고자 하는 국가가 이용하는 영토 규모나 조직된 자원이 점차 부족하게 되면, 이러한 긴장 관계는 정점에 이르게 된다. 그 결과, 새로운 시대에는 헤게모니 국가가 확장된 세계 체계의 제도적 기반을 구축하기 어렵게 된다.[7] 아리기는 세계 체계의 다음 번 확장 과정에서는 미국 중심의 "장기 20세기" 동안 미국이 구축한 것보다 훨씬 더 강력한 능력을 갖춘 행위자들의 지도력이 요구될 것이며, 아울러 세계 체계의 구조는 너무 심하게 복잡해져서 정통 국가 형태의 족쇄를 깨뜨리지 않고서는 헤게모니적 지도력을 구축할 수 없을 것이라 결론지었다.[8] 즉, 다가올 시대에는, 세계 체계의 정치적 지배는 더 이상 재정 능력이나 생산 능력, 군사력, 혹은 국제적 통치 규칙이나 규범을 만드는 능력에서 우월한 단일 영토 국가의 손안에 집중되지는 않을 것이다.

십여 년 전 아리기가 예리하게 통찰했던 것처럼, 오늘날 중국뿐만 아니라 어떤 국가도 더 두터워진 세계 체계에서 지구적 통치와 축적의 새로운 조건을 만들어낼 만큼 규모와 능력 면에서 충분한 자질을 가진 헤게모니 지도력으로 떠오르지 못하고 있다. 중국은 하나의 대륙이나 다름없는 거대한 영토와 인상적인 여러 역량들을 자랑한다. 이러한 역량 가운데 제조업 생산 능력의 급격한 성장 기반이 있고 이와 더불어 지구적 경제 생산에서 중국이 차지하는 비중 증가도 있으며,[9] 약 2조 달러의 외환 보유고도 있고,[10] 더욱 증강되는 강력한 재래식 무기와 핵무기 등의 군사력[11]도 있다. 그러나 중국이 헤게모니 계승자가 될 것처럼 보이게 만드는 많은 특징들은 검증이 필요하다. 중국을 세계 경제의 공장이라 부르는 것은 일리가 있는 말이겠지만, GDP 비교 측정에 의한 세계은행의 때늦은 재평가가 시사하고 있듯이 중국은 많은 이들이 생각하는 만큼 두려워하거나 환호할 정도의 경제적 거인은 아니다.[12] 중심부 자본주의 시장에 수출되는 중국의 수출품 가운데 대부분은 중국 내 외자 기업에 의해 해외 브랜드 형태로 제조된 것이고, 다국적 생산 사슬의 일부로서 중국은 단지 수익의 작은 일부만을 얻을 수 있을 뿐이다.[13] 동일한 맥락에서, 중국의 기술 혁신 성과 역시 과대평가되어왔다.[14] 미국의 주택 시장 거품에 의한 역사적인 경기 침체와 이에 따른 미국 금융시장의 혼란 및 미국 경제 성장의 역전은 중국의 발전 모델이 궁극적으로 미국의 지속 불가능한 부채-차입 소비에 의존하고 있었음을 드러냈다.[15] 오늘날 중국을 괴롭히고 있는 우울한 경기 전망은 "탈동조화decoupling" 가설이 거짓임을 드러내고 있는데, 탈동조화 가설은 그동안 유럽-미국 자본주의 중심부가 위축되더라도 중국의 축적은 기존의 관성대로 빠르게 이루어질 것이라는 설명을 별다른 설득력도 없이 제시해왔다.[16] 중국이 외환 보유고를 막대하게 비축한 것으로 보이지만, 월스트리트의 최근 폭락 이전까지는 중국의 가치 총액이 미국의 거대 뮤추얼 펀드의 순자산보다도 높지 않은 수준이었다.[17] 또한 중국이 서태평양 지역에서 미국의 군사적 우위에 맞서 해군과 공군의 공격력을 증강하고 있다는 펜타곤 관련 소식통의 과장된 수사에도 불구하고, 중국의 군 현대화 캠페인은 대만을 방어하기 위한 미국의 군사적 개입을 무력화할 수 있는 정도의 체계 구축에 집중하는 수준이다.[18]

더욱이 중국이 헤게모니를 계승할 것이라는 전망에 무게를 두고 있는 거의 모든 학자들은 본질적으로, 세계 체계 내의 축적 및 영토 확장이 언제나 인간 사회에 의한 자연 환경의 엔트로피적 변화에 이미 끼워져 있는 방식을 보지 못한다.[19] 과거 자본주의 권력의 상승 운동은, 세계 체계가 물질적으로 팽창하던 수백 년 동안 바로 그 물질적 팽창을 암암리에 만들어준 생태계 조건을 지나치게 망가뜨렸던 지리사적으로 특수한 시대에 발생하였다. 중국의 헤게모니 장악 가능성에 대한 낙관적 평가는 대체로 이런 사실을 간과하고 있다. 더욱이 이러한 유의 평가들은 모두 어쩌면 이러한 생태계 조건의 가장 기본적인 부분, 즉 이제까지의 탄소 순환의 사선 배열oblique configuration이 바로 우리 눈앞에서 파괴되고 있을지 모른다는 불길한 사실을 너무나 자주 무시하고 있다.[20] 자본주의적인 원자재 추출, 운송, 산업 등에서 석탄을 연료로 하는 증기 엔진이 널리 채택된 이래, 노동 생산성이 지속적으로 증가함으로써 세계 체계는 팽창할 수 있었다.[21] 하지만 이러한 장기 추세는 본래 탄소 순환의 특정한 구조화에 뿌리를 두고 있었고 그것이 오랫동안 가치 생산의 사회 기술 혁명을 가능케 했다. 탄소 순환의 이러한 구조화는, 임노동을 절약하는 투자의 동원을 독려하고 보상할 만큼 충분히 안정적이고 온화한 (기상학적 의미에서의) 기후와 상업적으로 채굴 가능한 화석 에너지원의 충분한 공급[22]이 결합된 독특한 지구 물리학적 조화였다.[23] 이제 막 시작된 "피크 오일"* 시기에, 이제는 더 이상 상상이 아닌 지구 온난화 현상의 가속화 등으로 인해 점점 더 많은 사회 과학자들이 이러한 조화가 소멸하고 있음을 깨닫게 되었다.[24]

---

* **피크 오일** 미국 지질학자 킹 허버트가 고안한 개념으로 석유 생산이 최대에 이르러서, 그 이후부터는 생산이 줄어드는 시점을 말한다. 피크 오일론자들은 현대 산업 문명은 저렴한 석유 에너지에 기반한 것이므로 석유 생산이 급감하면 세계 경제와 문명의 붕괴가 초래될 수 있다고 주장한다.

## 중국의
## 헤게모니 야심?

　이러한 긴급한 현실에 대한 인식은 에너지 경제학자들이나 기상학자들의 최상의 최신 연구 결과에 근거한 것이다. 통상적으로 신중했던 국제에너지기구(IEA)도 다음 10년 안에 혹은 매우 가까운 미래에 전 세계의 원유 총생산이 정체 상태를 유지하다가 회복 불가능한 상태로 떨어질 것이라는 이성적인 에너지 경제학자들의 주장[25]에 동의하기 시작했다.[26] 중국에서의 석유 수요 급증은 석유 부족 시대가 시작되는 데 큰 영향을 끼쳐왔다. 21세기가 시작된 이래로 세계 전체 석유 수요 증가량의 30~40%는 중국 때문이었다.[27] 미국 에너지정보국(EIA)은 최근 이력으로 추론하여, 2025년까지 중국의 1인당 석유 소비가 지금의 세 배가 될 것이라고 전망하고 있다.[28] 하지만 국제에너지기구와 다른 기관들의 보고에 따르면, 예기치 못한 지구적인 생산 부족 사태가 발생하여 소비가 크게 위축된다면 이러한 시나리오는 허상에 불과하다.

　중국의 상승이 계속될 것인가에 대한 분석이 믿을 만하려면, 중국이 이제까지 예측된 석유 소비 증가 수준에서 벗어나는 것 그리고 무엇보다 석유의 좀처럼 대체하기 힘든 사용 가치 가운데 하나인 운송 에너지원의 확실한 대안을 확보하는 것이 정말 가능한 일인지를 설명할 수 있어야 한다.[29] 이미 세계의 경작지가 급속히 개조되고 식량 생산에 쓰이던 용수 공급이 바이오 연료 생산에 전용되면서, 남반구의 토지 없고 가난한 사람들의 식생활과 열량 섭취에 부정적인 영향을 미쳤다.[30] 중국의 불만스러운 2008년 겨울은 탄화수소

에너지의 병목 현상 및 식량 가격 상승과 관련된 대중적 시위를 야기하면서 암울한 미래의 일단을 보여주었다.[31] 전력 발전이 가능한 비非석유 에너지원을 찾아내야 한다면, 중국으로서는 국내의 (더러운 갈색) 석탄*의 집중적인 채굴과 연소에 계속 과도하게 의존해야 할 것이다.[32] 중국이 세계 온실가스 배출에서 차지하는 몫이 상당히 그리고 급속도로 증가함에 따라, 불안하게 다가오는 "피크 오일"에 대한 이런 조정은 세계 자본주의 팽창의 세기를 은밀히 뒷받침해온 탄소 배열을 더욱 붕괴시킬 것이다.[33] 2007년 '정부 간 기후변화 위원회'(IPCC)의 제4차 평가 보고서 이후 최근까지 수행된 다수의 신뢰할 만한 과학 연구 성과들을 보면, 인공적인 기후 변화가 매우 빠르게 그리고 우리가 알고 있는 것보다 더욱 심각한 수준으로 전개되고 있다.[34] 중국이 대규모 석탄 의존형 에너지 체제를 고수하는 것은 더 큰 경고가 될 것이다. 이는 중국 자신의 사회적 안정이란 관점에서도 더욱 중요하다. 예컨대, 기후 변화의 효과로 인해 이미 장기간 극심한 가뭄을 겪은 환경 난민들과 물 부족과 오염된 수로로 인해 고통을 받은 환경 오염 반대 시위자들의 저항이 더욱 거세지고 있다.[35] 요약하자면, 산업의 성장이 불러온 사회 생태적 혼란의 경로를 거치면서 중국의 경제 상승은 스스로를 갉아먹고 있다.

더욱이 기존 논의들이 빈약하게나마 가정하는 바에 따르면, 중국 공산당은 세계적 규모의 자본 축적 과정에서 수많은 모순을 관리하는 부담을 져야 하는데도 중국이 헤게모니 권력 역할을 하도록 밀어

---

* **더러운 갈색 석탄** 갈탄은 상대적으로 발열량이 낮고 가스와 재가 많아서 석탄 중에 가장 품질이 낮다.

붙이고 있다. 중국의 지배 엘리트 집단은 여전히 해결되지 않은 중국의 "농업 문제"—즉, 중국 경제를 지구적 가치 법칙에 맞춰나가면서도 산업 예비군인 농촌의 잉여 노동력에게 양질의 일자리를 찾아줘야 하는 두 가지의 상반된 긴급한 과제—해결이라는 부담스러운 임무 수행에 일정 기간 동안 사로잡혀 있지 않을까?[36] 후진타오-원자바오 체제 지도부는 "신농촌"이라는 구호 아래 정체되어온 농민 소득을 제고하는 몇 가지 계획을 시작하였고 이에 따라 중국의 발전 방향을 내수 확대 쪽으로 맞추고 있다.[37] 하지만 이러한 정책이 실제 실행되고 있는지에 대해서는 아직 정확히 판단할 수 없다. 과대포장된 2006년의 농업세 폐지는 실상 중국의 가난한 농민들의 경제적 부담을 크게 경감시켜주지 못했다.[38] 비록 정부가 2003년 세금에서 600억 위안을 세입으로 가져가긴 했지만, 2005년 무렵 많은 지방에서 이미 농업세를 단계적으로 폐지했다. 농업세가 폐지되기 전까지 세금은 농민 1인당 평균 소득의 약 10%에 달하였는데 오늘날까지도 여전히 농민들은 수많은 불법적인 지방세와 추가 부담금으로 허덕이고 있다.[39] 이러한 사실은 다음과 같은 기본적인 문제를 제기한다. 농촌의 백성들을 혹사시켜 부를 얻은 지방의 당-국가 귀족들—사회적 불균형 완화를 목표로 하는 중앙 정부의 지시를 따르지 않는 것이 아주 일반적인 사람들—이 자신의 희생을 감수하면서 농민들의 생활 수준을 향상시키는 정책을 수용할 수 있을 것인가?[40]

최근에 발생한 다른 두 가지 요인들로 인해 농촌에서 대중적 소비를 북돋으려는 중국 당-국가의 시도는 효과를 보지 못하고 있다. 하나는 토지 사용권의 실질적인 사유화가 임박한 것인데, 이로 인해 더욱 부유해진 기업농들이 어느 정도 등장하겠지만, 임차한 조그마한 토지가 결과적으로 통합되면 더욱 많은 수의 농민들이 토지를 잃고 극빈자로 전락하게 될 것이다.[41] 다른 하나는 최소한 1980년대 이후에는 볼 수 없었고 1930년대에나 가능했을 지구적인 경기 침체에 직면하여, 수많은 도시 해안가 공장들이 문을 닫게 됨에 따라 수많은 농민공들이 일자리를 잃게 되어 농촌의 가족들에게 절실한 돈을 송금할 수 없게 된 것이다.[42] 당-국가가 우선순위로 삼은 해결책은 인프라 건설 가속화를 위주로 5860억 달러에 달하는 단기 경기 부양책에 방대한 외환 보유고를 지출하는 것—땅을 잃은 소작농과 정리 해고 상태에 있던 건설 노동자들을 효과적으로 고용하는 것—으로 보인다.[43] 그러나 중국 수출품에 대한 세계의 수요가 하락하는 상태에서 중국의 관료 집단들이 지구적 공급 사슬에서 벗어나 경제 성장의 새로운 방향을 제시할 수 있을지 혹은 그럴 의지가 있는지에 대해서 전문가들의 견해는 서로 달랐다.[44]

아리기가 『장기 20세기』에서 새로운 토대 위에서 세계 체계를 재구축하려면 그 기초자가 엄청나게 거대한 경제적 자원과 국제적 권위를 행사할 수 있어야 한다고 주장한 것은 사실 맞는 것이었지만, 지구적 무대와 관련한 중국의 내적 자질—세계사적 시간과 관련한 중국의 지구 물리적 속성을 포함한—을 여기서 충분히 설명하지 않은 것은 중국 혼자서는 그와 같은 재구축을 주도할 수 없음을 시사한다. 중국의 한계로 인해, 중국의 많은 부담을 덜어주고 중국의 상승 경로를 지원하면 모든 관련자들이 순이익을 얻게 될 것이라고 생각하는 정치적 경제적 행위자들이 중국에 제공하는 상보적인 요소들을 계속 이용할 수 있을 때만, 중국의 지속적인 경제 상승은 가능할 것이다. 하지만 과연 이러한 행위자들은 누구인가?

미국(특히 조지 부시 행정부하의 미국)이 중국의 부상을 촉진했다는 주장이 일반적이지만[45], 이러한 동학을 연구한 대부분의 학자들은 그 결과는 미국이 의도한 바가 아니었다고 간주한다. 따라서 그들은 중국과 미국의 이익이 완전히 상충한다는 중미 관계의 지정학 논리를 수용하고 있다. 미국과 중국 모두에서 자본의 가치 증식 과정이 ("중국은 외화를 벌어 미국에 빌려주고 미국은 중국에서 빌려서 소비한다."는 금언에 싸여 있던) 지난 10년간 서로 은밀하게 얽혀 있었음을 감안하면, 이러한 그림이 꽤나 잘못된 것이라는 주장을 펼 수 있다.[46] 워싱턴에서 높여온 "중국 위협론"의 목소리는 중국의 상승 자체에 대한 뿌리 깊은 적대감 때문이라기보다는 세계 체계 내의 미국 중심주의를 훼손하지 않고 연장하기 위해서 미국과 중국이라는 서로 다른 두 정치 경제 체제를 서로 맞물리게 하는 효과를 얻으려는 것이다.[47] 즉, 위협적인 "중국 위협론" 담론이 펜타곤이나 이따금 그와 비슷비슷한 싱크탱크들에서 만들어졌지만, 그 잠재적인 기능은 지속적인 시장 개혁 과정에서 미국의 상무부와 금융 기관에게 편향된 이익이 돌아가도록 하는 그런 양보—예컨대 저작권 및 특허권 집행 문제에 관한 양보—를 중국공산당으로부터 얻어내는 것이다.[48]

그러나 중국의 발전 모델을 구조적으로 월스트리트나 미국 달러에 연동시켜 미국의 지배 체제를 확장하려는 시도는, 미국 내의 인민주의-보호주의 블록이 미국의 초국적 자본, 특히 초국적 자본의 금융 부문의 유용한 조력자로서 종속적인 역할을 수행할 때에만 가능하게 될 것이다.[49] 비록 여러 해 동안 중국에 대한 미국의 중요한 전략적 태도는 군사적 포위보다는 경제적 관계 구축을 강조해왔지

     중국, 자본주의를 바꾸다

만,50) 중국의 지도부는 이제 부시 정권 기간 동안 미국과 맺어온 매우 광범위한 관계가 위험에 빠질 것이라고 걱정할 명확한 근거를 갖게 되었다. 수집한 증거에 따르면 미국의 인민주의자들과 보호주의자들의 초계급적 연합은 더 이상 워싱턴의 "상업적 국제주의자business internationalist"들의 대변자들의 의제에 끌려 다니지 않을 정도로 독립적인 힘을 얻었다.51) 2006년 미국 의회 선거는 지구화론globalism에 적대적이던 "루 돕스Lou Dobbs 민주당원"* 세력의 선거였음을 보여주었는데, 그들은 지구화론을 자유 시장주의의 양순한 도구이기보다는 중국의 힘을 강화하고(혹은 기껏해야 월마트같이 국가 이익을 배신해온 비애국적인 기업들에나 도움이 되고) 미국의 힘을 약화시키는 악의적인 지배력이라고 간주한다.52) 우연치 않게도 2007년 미국 의회 회기에서 중국의 "환율 조작"을 중단시키고 무역 제재를 가하려는 압력이 다시 나타났다. 의회의 요청에 따라, 미국무역대표부(USTR)는 중국이 수출업체에 대한 "불법적인 보조금"을 중단해야 한다고 세계무역기구(WTO)에 항의하였다.53) 전 세계적인 금융 공황과 경제 대폭락이라는 특수한 위기 국면으로 인해, 미국의 정치 문화 내에서 민족주의-인민주의 세력과 반反중국적인 사회 세력이 늘어나기에 더 유리한 상황이 조성되었다. 더 구체적으로는, 미국이 순식간에 대량 실업 사태에 처해 있는데, 겉으로는 안전해 보이는 미국 재무부로 유입된 국제 자본이 달러를 받쳐주고 그에 따라 위안화 대비 달러 가치가 유지되고 있는 것이다.54) 동시에 미국에서의

---

* **루 돕스 민주당원** 루 돕스는 반이민 정서를 갖고 있고 보호 무역 정책을 주장해온 미국의 유명 보수 언론인이고 '루 돕스 민주당원'은 미국 민주당 내 보호 무역주의자들을 일컫는 표현이다.

대량 해고와 중국의 지속적인 엄청난 대미 무역 흑자 간의 모순으로 인해, 미국의 정치적 스펙트럼 전체에서 민족주의-인민주의자들의 목소리가 증폭되고 있는 것 같다.[55] 마지막으로, 중국이 직면한 가장 시급한 국내 문제—인프라에 대한 공공 지출을 통해 국내 성장을 자극한 것—때문에, 중국중앙은행은 미국 정부 채권에 대한 투자를 조심스럽지만 단호하게 축소하여, 미국의 구매력을 흡수하는 방식에서 벗어난 중국 경제 모델을 재정립하는 것이 필요해졌다.[56]

최근 드러난 중미 간 경제적 상호 의존의 균열이 더 명시적으로 나타난다면, 심각하고 위험한 축적 둔화를 피하기 위해서는 중국의 가치 증식 과정은 어떤 해외 지역을 증대 원천으로 삼아야 할까? 맨해튼 남부에서 시작되어 무서운 속도로 세계 경제를 삼켜버린 금융 위기의 확산으로 타격을 받기 전까지,[57] 일본과 유럽연합이 유력한 후보인 듯 보였다. 2004년 미국이 동아시아에 냉전의 그림자를 드리운 이래 처음으로 중국과 일본은 서로에게 제1의 무역 파트너가 되었다.[58] 많은 관찰자들은 밀접해진 경제 관계를 통해 양국 관계의 긴장이 완화되고 무역 관계의 확대가 촉진될 것이라고 예상하였다. 심지어 일부 연구자들은 경제 관계의 지속적인 확대와 심화로 인해 중국과 일본의 지배 엘리트들이 미국의 조정에서 벗어나 독립적으로 통화 협력과 지역 안보를 다룰 수 있는 동아시아 지역 기구를 만들기 위해 함께 노력하게 될 것이라고 예측하기도 했다.[59] 언뜻 보기에 이러한 해석은 더 이상 상상 속의 가정만은 아닌 것 같다. 실제로 동북아시아에 충격을 주었던 환율 변동으로 인해, 중국과 일본(그리고 한국)은 1997년과 1998년 금융 및 통화 위기가 이 지역을 휩쓴 이후 추진되었던 통화 스와프 체제를 더욱 확대했다.[60] 하지만 그럼에도 동북아 역내 교역의 강화가 미국을 배제하는 거대한 지정학적 결말로 이어질 것이라고 예측하는 것은 지나치게 정형화된 논리이다. R. 태갓 머피R. Taggart Murphy가 간결하게 설명한 것처럼, 중일 간 경제 통합의 진전은 미국의 지배 체제에 대한 일본의 지역 전략적 의존을 약화하기보다는 오히려 심화할 것이다. "일본이 2차 세계 대전 이후 오랫동안 미국의 보호 대상국으로서의 지위를 유지해온 것은 부분적으로는 …… 일본의 정치 엘리트 다수가 갖고 있는 신념 때문이었다. 이 신념은 미국의 보호를 대체할 만한 대안은 일본이 조공국이 되어 새로운 중화제국에 통합되는 길뿐이라는 생각에서 비롯된 것이다. 중국에 대한 일본의 경제적 의존이 심해질수록, 일본이 미국에 기대려는 근거는 무엇보다 더욱 분명해질 것이다."61) 일본이 동아시아 문제 협력을 위한 진정으로 자주적인 틀 내에서 응당한 역할을 하려면, 과단성 있게 미국의 관리 체제에서 벗어나 자신의 자율성을 선언해야만 할 것이다. 미국 제국주의의 순종적인 속국으로 지내온 지난 60년 세월은 일본 정치와 사회의 유전적 구조를 완전히 재구성했고 그래서 미국에 대항하여 급진적 요구를 할 수 있는 정치 세력은 이제 거의 존재하지 않게 되었다.62)

중국중앙은행은 은밀히 그리고 점진적으로 외환 보유고를 "유로 표시 증서"로 바꿔왔지만, 많은 분야에서 중국과 유럽 간 긴장 관계는 중국과 미국 간 긴장 관계를 빼닮았으며 심지어 그 수위를 넘어서고 있다. 유럽의 중소 제조업체들과 유럽 노동 운동의 좌파들은 미국 제조업체와 노동 운동 세력이 미국의 '월마트화'를 반대한 것보다 더 맹렬하게 유럽이 중국산 소비재의 판매장이 되는 것을 반대해왔다.63) 중국해양석유총공사가 미국의 석유 회사 유노칼 인수를 제안했을 때 미국 내에서 벌어진 소동과 닮은 일화에서, 중국 국가 개발은행(CDB)이 영국 바클레이즈은행Barclays Bank PLC 매각 입찰에 참여하자 유럽연합은 개발 도상 세계의 "정치적 목적의 인수자"의 인수를 금지하는 방법을 계획했다.[64] 나아가, 대부분의 EU 국가에서 선거 정치의 흐름은 중국에 우호적이지 않다. 예컨대 프랑스의 니콜라스 사르코지Nicolas Sarkozy 대통령은 전 세계에서 신자유주의자로 추정되는 대부분의 사람들과 마찬가지로 자유 시장의 일관되고 원칙적인 수호자가 아니다. 사르코지는 프랑스의 전통적인 복지 국가에는 반대하는 입장이지만, 중국의 시장 침투에 맞서 프랑스와 EU의 자산 및 시장을 보호하는 산업 정책을 단호하게 지지한다.[65] 그리고 대다수 중국인들의 정서로는 EU가 미국보다 더 추악하고 위선적인 인권 제국주의를 전파하는 세력으로 느껴졌는데, 사르코지의 프랑스에서 베이징 올림픽의 성화 봉송을 가로막은 친親티베트 시위는 그 단적인 사례였다.[66]

# 1990년대의<br>중–러 파트너십

앞서 이야기한 교착 상황에 직면하여 중국은 지구적 헤게모니라는 얻기 어려운 목표를 추구하기 보다는 러시아와의 강력해진 "전략적 동반자 관계"를 통해 진정한 지경학적 통합을 할 수도 있다. 대부분의 비판적인 학자들이 인지해온 것 이상으로, 1990년대 후반 이후 미국의 지역 전략은 대체로 관료 자본주의하의 중국이 표면적으로 드러낸 지역적 야심을 실현하지 못하게 막고 러시아가 인근 국



중국, 자본주의를 바꾸다

가에 대한 지배력을 회복하는 것을 저지하기 위해서 포스트 공산주의하의 러시아의 혼란스런 상황을 이용하는 방향으로 맞추어졌다.[67] 워싱턴의 외교 정책 입안자들이 계속해서 직면한 문제는 아시아의 거인들이 항구적 포용 관계를 맺지 못하게 하는 방식으로 양면 전략을 실행해야 하는 것이었다.[68] 이러한 아슬아슬한 줄타기에서 벗어나는 것이 얼마나 어려운지는 부시 행정부가 권력을 행사한 8년 동안 증명되었다. 중앙아시아와 서아시아 지역에 대한 미국 제국주의의 터무니없는 공격 행위로 인해, 중국과 러시아는 미국의 지역 전략의 핵심에 중국의 원유 공급원에 대한 접근 통제와 러시아의 탄화수소 수출 시장에 대한 접근 통제가 포함되어 있음을 명백히 알게 되었다. 하지만 페르시아 만과 카스피 해 유역 내외에서 미국이 벌인 노골적인 지정학적 전략 행동은 바로, 냉전 이후 미국이 지역 전략을 통해 공공연히 막으려고 했던 동맹, 즉 미국의 세계적 지배 지위에 도전하기에 충분한 자원과 신뢰를 갖춘 두 강대국 사이의 잠재적 동맹을 낳았다.[69]

1990년대 들어서 중국과 러시아는 모두 자국의 지정학적 지향 및 정치 경제를 탈냉전 시대의 출현에 맞춰나가는 데 집중해왔는데, 이 탈냉전 시대는 미국 리더십의 부활 속에서 자본주의적 지구화의 승리를 특징으로 한다. 미국의 경쟁자로 적대시되던 소련은 계속된 경기 침체와 발트 해 연안의 공화국들의 정치적 혼란으로 급격히 쇠락한 반면, 중국은 고르바초프에 의해 추진된 중소 외교 관계를 정상화함으로써 미국의 증대된 지구적 헤게모니에 맞선 힘의 균형을 추구했다.[70] 1994년, 중국과 소련 양자 간 관계는 공식적으로 "건설적인 동반자 관계"로 명명되었다.[71] 서양 무기 시장의 접근이 막혀 있는 상황에서, 중국은 빠른 속도로 러시아 군사 무기의 최대 소비자로 부상하였다.[72] 미국의 동아시아 정책에 대한 통제권이 일본과의 중상주의적 벼랑 끝 정책에 치중하던 미국 상무부에서 극단적으로 반중국적인 공화당 의회 세력에게로 넘어감에 따라, 중국이 러시아와의 동반자 관계를 공고히 할 필요는 더욱 커졌다.[73] 중국과 러시아의 관계는 이제 단순한 평화 공존이라는 아주 기본적인 규범—우호적으로 상호 분쟁을 해결할 것을 선언하고 서로의 내정에 대해서 존중하는 것 등[74]—을 넘어서 점차 미국의 "패권주의"를 공동으로 경계하는 관계로 인식되었다.[75]

러시아 그리고 특히 중국은 이제 세계 자본주의 질서에 편입되어 벗어날 수 없는 상태이며 이러한 질서하에서는 미국의 금융, 투자, 시장에 어느 정도는 결합하는 것이 자국의 성장 혹은 최소한 생존을 위해서 중요하다고 할 수 있다. 동시에 러시아와 중국은 그동안 미국이 지시하는 규칙과 행동을 조건으로 하는 질서에 참여하여 별다른 이익을 얻지도 못했다. 즉, 중국과 러시아는 절대적 우위의 미국과 그 명령을 따르는 종속 국가로 구성된 세계 체계보다는 모든 제국과 준▒제국적인 이해관계자들의 이익을 증진시키는 유동적인 세계 체계를 원했다.[76] 그 결과, 1996년에 중국과 러시아는 그들의 건설적인 동반자 관계를 "21세기를 지향하는 상호 협력의 …… 전략적 동반자"로 격상시켰다. 지구적 자본주의 통합이 수평적 협력 관계를 막을 수도 없고 미국 우위의 세계 체계를 인정한 것도 아니라는 사실을 미국이 깨닫게 함으로써, '전략적 동반자 관계'를 선언한 중국과 러시아는 미국-중국-러시아의 3각 관계가 더욱 동등한 균형을 이루도록 힘썼다.[77] 또한 이러한 전략적 행동은 미국 군사 전략의 지정학적 자유를 억제하는 원리들로 이루어진 지구적 거버넌스 체계를 촉진하기 위해 시도되었다. 더 정확하게 말하자면, 이 체계는 강대국들의 주권 평등, 지역 통합에 대한 강대국들의 권리 그리고 유엔안전보장이사회의 합의를 통한 의사 결정을 존중하는 국제적 갈등 해결 등을 강조한다.[78] 이러한 맥락에서, 중국은 러시아의 체첸 반군에 대한 야만적인 전쟁에 대해 침묵하기로 서약하였고, 러시아 역시 대만의 공개적인 독립 선언에 반대할 것을 약속하고[79] 독립하려는 대만의 편에 선 미국의 개입을 약화하려는 명확한 목적을 가지고 중국 측에 구축함, 대함對艦 미사일, 방공防空 시스템 등을 판매하였다.[80] 1990년대 후반에, 중국과 러시아는 미국이 유엔안전보장이사회의 승인을 받지 않고 나토를 부추겨 세르비아에 폭격을 가했다고 비난했다.[81] 세르비아에서 사용된 미국의 스마트 폭탄의 엄청난 파괴 효과로 인해 중국의 군 장성들은 중국의 무기 체계를 향상시켜야 할 필요가 있음을 한층 더 확신하게 되었으며[82], 러시아의 무기 제조업자와 판매업자들은 더욱 적극적으로 협조했다.[83] 그러나 지정학적 영역에서 중국-러시아 간 협력이 점차 증대됨에도, 양국 간 무역 상황은 1990년대에 이미 낙관적으로 기대했던 200억 달러 수준에 크게 못 미쳤다.[84] 국제 권력 정치의 거대 이슈가 전략적 동반자 관계의 범위를 결정하였다. 중국도 러시아도 상호 보완적인 경제적 실체가 되는 동반자 관계를 위해 금전적 손실을 보려고 하지 않았다.[85]

# 9·11 이후의 세계에서
# 가속화되는 중-러 통합

조지 부시가 취임하면서 신보수주의자들과 매파 세력이 장악한 미국 행정부는 중국의 부상을 상업적 관계의 이점이기보다는 동아시아에서의 미국의 정치 군사적 지위에 대한 분명한 위협이라고 강조하였다. 이에 따라 2001년 미국의 「국방 검토 보고서Quadrennial Defense Review」는 중국을 "전략적 경쟁자"로 다시 정의하였다.[86] 9·11 이전에, 중국에 대한 미국의 이런 공격적 태도로 인해 중국-러시아 간 협력 관계가 깊어졌다. 2001년 6월, 중국, 러시아 그리고 중앙아시아 4개국은 지역 안정에 대한 일반적 위협들(특히 이슬람 분리주의 운동)을 다루는 포럼인 상하이협력기구(SCO)를 공식 구성하였는데, 미국의 참여가 배제된 상태에서 다자간 문제를 다루는 대표적인 사례로 역할을 하고 있다.[87] 곧이어 2001년 7월 중국 정부와 러시아 정부는 다극적 국제 질서에 대한 양국의 지지를 재확인하는 협정인 "선린 우호 협력 조약"에 서명하였다. 미국의 안보 전문가들이 보기에, 이러한 발전은 중국-러시아 간 동반자 관계가 명확히 반미 색채를 띠게 되었음을 보여주는 분명한 증거이다.[88]

처음에는, 9·11 공격에 대한 미국의 기회주의적 반응이 중국-러시아 간 전략적 동반자 관계를 약화시켰다. 이슬람 근본주의 테러에 대한 미국 주도의 국제 조치라는 오랫동안 계속되어온 고정관념을 지지함으로써, 중국 정부와 러시아 정부 모두 공동의 이해관계보다는 개별 국가의 협소한 이해타산을 선호하는 반응을 보였다.[89] 어떤 측면에서 러시아와 중국은 모두 새로운 국제 환경을 최적의 기회로 삼고자 노력했는데, 양국은 미국의 "테러에 대한 지구적 전쟁" 선언을 자국의 남부와 서부 국경 지역을 오랫동안 혼란스럽게 한 민족적-종교적 분리주의 반란군에 대항할 기반을 얻기 위한 기회로 삼았다.[90] 하지만 양국은 모두 바로 몇 달 전 미국과의 개별 협상을 차단하기 위해 했던 것보다 더 심혈을 기울여서 미국 정부의 대담한 신안보 전략을 기화로 자국의 이익을 취하려고 서로 앞 다투어 경쟁하였다. 이슬람 급진 세력의 근거지에서 미국이 벌인 "장기 전쟁"의 개시 행위, 즉 아프가니스탄에서 탈레반을 제거하려는 시도 속에서 미국은 우즈베키스탄과 키르기스스탄 내에 군사 기지를 임차하고 다른 구소련 공화국들에게서 고속도로 통행권을 확보하기 위해 러시아 당국으로부터 특별 허가를 받았다.[91] 2001년이 얼마 남지 않은 몇 달 동안, 러시아가 곧 와하브주의* 세력이 지배하는 페르시아 만의 토후국들 대신에 서양의 선진 자본주의 국가에 대한 가장 믿을 만한 합리적 가격의 석유 공급자가 되리라는 전망이 신문 논평을 통해 유럽 전역에 퍼졌다. 영국의 토니 블레어 총리는 심지어 러시아가 나토 안에서 "협의와 조언" 역할을 수행하도록 하는 공상에 빠지기도 했다.[92] 더욱이 미사일 방어 체제에 대한 반감이 불과 6개월 전에 있었던 중국과 러시아 간 정상회담의 핵심이었지만,[93] 미국이 중앙아시아에서 일방적으로 탄도탄 요격 미사일(ABM) 제한 조약(협정 조인 국가가 탄도탄 요격 미사일 무기를 사용하지 못하도록 하는 조약)을 철회함으로써 러시아의 양해에 "보답했을" 때조차도 푸틴은

---

* **와하브주의** 무함마드 이븐 압둘 와하브가 창시한 수니파 이슬람 근본주의 운동. 사우디아라비아 왕국의 건국 이념이며, 코란의 가르침을 엄격하게 따른다.

그리 크게 문제 삼지 않았다.[94] 미국에 대한 러시아의 계속된 선물 공세는 러시아 정부와 미국 정부 간의 초기 보상물을 예고했으며 9·11 이후에 미국이 성공적으로 러시아와의 유대를 돈독히 할 수 있었고 또 그 유대를 여러 분야에서 중국에 대한 압력으로 사용할 수 있었음을 시사한다.[95]

중국의 최고 정책 결정자들은 많은 쟁점들에서 러시아가 대체로 서양 자본주의 국가들, 특히 미국에 묵종하고 있는 모습에 당황스러워했다. 그러나 러시아는 이러한 상황을 대부분 전략적 굴복이라기보다는 전술적 후퇴, 즉 러시아-중국 동반자 관계의 해체를 의미하는 것은 아닌 일종의 조정 국면이라고 이해하였다.[96] 결국, 중국 당국도 "전 세계적인 테러와의 전쟁"에 참여하겠다고 자원하였는데, 이는 특히 "자강自强" 계획—지속적인 세계 시장 통합을 통한 경제적 근대화의 핵심 요소—의 성공을 위해서는 중국공산당이 거대한 수출 시장이자 해외 자본의 최대 기반인 미국과 맞설 수 없었기 때문이었다.[97] 어쨌든 러시아에 대한 미국의 단기적인 구애 때문에 중국과 러시아 양자 간 무역이 전략적 동반자 관계의 더 확실한 기반이 되리라는 양국의 열망이 사그라지지는 않았다. 중국-러시아 간 무역 관계를 심화한다는 신중한 목표 속에서, 중국과 러시아는 2001년과 2002년 여러 행사에 고위급 무역 대표단을 초청하였다.[98] 결정적으로 중국-러시아 간 경제 통합을 위해서 2000년대 초반 러시아 극동 지역 내 중국 기업과 러시아 기업이 합자한 총액은 일본, 한국, 미국 등의 기업들과의 합자 총액을 합친 것보다 더 많았다.[99] 2002년에 드러난 것처럼, 푸틴 정부로 하여금 서양의 선진 자본주의 국가들에게 양보하도록 제언했던 러시아 중앙 정가의 파벌이 위상을 상실했는데, 이들은 ABM 조약 파기에 더해 군비 "축소" 협정 교섭에서 핵탄두 폐기가 아닌 핵탄두 저장 보관을 주장하는 미국의 고압적인 태도로 곤란에 처했다.[100]

양국의 전략적 동반자 관계가 9·11 사건 직후의 환경으로 얼마나 흔들렸든 간에, 다소 미적지근한 반대 태도를 보인 러시아와 중국을 포함한 국제 시민 사회의 절대 다수가 격렬히 반대했는데도 부시 정부가 이라크 침공과 점령이라는 결정을 내리자, 양국의 전략적 동반자 관계는 다시 정상으로 돌아왔다.[101] 미국 주도의 군사 활동은 동반자 관계의 기저에 있는 모든 원리들을 무시한 것이었다. 미국은 유엔안전보장이사회의 협의 체제를 존중하지 않았고, 자신의 협소한 제국주의적 이익을 얻기 위해 전쟁을 불사하면서 중국 정부와 러시아 정부 모두 매우 불쾌해하는 "민주주의 촉진"과 "인권"라는 수사를 냉소적으로 활용하였다.[102] 러시아의 관료들이 미국의 노골적인 국제법 위반에 강경한 입장을 취하기를 꺼리는 중국에 대해 약간 실망했을 수도 있지만, 프랑스, 독일과 함께 미국의 뻔뻔한 일방주의를 반대하기로 한 러시아의 결정은, 러시아가 미국의 환심에 대한 기대를 접었음을 중국 당국이 확신하게 되는 확실한 증거로 작용하였다.[103] 중국과 러시아의 전략적 동반자 관계 심화가 다시 의제로 오르고, 미국이 사담 후세인 이후의 이라크라는 수렁에서 꼼짝 못하게 되면서, 중국과 러시아는 미국의 혹독한 제지 없이도 양국 간 관계를 심화할 수 있는 여지를 가지게 되었다.[104] 미국은 러시아와의 협력 강화를 재개하려는 중국의 노골적인 태도를 거의 저지할 수 없게 되었다. 급기야 중국은 지속적으로 미국 재무부 증권을 엄청나게 매입하여 점점 더 거대한 비용이 드는 미국의 제국주의적 모험에 대해 효과적으로 대응하였다.[105] 2005년에 중국과 러시아는 상하이협력기구 대변인을 통해 미국이 키르기스스탄과 우즈베키스탄의 공군기지에 대한 임차 계약 종료 방안을 제시할 것을 요구하였다.[106] 심지어 더 도발적으로, 양국의 군대는 1950년대 말 중국-러시아 관계 단절 이래 처음으로 연합 전쟁 가상훈련("평화의 사명 2005")을 실시했으며, 2007년에도 이 훈련을 재개했다.[107] 한편 2004년엔 중국-러시아 간 무역이 오랫동안 숙원이었던 200억 달러 목표를 초과하였고(이는 1999년 대비 4배 증가한 수준) 2010년 즈음이면 600억 달러에 달할 것으로 기대되고 있다.[108] 양국 간 경제 교역은 대부분 중국의 소비재와 식료품을 러시아의 무기 및 천연자원과 교환하는 것에 그치던 수준에서 벗어나 점차 다양해지고 있다.[109] 한 예로 소비에트 시대 노보시비르스크Novosibirsk 시의 교외 지역인 아카뎀고로도크Akademgorodok를 들 수 있는데, 이 도시에는 25곳의 과학 연구소가 있고 6명의 노벨상 수상자를 포함한 18,000여 명의 과학자들이 거주한다. 아카뎀고로도크는 풍동wind tunnels과 토양 분석기부터 레이저, DNA 실험 기기, 전자 가속기에 이르기까지 중국의 주문 물량을 만족시킴으로써 소득의 80%를 얻고 있다.[110]

러시아와 중국 모두 아직은 양국의 전략적 동반자 관계를 부분적으로만 중시하고 있다고 말하는 것이 정확한 평가일 텐데, 이는 양국 간 관계의 심화가 제각기 "필수 불가결한" 미국과의 개별적 관계에서 협상의 지렛대를 강화하기 위한 것이기 때문이다.[111] 예를 들어 2005년 미국 국방부와 의회에서, 중국이 서태평양에서 팽창주의적 야심을 품고 있고, 중국중앙은행이 위안화의 가치를 조작하고 있는 등, 중국이 부정행위를 저지르고 있다고 비난하는 발언이 늘었을 때,112) 중국의 외교 관료들은 과감히 중국-러시아 간 전략적 동반자 카드를 사용함으로써 미국 지배 계급 내 군국주의 세력과 보호주의 세력이 불평의 목소리를 낮추게 하였다.113) 우연이기는 하지만, 러시아와 중국의 상호 신뢰는 이제 막 시작된 듯 보이고, 변화하는 세계 체계의 현실로 인해 중국-러시아 간 전략적 동반자 관계는 두 아시아 강대국이 미국에 맞서 삼각 구도를 형성하려는 강박에서 점점 벗어날 수 있는 토대 위에 놓이게 되었다.114) 이러한 현실 가운데 가장 중요한 것은 미국의 초당파적 안보 기관들이 중국의 부상과 러시아의 부활에 직면하여 미국의 패권을 유지하려는 의지를 적나라하게 드러내고 있다는 것이다.115) 초국적 자본주의 질서 속에서 자신들의 문명화된 수준에 상응하는 역할을 담당하고자 하는 중국과 러시아의 매우 온건하고 비혁명적인 목표에도 불구하고, 미국의 패권 유지 전술이 제국주의적 의지를 노골적으로 드러낼수록, 러시아와 중국이 서로를 끌어당기는 힘은 더 강력해질 것이다.116) 최근 미국의 외교 정책 전문가들은 성향과 상관없이 한목소리로 중국과 러시아가 자국 내에서 경제적 자유주의와 책임 있는 정부의 구축을 무시하고 핵 확산에 대해 무관심한 태도를 취하고 있기 때문에 두 나라의 "권위주의적 자본주의"가 "자유 민주주의 국가들"의 국제 공동체에 심각한 위협이 되고 있다고 주장하고 있다.117) 중국과 러시아의 지배 집단이 절대적으로 지구적 경제 통합의 심화를 요구하고 세계 경제 포럼World Economic Forum에 성실히 참석할 억만장자를 더 많이 길러내는 비혁명적 목표를 추구하고 있는데도, 이러한 주장이 만연하고 있다. 한편, 이와 동시에 러시아와 중국은 벼락부자 자본가들의 정치적 의존 상태를 유지시키고 민족주의적 허위의식과 적당한 수준의 복지 지출을 통해 대중들을 침묵시켜서 경제 발전 프로젝트의 사회 경제적 모순을 억제하려고 하고 있다.[118]

2000년에 세계 에너지 가격이 15년 동안의 저점에서 벗어나 상승하기 시작하자, 1990년대의 파국을 딛고 도약하려는 러시아의 계획은 세계 에너지 시장의 활황 속에서 탄화수소 수출 정책에 대한 국가의 지배력을 회복하는 것에 전적으로 달려 있었다.[119] 그러나 러시아와 미국의 관계는 2001년 말 단기적인 호전 이후에 악화되기 시작했는데, 미국은 러시아가 서양의 편에 서도록 지정학적 압력을 높이기 시작했다.[120] 그루지야와 우크라이나의 "색깔 혁명"에 대한 미국의 지원, 나토를 러시아의 앞마당까지 확대하려는 계획, 탄도탄 요격 미사일 배치를 통한 체코공화국과 폴란드 보호 안건 등이 모두 러시아와 중서부 유럽의 부유한 에너지 소비국 사이에 위성 국가 벨트를 만들겠다는 미국의 의도를 러시아 당국에게 암시한 것이다.[121] 러시아를 포위하려는 미국의 전략은, 캅카스 지역의 미국 보호국인 그루지야가 남오세티야South Ossetia에서 러시아에 패배할 수밖에 없는 무모한 싸움을 걸었을 때 일시적인 차질을 겪었다. 러시아의 일시적인 그루지야 진격에 대한 일방적인 비난을 유럽연합이 거부하면서 미국의 지역 전략의 실패는 더욱 명확해졌다.[122] 그러나 이러한 분쟁에 앞서 미국이 사주한 "색깔 혁명"과 나토의 추가적 확대는 유럽의 지원을 받았다는 점을 분명히 염두에 둘 필요가 있다.[123] 또한 백악관의 새로운 외교 안보팀의 최우선적인 외교 정책 중 하나가 약화된 유럽과 미국 간의 동맹 관계를 복원하여 여러 국가의 합법적인 인정 속에서 러시아에 대한 봉쇄를 진행하려는 것이라는 점도 염두에 둘 필요가 있다.[124] 이러한 사건들이 누적된 결과, 러시아는 탄화수소 수출형 발전 모델을 지켜줄 고객, 즉 기본적인 에너지 확보가 시급한 중국과의 관계 구축에 더 신경을 써야 한다는 인식을 재확인하였을 것이다.[125]

중국의 마찬가지 면을 보자면, 정치적 안정은 경제 개혁 시기 내내 계속되던 GDP의 고속 성장을 지속할 수 있느냐에 달려 있었다. 그런데 이제 중국의 GDP 고속 성장은 천연가스와 석유를 이전 시기보다 훨씬 더 많이 수입해야 지속 가능하게 되었다. 서아시아에서 힘으로 신자유주의적 민주주의를 강제한 미국의 대전략은 제국의 승리보다는 지역의 혼돈이라는 결과를 낳은 반면, 중국의 경우 페르시아 만의 석유와 가스에 대한 의존을 줄이고 러시아와의 에너지 자원 협력을 최우선으로 추진해야 할 필요성이 제기되었다.[126] 2005년과 2006년, 중국에게는 미국의 (현재는 미국에 비참한 결과를 가져다준) 이라크 공습이 바로 중국의 갑작스런 부상을 견제하기 위한 것은 아닌지 의심할 근거들이 점점 더 많이 생겼다. 미국 정부의 발언은 점점 호전적이 되어갔으며, 동시에 미국 국방부는 중국의 태평양 연안 지역 주변에 군대, 핵잠수함, 장거리 폭격기를 전진 배치시키기 위한 일본 자위대와의 비용 분담 협정을 종결지었다.[127] 중국이 이러한 자극 행위들로 인해 러시아와의 전략적 동반자 관계의 가치를 아주 높게 보는 것은 전혀 이상하지 않다. 특히 미국이 정확히 이런 방식으로 새로운 한계에 도전하기 때문에 중국과 러시아가 미국에 맞서 단결하게 되는 시기에는 말이다. 동반자 관계 구축의 구체적인 요소들 중에서 중국을 지원할 것이라는 러시아의 잠정적인 약속은, 무엇보다도 중국이 제1의 에너지 수입품에 대한 폭발적 수요를 맞춰줄 대상을 물색하던 중에 나온 것이다.[128]

오늘의 시점으로 와보자. 악성 부채에 따른 경제 위기가 월스트리트에서 시작되어 전 세계 체계에 퍼지게 되자, 중국으로서는 극동 러시아에서 다량의 탄화수소를 수입하는 것이 더욱더 절박하게 필요했다. 위기가 전 지구적으로 전이되는 역설적 효과 중 하나가 달러 가치의 반등이었는데, 달러의 강세는 중기적인 전망하에서는 좋은 것이 아니다. 미국의 금융 우위 축소에 따라 달러의 지위가 강제로 하향 조정될 가능성을 예상하여, 중국은 2007년과 2008년 초의 경제 실적이 되풀이되는 것을 회피하려고 움직일 것인데, 당시에 달러 가치의 급락은 달러로 청구되는 석유 및 가스 수입품의 가격 인상을 불러왔고 소비자들의 공포와 사회적 불안정을 야기하였다.[129] 바이칼을 횡단하여 극동에 이르는 동시베리아태평양 송유관의 건설로 2010년까지 중국이 5000만 톤—과거 어느 때보다도 많은 양—의 석유(중국 수입 수요의 1/3)를 확실히 확보하려면, 중국으로서는 러시아와의 긴밀한 관계 구축이 매우 긴요하다.[130] 부채 디플레이션으로 갑작스럽게 자본이 부족해진 러시아의 탄화수소 부문에 대해 신용을 확보하기 위해, 중국은 동시베리아 태평양 송유관의 두 번째 구간의 종착지가 중국 동북 지역이 될 것임을 사실상 보장하였다.[131] 중국과 러시아의 조직적인 협력은 대체로 미국의 난폭한 "패권주의"에 맞서는 방어적인 완충 기제로 시작되었으나, 양국의 전략적 협력이라는 단순한 사실은 아시아의 두 강대국이 선행 학습의 영향을 받아 자유주의적 국제 질서를 아주 엄청나게 위험하게 만들고 있다는 미국 내 일부 파워 엘리트들의 커져가는 인식을 확인시켜준다.[132] 중국과 러시아 대륙 인접 지역에 대한 미국의 공격과 도발로 인해, 중국과 러시아는 계속해서 양국의 경제적 협력 관계, 특히 탄화수소 에너지원의 개발과 수송이라는 핵심 영역을 포함하는 전략적 동반자 관계를 강화하는 것만이 사려 깊은 선택이란 점을 확신하고 있다.

# 중국과 미국의 노동 운동

## 스테파니 루스 & 에드나 보나시치

세계 경제 속의 중국

수입과 통화 가치

해외 이전

미국 노동자와 노동에 미친 충격

미국 노동 운동의 대응

지구적 자본주의와 세력 관계

분할된 노동자 계급의 딜레마

무엇이 시도되고 있는가? 무엇이 가능한가?

지구적 노동자 연대의 모색

중국은 미국 담론에서 공격적인 의미를 숨긴 완곡한 말로 자주 사용되어왔다.[1] 토머스 프리드먼Thomas Friedman이 지적하듯 40년 전의 중국은 가능하면 우리의 음식을 가져가려는 굶주린 아이들의 나라로 보였다.[2] 오늘날 중국은 "우리의 일자리를 빼앗는" 나라이다. 모두가 '중국 위협'에 대한 히스테리에 말려들지는 않지만, 미국의 노동 운동 대부분이 중국 때문에 노조의 영향력과 생존이 위태롭다고 느끼는 것만은 분명하다. 미국은 2000년 이후 3백만 개 이상의 제조업 일자리를 잃은 반면, 중국 수입은 200% 이상 증가하여 미국 노동자들 사이에서 두려움을 불러일으켰다.[3] 미국 운수노조 International Brotherhood of Teamsters 위원장인 제임스 P. 호파James P. Hoffa 는 몇 년 전 중국이 "미국을 지탱하는 중산층의 양질의 산업 일자리 를 빼앗고 있다."고 썼다.[4]

중국은 실제로 미국 노동 운동에 대한 커다란 위협인가? 이 장에서 우리는 중국의 성장이 미국 노동자들에게 영향을 미쳤다는 근거들을 검토해보고, 노동자 계급이 직면한 근본적인 도전들에 대처하는 방법들을 제안할 것이다.

# 세계 경제 속의 중국

중국이 "일자리를 빼앗고 있다."는 최근 수사의 첫 번째 문제는 세계 경제에서 중국의 역할을 과장하고 있다는 점이다. 미국과 북반구의 다른 나라들에서 일자리가 없어지는 것은 단지 중국 한 나라 때문만이 아니다. 인도는 세계 생산에서 성장 중인 국가이며, 베트남 역시 그렇다. 캐나다와 멕시코는 여전히 중요한 무역 상대국이다. 중국이 미국의 일자리 상실의 가장 큰 원인이라고 하는 중국의 악마화는 잘못된 것이다.

그렇긴 해도 우리는 중국이 급속히 성장하고 있는 주요 제조업 수출국이며 미국은 중국이 만든 상품의 주요 수입국이라는 점을 인정해야 한다. 이 책의 다른 장들에는 지난 몇 십 년간 중국 경제가 이룩한 거대한 성장에 관한 내용이 상세히 나와 있다. 여기서는 그러한 논의를 반복하지 않고 대신 이러한 성장이 미국 고용에 미친 영향을 살펴보겠다.

중국은 이미 빌 클린턴 대통령이 자신의 선거 공약을 뒤집고 중국에 최혜국(MFN) 지위를 연장해주기로 결정한 1990년대 초반부터 세계에서 가장 빨리 성장하는 경제가 되었다.[5] 민주당과 공화당 모두 반대했는데도 클린턴은 중국과의 무역이 분명 미국에 이익이 될 것이며 중국으로의 수출이 미국의 일자리를 보장해줄 것이라고 말했다.[6] 클린턴 대통령은 1980년 이후 미국이 매년 중국에 부여해온 무역 지위를 단지 연장해주었을 뿐이다. 그러나 그는 몇 년 지나 중국이 WTO에 가입하도록 밀어붙이면서 중국과의 관계를 새로운 단계로 끌고 갔다.

클린턴 등 정책 결정자들은 신자유주의 경제학자들과 함께 자유 무역은 모두에게 이득이 될 것이라고 주장했다. 자유 무역은 각 국가가 각자의 비교 우위를 추구하여 가장 낮은 비용으로 생산할 수 있는 것을 생산하고, 가장 효율적인 방법으로 생산된 재화와 서비스를 얻을 수 있도록 다른 국가와 무역을 하게 만드는 것이다. 이럴 경우 세계 경제로 중국이 들어온다면 미국이 만든 생산품을 살 준비가 되어 있는 광활한 새로운 소비자 시장이 열리고 그렇게 하여 새로운 일자리가 생긴다는 것이다. 미국 재계 역시 중국에서 더욱 값싼 투입물을 구입하여 더 싸고 더 경쟁력 있는 제품을 팔 수 있다는 것이다.

이러한 수사에도 불구하고 중국과의 무역이 미국의 일자리를 창출하거나 지원했다는 근거는 거의 없다. 오히려 중국의 대미 수출이 미국의 대중 수출을 훨씬 초과했고, 미국에 기반을 둔 다국적 기업들은 점차 중국으로 일자리를 옮기거나 중국에서 사업체를 넓혀나갔다. 따라서 중국의 경제 성장과 미국과의 무역이 더욱 미국의 일자리를 희생시키는 것처럼 보였다. 그러나 실제로 얼마나 많은 일자리가 사라졌나?

비판자들은 고용 위협이 세 가지 주요 원인에서 비롯된다고 주장한다. 첫째, 중국 제조업체는 훨씬 더 낮은 임금과 열악한 노동 조건, 그리고 취약한 위생, 안전, 환경 기준 덕분에 중국에서 훨씬 싼 값으로 재화와 서비스를 생산할 수 있다. 이는 미국 소비자들이 훨씬 더 싼 가격으로 재화와 서비스를 구매할 수 있어서 미국에 기반을 둔 회사 제품의 구매를 중단할 것이고, 이로 인해 미국 회사들에서 노동자들이 해고될 수 있다는 것을 의미한다. 둘째, 중국은 자국 통화를 변동시키지 않고, 많은 경제학자들이 인위적으로 낮게 평가되어왔다고 주장하는 일정 환율에 고정시켜왔다. 이는 중국 상품을 더 싸게 만들었고, 미국 소비자들이 중국 상품을 구매하게 만드는 유인을 높였다. 셋째, 저임금과 더 낮은 규제를 찾는 미국 기반의 다국적 기업들은 미국에서 중국으로 생산과 고용을 직접 이전시키거나(해외 이전), 미국보다는 중국에서 새로운 생산이나 확장을 하기로 결정하고 있다.

## 수입과 통화 가치

유감스럽게도 이 세 가지 경향의 영향을 측정할 수 있는 유효한 데이터는 거의 없다. 오히려 대부분의 연구는 이론적이거나 아니면 무역 데이터를 가져다가 추산하여 평가한 것이다. 중국과의 무역 증가 때문에 줄어든 미국의 일자리에 대한 추정의 가장 일관된 자료는 미국의 싱크탱크 중 하나인 경제정책연구소Economic Policy Institute(EPI)에서 나온 것이다. 경제정책연구소의 경제학자 로버트 스콧Robert Scott은 지난 10년간 미국과 중국 간의 전체 수출입을 계량하고, 수출을 통해 유지될 수 있는 일자리 비중을 계산한 후,

1996년에서 2007년 사이 중국에서의 수입 때문에 210만 개 이상의 일자리—국내 생산을 통해 유지될 수 있는 일자리—가 사라졌다는 사실을 발견한다. 게다가 중국이 WTO에 가입한 2001년 이전에 중국에서의 수입 때문에 사라진 일자리가 연평균 101,000개였는 데 반해, 그 이후에는 그 수가 매년 353,000개로 늘어났다고 한다.

스콧은 양국 간의 무역 불균형이 중국의 고정 환율에 의해 악화되었다고 지적한다. 중국은 위안화를 미국 달러에 대해 8.28위안의 비율로 고정시켜왔다. 평가 절상에 대한 압력이 늘자 중국은 2005년에 이러한 관행을 바꿔 복수 통화 바스켓 제도를 도입했다. 그러나 위안화는 여전히 일정 범위 안에서 고정되어왔다. 금융 분석가들은 만약 위안화가 시장에서 자유롭게 변동된다면, 위안화의 실제 가치는 중국의 거대한 성장으로 인해 40% 정도 평가 절상될 것이라고 말한다. 위안화가 평가 절상된다면 중국 제품과 서비스는 좀 더 비싸질 것이다. 전미제조업협회National Association of Manufacturers와 경제 정책연구소, 미국노동총연맹산업별조합회의(AFL-CIO) 등 다양한 관계자들은 중국에 통화의 자유 변동과 평가 절상을 요구해왔다. 이들은 이렇게 하면 중국 상품의 경쟁력이 떨어지게 되고 그것이 미국의 국내 생산과 일자리에 도움이 될 거라고 주장한다. AFL-CIO 사무총장이자 중국환율대책협의회China Currency Coalition 공동 의장인 리처드 트럼카Richard Trumka는 "중국의 불공정 무역 관행이 미친 참혹한 영향"에 대처하기 위해 많은 조치들을 취해달라고 의회에 요구했다. 이들은 미국 제조업자들이 중국의 통화 조작에 대응하기 위해 더 많은 WTO 제도를 만들어낼 수 있는 초당적인 법안을 의회에서 통과시켜달라고 요구했다.[7]

대부분의 경제학자들이 중국이 고정 환율 제도를 폐지해야 한다는 데에는 동의하지만, 위안화의 평가 절상이 반드시 미국에 더 많은 생산과 일자리를 가져다줄 것인지에 대해서는 모두가 동의하는 것은 아니다. 예컨대 2005년에 앨런 그린스펀Alan Greenspan은 위안화가 평가 절상된다면 중국에서의 수입은 줄어들겠지만 다른 아시아 국가에서의 수입이 늘어날 것이라고 발언한 바 있다. 그린스펀은 미국의 대중 무역 적자 증가가 실제로 어느 정도는 이전에 비해 다른 아시아 국가보다 중국과 좀 더 많은 무역을 하고 있다는 사실을 반영한다고 덧붙였다.[8] 만약 미국이 총수입을 줄인다면 물류와 소매 부문에서의 일자리도 줄어들 가능성이 있다.

게다가 노동 시장 분석가 킴 무디Kim Moody는 경제정책연구소의 연구가 실제 일자리 상실을 과대평가했다고 확신한다. 예컨대 경제정책연구소는 1997년에서 2003년까지 무역 불균형으로 인해 677,000개의 일자리 기회가 사라졌다고 하는데, 무디에 따르면 이 수치는 "이 기간 동안 실제 사라진 모든 일자리의 23%에 해당한다." 그러나 이 기간 동안 미국의 대중 수입은 총수입의 6.5~12%를 차지할 뿐이었다.[9] 2006년에 캐나다는 여전히 대부분의 상품을 미국으로 수출하는 국가였고, 전체 달러 가치로는 2006년 5월 말 미국 수입의 17.4%를 차지했다.[10] 멕시코, 일본, 독일을 합치면 이 나라들에서의 수입은 여전히 미국 수입의 20% 이상을 차지한다.

## 해외 이전

수입 때문에 일자리 기회가 없어졌을 뿐만 아니라, 미국에 기반을 둔 회사들이 더 낮은 생산 비용(그리고 훨씬 더 낮은 임금)을 찾아 중국으로 일자리를 직접 옮기고 있다. 케이트 브론펜브레너[Kate Bronfenbrenner]와 스테파니 루스가 실제 공장 폐쇄와 해외 이전을 분석한 최근 연구에 따르면, 2004년 미국에서 다른 나라로 이전한 일자리 중 중국으로 간 일자리의 비중은 대략 24% 정도였다. 멕시코는 여전히 가장 많은 일자리가 이전되는 종착지로, 그 비중은 대략 34%였다.[11] 미국에서 사라진 전체 일자리에서 해외 이전 때문에 사라진 일자리 비중은 여전히 작았다. 예컨대 미국에서 공장 폐쇄와 하청(감원) 때문에 사라진 730만 개의 민간 부문 일자리 가운데, 2004년 1사분기 동안 2만 5천 개의 일자리가 중국으로 옮겨갔고, 3만 5천 개의 일자리가 멕시코로 옮겨갔다.[12] 절대 수치 측면에서 제조업보다는 서비스 제공 산업에서 대부분의 일자리가 사라졌는데, 전문적인 비즈니스 서비스, 여가 및 환대 산업, 소매업 등에서 많은 일자리가 없어졌다. 이 연구가 명확히 이전이라고 기록된 일자리만을 살펴봤다는 것에 주의해야 한다. 불행하게도 일자리를 직접 이전시키지는 않지만 중국을 비롯한 다른 나라들에서 미국 기업의 시방서대로 제품을 생산하기로 한 하청 계약이나 당사자 간 계약을 전부 측정할 수 있는 척도는 없다. 예컨대 월마트 같은 거대 소매업체들은 2005년에 총 18억 달러에 달하는 대중 수입을 비롯하여 해외에서 제품을 엄청나게 수입하지만, 생산을 하는 것은 아니기 때문에 생산을 직접 '이전'한 것은 아니다. 대신 거대 소매업체들은 공급업체를 바꿨으며, 이는 간접적으로 미국의 일자리 상실로 이어졌다.

많은 연구들은 해외 이전의 영향을 측정하기 위한 시도로 다른 방법론을 써왔다. 2006년 한 보고서에서 경제학자 앨런 블라인더[Alan

Blinder는 앞으로 수년간 대규모 일자리 상실이 가져올 파괴적인 영향들을 추정해봤다. 블라인더는 일자리들이 얼마나 쉽게 해외로 이전되는지를 평가했고 미국 노동자들이 매달려 있는 일자리의 22~29%가 잠재적으로 향후 20년 안에 해외로 이전될 수도 있다는 것을 발견했다. 이 보고서는 블라인더가 자신을 자유 무역의 지지자로 간주했기 때문에 대중의 관심을 끌었지만, 그는 진정한 지구적 자유 시장으로의 전환은 그 대가가 크고 고통이 따를 것이며, 특히나 미국 노동자들에게 그럴 것이라고 지적하고 있다.[13]

우파와 좌파를 막론하고 경제학자들은 모두 지구적 경제가 노동자들에게는 좀 더 많은 경쟁을 의미한다는 데 동의한다. 리처드 프리먼Richard Freeman에 따르면 중국, 인도, 옛 소비에트 블록 국가들이 지구적 자본주의로 진입함에 따라 지구적 노동력은 기본적으로 지난 20년 동안 두 배가 되었다고 한다. 마이클 예이츠Michael Yates는 자유 무역과 구조 조정 정책으로 인한 지속적인 격동이 사람들을 농업에서 나와 임노동 시장으로 들어가게 밀어붙일 것이며, 더 나아가 잠재적 노동력 풀을 확대할 것이라고 덧붙인다.[14] 그 최종 결과는 고용주들이 "지구적 노동 차익 거래global labor arbitrage"에 참여하여, 임금을 낮추고 생산 속도를 높이고 노조와 규제를 피하기 위해 노력하면서 노동자들끼리 싸움을 붙일 수 있다는 것이다.

노동 차익 거래는 새로운 것이 아니다. 무디는 미국 고용주들이 북부에서 남부로 생산을 이전하면서 수십 년 동안 어떻게 이와 유사한 전술*을 사용했는지에 관한 사례들을 철저히 제시한다. 그러나

---

* **유사한 전술** 노동 차익 거래

세계 경제가 확장되고 정책 결정자들이 많은 부문에서 자본의 이동
이 좀 더 자유롭게 해주려고 규제를 철폐하는 반면에, 노동자들은
이와 비슷한 이동의 자유를 누리지 못하게 되면서, 지구적 노동 차
익 거래의 가능성은 늘었다.

따라서 중국의 지구적 시장으로의 진입은 이미 1950년대 이후 계
속해서 자본에 대한 힘이 줄어든 미국 노동자들에게 이미 일어나고
있던 추세가 확장된 것이다. 미국 고용주들이 일자리 일부를 미국에
서 중국으로 이전시켰으며 일부 일자리 기회가 거대한 무역 불균형
으로 인해 없어졌다는 사실은 틀림없다. 이것은 노동자들의 힘을 약
화시켰다. 게다가 거대한 규모로 계속 성장하고 있는 중국의 출현으
로 인해 고용주들이 생산 이전이라는 위협을 사용하는 경우가 상당
히 늘어났으며, 이는 노동자들의 힘을 더욱 약화시켰다.

## 미국 노동자와
## 노동에 미친 충격

일부 노동 운동 지도자들은 고정 환율, 노동권과 인권의 부재, 적
절한 안전과 위생, 환경 규제의 불이행, WTO 규정에 위반되는 높
은 사업 보조금 규정 등 중국의 '불공정 무역 관행'을 지적하기도 한
다. 중국 노동자들에게는 진정한 결사의 자유가 주어지지 않으며 이
들의 유일한 선택지는 정부가 통제하는 중화전국총공회(ACFTU)이
다. 중국의 상황이 경제 규모나 권리 억압 측면에서 극단적이지만,
미국을 비롯한 다른 국가들이 이러한 불공정 관행을 일부 실행하고
있는 것도 사실이다.

중국의 사례가 특별한 것은 아니지만 그 노동력의 규모와 생산 능력 때문에 지구적 노동 시장에 미친 충격은 크다. 중국의 평균 임금은 미국보다 훨씬 낮고, 멕시코와 카리브 해 연안 지역, 그리고 수많은 아시아 국가들보다도 낮으며, 임금과 노동 조건에서 '바닥으로의 경주'를 더욱 부추기고 있다.

중국의 성장은 지구적 노동 시장에 불안정의 시대를 가져왔다. 국제노동기구(ILO)에 따르면 2007년 세계 실업은 6%이며, 일자리가 없는 사람들의 수도 거의 2억에 달해 최고치를 기록했다.[15] 이 실업률은 많은 나라에서 노동력의 상당 부분을 차지하는 비공식 경제 부문의 노동자를 포함하지 않는다. GDP로 측정되는 경제 성장은 기록적이었지만 세계 실업은 떨어지지 않았다. GDP를 보면 2002년부터 2008년 초반까지 세계 경제는 강했고 성장했지만, 여전히 자신의 노동력을 팔 곳을 찾는 거대한 노동력 풀이 있다. ILO는 세계적인 경제 혼란과 일자리를 찾는 사람들이 늘어나면서 절대적 실업과 실업률이 상당히 증가할 것이라고 예측하고 있다.

이는 노동자들과 국가들 사이의 경쟁이란 결과를 가져온다. 일부 노동자들은 최저 생활 임금을 벌 수 있겠지만, 대다수는 저임금으로 일하거나 비공식 부문에서 생존을 모색해야 한다. 전 세계적으로 전체 산출량의 상당 부분이 자본의 몫이다. 모건스탠리의 전 수석 경제학자인 스티븐 로치Stephen Roach는 2007년에 다음과 같이 썼다. "선진국들이 경제 권력을 계속 유지할 수 없는 극한 상황에 있다. 미국, 유로존, 일본, 캐나다, 영국 등 많은 주요 산업 경제국들에서 노동으로 가는 경제 보상의 몫이 국민 소득의 54%보다 낮은 역사적인 최저치를 나타냈고, 이는 2001년 56%에서 하락한 것이다. 그 사이에 기업 이윤으로 가는 몫은 거의 16%로, 기록적으로 올랐다. 이는 5년 전 10%에 비하면 놀랄 만한 증가이다."[16]

물론 이것이 단지 '중국 효과' 때문만은 아니다. 노동은 지난 30년 혹은 그 이상의 기간 동안 자본에 비해 상대적으로 힘을 잃어왔고, 이는 중국이 세계 경제에 본격적으로 진입하기 훨씬 전부터였다. 무디와 다른 이들이 논증하듯, 일자리 상실을 설명해주는 다른 힘들의 작용이 있다. 예컨대 기술 혁신이나 린 생산 방식 등이다.[17] 그러나 중국의 세계 시장 진입에 따라 이러한 경향이 강화되었고, 노동자들의 조직화나 임금 인상 노력에 맞서 자본의 탈출이라는 위협을 사용하는 고용주들의 능력이 커졌다. 게다가 중국은 자국 내부로 생산을 더 많이 집중시켜왔는데, 이로 인해 중국은 더 큰 분노의 대상 혹은 더 강력한 잠재적 협력자가 되었다. 흥미롭게도 이는 결국엔 지구적 공급 사슬 내에서 권력 동학을 변화시킬지도 모른다. 중국 제조업체의 규모나 능력이 성장함에 따라, 생산업체와 그 제품을 구매하려는 소매업체나 브랜드 간의 관계가 중국에 유리한 방향으로 바뀔지도 모른다.

## 미국 노동 운동의 대응

미국 노동 운동은 중국의 부상에 주로 미국 시장으로 들어오는 중국산 제품의 수입을 줄이기 위해 노력하는 것으로 대응해왔다. AFL-CIO는 중국에 최혜국 지위를 부여하는 것과 중국과 항구적인 정상 무역 관계를 수립하는 것에 반대했다.[18] 이들은 중국의 WTO 가입에 반대하며 싸웠고 부시 행정부가 노동 정책에 기초하여 중국의 불공정 무역에 제재를 가하라고 요청했다. 이 목적을 달성하기 위해 AFL-CIO는 2004년과 2006년에 미국무역대표부에 탄원서를 제출하여 부시에게 1974년에 제정된 통상법 301조에서 허용하고 있는 제재를 사용하라고 요구했다. 특히, 이 조항은 중국의 노동자 권리 부정 등 미국 상업에 불합리한 부담을 부과하는 무역 관행에 대해 다루고 있다. AFL-CIO는 중국 정부가 아동 노동, 최저 임금, 인권 등에 대한 법률 위반을 허용했다고 주장하며 소송을 제기했다. 미국무역대표부는 2004년, 2006년 두 번 다 청문회를 열어달라는 탄원서를 접수하지 않기로 결정했다.

중국에서 만든 제품을 거부하고자 하는 노력은 부분적으로 중국 노동자 계급이 특히 탄압받고 있으며 중국 노동 운동이 중국 정부의 꼭두각시가 되어 완전히 타협하고 있다는 생각에 입각하고 있다. 중국이 세계 무역에서 차지하는 비중에 걸맞지 않게 행동한다고 지적하는 문제와는 별도로, 역사적으로 미국 노동 운동의 이러한 방식의 접근에 대해서는 세 가지 비판을 할 수 있다.

첫째, AFL-CIO는 냉전 시기에 남반구 지역에서 진보적인 노동 투쟁을 저해했던 악명 높은 전과가 있다.[19] 실제로 AFL-CIO는 미국의 공산주의 분쇄와 제국 확장이라는 목표를 지원하는 데 적극적으로 참여해왔기 때문에 AFL-CIA라고도 불렀다.[20] 미국 노조들은 "독립 노동조합주의"라는 명목으로 오직 자신들의 노동 조건 개선에만 임무와 관심을 묶어두는 노동조합을 만들려고 하면서 전 세계의 좌파 성향의 노조들을 공격하곤 했다. 다행히도 AFL-CIO는 더 이상 냉전주의자들이 지배하지 않는다. 그렇지만 반공주의는 완전히 사라지지 않았고, 중국에 대한 분노는 냉전의 정서를 표출하는 것처럼 보이기도 한다.

둘째, 중국에 대한 미국의 주류 노동 운동의 입장은 중국 노동자에 대한 기나긴 인종주의의 역사를 가지고 있다.[21] 대부분의 노조들은 1882년의 중국인 배제법Chinese Exclusion Act을 지지했고, 특히 캘리포니아 지역의 노조들은 중국 등 아시아 지역 출신 노동자들을 극단적으로 배척했다.[22] 반反중국의 태도는 중국 노동자들을 본토박이 노동자들의 일자리를 빼앗으러 온 정체불명의 대중, 즉 '타자'로 간주하는 인종주의적 관념을 기반으로 한다. 앤드류 교리Andrew Gyory는 반중국의 관점이 모든 미국 노동자들에게 한결같이 존재했던 것은 아니었지만, 역사적으로 노동 운동 지도부에서는 반중국 정서가 만연했다고 주장한다.[23] 캘리포니아노동자당의 데니스 키어니Denis Kearney와 H. L. 나이트H. L. Knight는 1878년 "중국인은 떠나야 한다."는 캠페인을 벌였고, "캘리포니아는 모든 미국인의 것이거나 모든 중국인의 것이어야 한다. 우리는 이곳이 미국인의 것이 되어야 한다고 다짐했다. 또한 그렇게 만들기 위해 준비해왔다."고 썼다.[24]

노동 운동 지도자들의 반反중국인 공격은 냉전 시기 인종주의와 결합하여 1949년 중국 혁명 이후 더욱 강해졌고 새로운 방향으로 나아갔다. 이것이 노동 운동에서 항상 다수의 시각은 아니었지만 여전히 노동자들을 국가 경계로 갈라놓는 데에는 효과적이었다.

마지막으로 미국의 노동 운동은 일자리 상실에 대해 보호주의로 돌아서는 것으로 대응했다. 일자리 상실에 대한 두려움은 때때로 실제보다 훨씬 과장된 반면, 고용주들은 노동자들에게 규칙을 지키게 만드는 방식으로 새로운 노동자들을 데려오겠다는 위협을, 더 최근에는 해외로 일자리를 옮기겠다는 위협을 사용했다. 브론펜브레너에 따르면, 북미 자유 무역 협정(NAFTA)이 통과된 후 고용주들의 '위협 효과' 사용이 증가되어왔다고 한다.[25] '자유 무역'으로 인해 고용주들은 더욱 쉽게 미국 밖으로 일자리를 이전할 수 있게 되었고, 일자리 이전은 좀 더 심각한 위협이 되었다.

이러한 위협적이고 실재적인 일자리 상실에 대하여 노조들은 미국에서 일자리를 지키기 위해 자주 보호주의적인 대응에 의존해왔다. 최근의 보호주의적 정책 사례로는 주 정부와 지방 정부가 (모든 하청을 금지할 필요는 없지만) 공공 부문 노동의 해외 하청을 금지하도록 한 조치, 소비자들에게 콜센터 서비스 대표부가 어느 나라에 위치해 있는지를 알게 하는 "소비자의 알 권리" 법안의 통과, 고용주들에게 일자리를 해외로 이전시킬 때 3개월 전에 미리 알려주도록 하는 조치 등 노조와 일부 정치인들의 노력들이 있다.

본질적으로 유효한 다른 정책 대안이 없다는 점에서 보호주의는 노동자들과 노조 간부들에게는 합리적인 대응처럼 보이지만, 장기적인 측면에서 보호주의 정책의 결과는 치명적일 수도 있다.

노조가 직면한 더 커다란 문제는 지구적 자본주의의 동학과 지구적 자본주의가 만들어내는 세력 간의 관계에 대한 진지한 분석이 없다는 것이다. 문제의 근원은 미국 노동법, 미국의 대외 정책, 초국적 기업에 대한 제한 부족, 미국 노조들의 산업 정책 혹은 이데올로기적 비전의 부족 등 다양하다.[26] 세계 경제가 어떻게 작동하는지에 관한 광범위한 분석과 노동 운동이 살아남을 수 있는 대안적인 모델이 없다면 노조는 이러한 위기가 함께 연결되어 있는 양상에 관해서는 이해하지 못하고, 현재 일어나고 있는 각각의 위기와 지구적 발전에 임기응변으로 대응하게 될 것이다.

## 지구적 자본주의와 세력 관계

노동 운동은 지구적 자본주의의 복잡성을 이해하면서 중국을 분석할 필요가 있다. 미국과 중국의 관계는 다면적이다. 많은 미국 지도자들은 중국이 군사적 힘을 얻고 미국의 지배를 위협할 것이라고 두려워한다. 그러나 많은 기업들은 중국 시장에서 판매를 하든 저비용의 노동을 고용하든지 간에 중국이 제공하는 경제적 기회를 활용하는 데 관심이 크다. 동시에 미국 기업들이 중국이라는 의제에 대하여 완전히 동일한 태도를 취하는 것은 아니다. 다수의 소기업들은 거대한 초국적 기업들에 비해 해외로 이전할 수 있는 능력이 없으며 따라서 국내 생산을 보호하는 데 관심을 갖는다. 전미제조업협회 회의에서 이러한 기업들 간의 분열이 나타났으며, 회의 기간 동안 중국이 자국의 통화 가치를 인위적으로 낮게 유지한다고 비난하는 결의안을 통과시키자 전미제조업협회의 일부 초국적 기업들은 강하게 반대했고 조직을 떠나겠다고 위협했다.[27]

중국은 그 자체로 복잡한 나라이다. 중국은 한편으로는 외국 자본이 진입하는 데에 상당한 감독권을 행사하는 매우 강한 국가이며, 이러한 의미에서 중국은 신자유주의 모델에 도전하고 있다. 다른 한편, 시장에 대한 확고한 포용으로 인해 중국으로의 자본의 거대한 이동이 발생하는데, 이는 직접 투자에서 뿐만 아니라 하청 계약 배치의 형태에서도 나타난다.[28] 외국인 투자 측면에서 중국은 최근 몇 년간 거대한 성장을 보였는데, 2007년 소용된 외국인 직접 투자는 800억 달러가 넘는다.[29] 중국은 특히 수출 부문에서 노동력을 상당히 통제하고 있기 때문에 중국에 들어와 노동자들을 '착취'할 수 있다며 외국 자본의 환심을 사려 한다. 강한 국가와 자본주의적 발전에 대한 약속, 그리고 빠르게 프롤레타리아화하고 있는 거대한 농민층으로 인해 중국은 제조업에 특히 매력적인 장소가 되고 있다.

결국 미국과 중국의 노동자와 노조는 단일한 세력이 아니다. 미국에서 노조는 열 명의 노동자 중 한 명만을 대표할 뿐으로, 노조 지도부가 모든 노동자들을 대변하는 것은 아니다. 위에서 언급했듯이 노동 운동 내부에서조차 어떻게 중국에 대처해야 할지에 대해서 다양한 의견이 있다. 마찬가지로 중국에서도 중화전국총공회는 거대하지만 모든 노동자들을 대표할 수 없으며, 특히 초국적 기업 혹은 경제 특구에서 일하고 있는 대부분의 노동자들을 대표하는 것은 아니다. 그 결과는 노동자 계급이 분할되어 있다는 것인데, 한 국가 안에서도 그렇고 국가들 사이에서도 그렇다.

## 분할된 노동자 계급의 딜레마

서양과 중국 노동의 관계는 미국 역사에서 백인과 흑인 노동의 관계와 상당히 유사하다. 여기에는 19세기 '중국인 이민자' 문제, 피정복 대륙에서의 그리고 이민자로서의 라틴 아메리카인들에 대한 처우가 포함되며, 이는 오늘날에도 똑같이 이어지는 문제이다. 서양



중국, 자본주의를 바꾸다

과 중국 노동의 관계는 식민 강대국의 노동자 계급과 식민지의 노동자 계급의 관계와 거의 유사하다고 주장할 수도 있다. 이 식민 강대국의 노동자 계급과 식민지의 노동자 계급의 관계에서는 이 노동자 계급들이 멀리 떨어져 각자의 지역에 거주하는가 아니면 한 국가에서 공존하고 있는가는 문제가 되지 않는다. 두 노동자 계급이 한 국가에서 공존하게 된 것은 노동자 계급이 식민지에 정착했거나 각 민족들이 식민국의 노동자 계급이 이미 정착해 있는 지역에 노예, 연한年限 계약 노동자, 이주 노동자, '자유' 이민자 등으로 이주했기 때문이다.

이러한 모든 상황에는 공통적으로 다음과 같은 구조가 나타난다.

첫째, 자본가 계급은 매우 다른 상황에 놓여 있는 이 두 노동자 집단을 모두 고용한다. '우위에 있는' 노동자들은 대개 스스로를 위해 시민권을 쟁취하고 노조를 결성하며 고용주와의 관계에서 자신의 지위를 개선하기 위해 투쟁할 수 있다.[30] 식민화되거나 인종화된 노동자들은 이러한 정치적 지위를 가질 수 없다. 인종 이데올로기는 식민지 노동자들이 생물학적으로 혹은 문화적으로 열등하며 더 많이 희생당해도 된다는 신념을 포함하는, 차별 대우를 정당화하는 데 사용되는 하나의 메커니즘이다. 식민지인의 삶은 식민국 출신 이주자들이 어느 계급인가와 상관없이 식민국 출신 이주자의 삶보다 덜 중요하다고 여겨진다. 따라서 식민지인들을 위험한 노동 상황에 노출시키거나 과도하게 장시간 노동을 하게 하는 것도 용인하게 된다.

자본가들이 발전 수준이나 정복 등으로 인해 이전부터 존재하던 노동자들 간의 차이점을 이용하는 것뿐이라고 주장할 수도 있다. 또 자본가들이 식민화/인종화된 노동자들의 정치적 '허약성'을 이용하여 이러한 분할을 만들어내는 데 능동적인 역할을 한다고 주장할 수도 있다. 설령 자본가들이 분할을 주도하지 않았다 해도, 이를 정교화하거나 식민화/인종화 조건을 악화시켰는지도 모른다.

이러한 분할이 어떻게 시작되었는지와 상관없이, 자본은 분열을 이용하고 한 집단과 다른 집단이 서로 싸우게 만든다. 자본이 취하는 한 가지 형태는 좀 더 우위에 있는 노동자들이 있는 곳에서 식민화/인종화된 노동자들이 있는 곳으로 생산지를 이전하여 식민화/인종화된 노동자들이 더 낮은 임금과 더 열악한 조건에서 더 강도 높게 노동하도록 만드는 것이다. 우위에 있는 노동자들은 상생하는 조건을 만들자는 그리고 "좀 더 경쟁력을 갖추라는" 자본의 요구 속에서 일자리 상실이나 생활 수준 저하라는 상황에 처하게 됨으로써 길들여진다.

둘째, 두 노동자 계급은 서로 다른 관점을 갖고 있다. 우위에 있는 노동자 계급은 식민화/인종화된 노동자 계급을 위협으로 보는 경향이 있다. 이들은 때때로 지배 계급에 의해 조장된 인종적 열등함의 이미지를 받아들이고 동료 노동자로서의 친밀감을 느끼지 못한다. 게다가 이들은 때때로 식민화/인종화된 노동자들이 스스로 궐기하여 지배에 저항하는 용기가 부족하다고 주장하면서 비난하기도 한다.

식민화/인종화된 노동자들은 자신들을 억압하는 구조 속에서 우위에 있는 노동자 계급을 같은 편으로 간주할는지도 모른다. 하지만 식민국 출신 이주자들 간의 계급 차이는 상관없어 보인다. 이들은 모두 식민지 착취에 참여하고 이로 인해 이익을 취하는 것으로 보인다. 설령 일부 우위에 있는 노동자들이 스스로를 피착취자로 여기고 자본에 맞선 투쟁에 참여한다 할지라도 이 노동자들 모두는 신분 상승의 기회를 가지고 있는 것으로 보인다.

셋째, 좀 더 우위에 있는 노동자들은 인종화된 노동력에 자본이 접근하는 것을 저지하여 자신들의 일자리와 생활 수준을 지키기 위해 노력한다. 이러한 방법은 예컨대 19세기 말 미국과 캐나다의 서부 해안 지역에서 있었던 반중국 운동처럼 인종화된 노동자들이 노동 시장에 진입하는 것을 막을 수 있고(배제), 혹은 남아프리카공화국의 아파르트헤이트나 중국의 호구 등록 제도의 사례와 마찬가지로 인종화된 노동자들이 특정 직업을 갖지 못하게 하는 구조를 만들 수 있다(독점).[31] 직업 훈련과 취업 기회에서 독점적 지위를 차지하고 회원 가입에 인종적인(그리고 성적인gender) 제약 조건을 부과했던 직능 조합의 오랜 역사가 있다.

대안적인 방법은 식민화/인종화된 노동자들의 권리를 위해 싸우고 이들이 완전한 시민권을 얻을 수 있도록 도움으로써 연대를 추구하는 것이다. 여기서 목표는 두 노동자 계급이 자본가 계급이라는 똑같은 적에 맞서고 있다는 것을 인식하고 스스로 분열되지 않도록 서로 연합하거나 후원해줌으로써 서로 싸우지 않도록 해야 한다는 것이다. 물론 이는 처음부터 노동조합주의의 기본적인 발상이었다. 여기에는 개인뿐 아니라 집단도 포함된다. 연대의 원칙은 모든 노동자에게로 확장된다.

모든 노동자들은 기본적인 정치적 권리를 획득하여 스스로를 과도한 착취로부터 보호할 수 있어야 한다. 서로가 더 싼 임금으로 일할 수밖에 없는 처지에 몰리지 않도록 노동자들 사이의 경쟁을 제한하는 기준을 정하거나 발언권을 만들어야 하는 것이 하나의 목표이다. 노동자들은 기본급, 수당, 노동 시간 등의 문제뿐만 아니라 다양한 쟁점을 두고 경쟁할 수밖에 없을 수도 있는데, 그 때문에 노동자들은 남보다 더 싼 가격으로 일하는 것으로 실직 위협을 완화시킬 수밖에 없다.

그러나 궁극적으로 현 체제 아래에서 노동자들의 권리를 강화할 수 있는 실제 메커니즘은 존재하지 않는다. 따라서 장기적인 목표는 노동 및 기타 이익 집단(예컨대 민족 집단, 인종 집단, 젠더 집단)이 지구적 정치 경제의 규칙을 정하는 정책 결정 과정에 참여할 수 있는 권리를 획득하도록 지구적 자본주의 체제를 상당 부분 변화시키거나 아니면 조직 원리로서의 자본주의를 완전히 폐지시킬 수 있도록 노동자 계급의 힘을 키우는 것이다.

# 무엇이 시도되고 있는가? 무엇이 가능한가?

다행히도 미국과 중국의 노동자들과 노조들 중 일부가 동맹 관계와 연대를 형성하기 위해 노력 중이다. 여기에서는 국제적인 연대를 구축하기 위한 노조 간부들과 활동가들의 몇 가지 노력을 살펴보겠다.

## | 중화전국총공회와 협력하기 |

2008년까지 AFL-CIO 지도부는 거의 2억에 가까운 회원을 보유한 조직인 중화전국총공회를 인정하거나 함께 만나기를 거부해왔다. 그러나 AFL-CIO는 입장을 바꾼 것처럼 보이고 최근에는 중국을 방



중국, 자본주의를 바꾸다

문하기 위해 법무 자문 위원을 보냈다. 동시에 153개국의 1억 6천7 백만 회원을 보유한 국제노동조합총연맹(ITUC)은 2007년 12월 브뤼셀에서 투표를 한 이후 중화전국총공회와 열린 대화를 할 것이라고 선언했다.[32]

또 다른 미국의 노총인 '승리를 위한 변화'(CTW)는 이따금씩 중화전국총공회와 만났다. 가장 큰 CTW 소속 노조인 북미서비스노동조합연맹(SEIU)의 의장인 앤디 스턴Andy Stern이 2002년 AFL-CIO의 산하에 있었을 당시에 중국을 공식 방문했었는데, 이에 AFL-CIO 지도부는 매우 당황하기도 했다. 스턴 등 CTW 지도자들은 중화전국총공회 관계자들과 만나기 위해 여러 번 중국을 방문했다. 스턴은 북미서비스노동조합연맹이 중화전국총공회를 위해 조직화에 관한 세미나를 열었으며, 두 조직이 공통으로 고용주에 관한 정보를 공유하고 있다고 밝혔다.

미국의 일부 활동가들은 중화전국총공회의 한계를 인식하고 있지만 중화전국총공회와의 관계를 지속하기로 결정했다. 예컨대 UCLA의 노동연구교육센터의 책임자인 켄트 웡Kent Wong은 서양의 노동운동이 중국 노동자들의 이익을 대변하고자 분투하는 커다란 조직인 중화전국총공회를 무시할 수는 없다고 주장한다. 중화전국총공회가 정부로부터 독립적이지 않다고 비판할 수는 있지만, 여러 나라에서 노동조합이 정부로부터 독립적이지 않다는 것도 사실이다.

일부 관찰자들은 중화전국총공회가 항상 끊임없이 변화하는 조직이었고 오늘날까지도 그러한 변화하려는 경향은 지속되고 있다고 주장한다. 주드 하월Jude Howell에 따르면 중화전국총공회는 지역 노조 간부를 직접 선출하기 위한 절차에 나섰다고 한다.[33] 직접 선거에 대한 경험과 견해는 다양하지만, 광둥성의 중화전국총공회에서는 농민공의 노동자 계급의식을 좀 더 강화하고자 하는 노력의 일환으로 1986년에 이를 시험적으로 실시했다. 하월은 2004년 초 "광둥성 내 외자 기업 노조 중 3분의 1이 노동자 직접 선거로 의장과 간부진을 선출했다."고 주장한다. 대부분의 사례에서 직접 선거는 국제 NGO들과 소비자 집단의 압력으로 인한 결과였다. 이 사례들의 실제 세부 내용은 상당히 다양한데, 일부 후보자들은 경영진에 의해 선발되기도 했고 일부 후보자들은 노동자들이 추천하기도 했다.

이러한 직접 선거가 중국에서 독립 노조 운동을 일으키는 데 얼마나 큰 영향을 끼치고 있는지는 말하기 어렵다. 비판자들은 이러한 선거가 조건을 변화시키는 데 아무런 효과가 없었다고 주장한다. 그러나 직접 선거는 중화전국총공회 내 경험이 다양하다는 것을 보여주었으며, 가능한 변화의 기회를 만들어냈다. 하월은 "국제 노조 운동이 중국에 개입하지 않은 것은 역설적으로 중화전국총공회 안에서 점진적인 개혁이 이루어지는 데 공헌했다."고 결론 내린다.

내부 변화 때문인지 아니면 다른 이유에서인지 2006년과 2007년 중화전국총공회는 중국에 있는 미국 다국적 기업에 대해 대규모 조직화 운동에 착수했고, 그 결과로 70개의 월마트 매장과 400개가 넘는 맥도널드와 KFC 매장에서 노조가 만들어졌다. 애니타 챈Anita Chan에 따르면 월마트에서의 노력에는 자발적인 조직화 운동의 성격이 있으며, 일부 월마트 종업원들은 노조 건설을 지지하고 노동자 위원회를 설립하기 위해 비밀리에 동료들과 만나기 시작했다고 한다.[34] 다른 한편으로, 아래로부터의 조직화 동력이 하향식으로 바뀌면서 많은 부분에서 실제 노동자들의 지지와 참여는 거의 없었다.

그러나 일부 월마트 매장에서 노동자들이 조직을 만든 증거들은 있다.[35]

일부 미국 노동 운동 활동가들은 여전히 낙관적인 편이다. 켄트 윙은 미국의 노조 간부들이 중국을 방문하고 중국의 노조 간부들을 미국으로 초청하기 위해 많은 노력을 기울였다. LA카운티노동조합연맹 의장인 마리아 엘레나 두라조Maria Elena Durazo는 2007년 중국을 방문한 뒤 상하이시 총공회와 공식적인 자매 도시 관계를 맺었다.

중화전국총공회가 노동자들의 자발적인 조직화를 허용하지 않는 정부 통제 기관이기 때문에 여전히 중화전국총공회와의 교류를 강하게 반대하는 비판자들도 있다. 국제노동조합총연맹이 2007년 12월 중화전국총공회와의 공개 대화를 표결에 부쳤을 때, 홍콩노총, 폴란드의 자유노조연대인 솔리다르노시치Solidarnosc, 네덜란드노동조합연맹의 반대에 부딪혔다.[36] 제네바에 있는 세계노동연구소Global Labor Institute 소장인 댄 갤린Dan Gallin은 중화전국총공회와의 공식적인 관계가 중화전국총공회를 정당화해주고 실제 변화를 이끌어내지 못하기 때문에 실제로는 진정한 조직화를 방해할 수 있다고 주장한다. 갤린은 홍콩노총과 『중국 노동 회보』의 말을 빌려, 중화전국총공회가 이미 1990년대부터 전 세계적으로 수많은 노동조합원들의 공식 방문을 접대해왔지만, 이러한 수많은 공식 관계에도 불구하고 중화전국총공회 내부는 전혀 변하지 않았다고 지적한다.[37]


## 아래로부터의 조직화

또 다른 활동가들은 중화전국총공회의 개방 가능성에도 불구하고 좀 더 다른 방식의 노동 조직화가 중국에서의 변화 그리고 아마도 미국과 중국 간의 노동자 관계에서의 변화를 이끌어낼 수 있을 것이라고 생각한다. 이러한 다른 방식의 노동자 조직화로는 중국 노동자들을 위해 활동하는 독립 NGO를 발전시키고자 애쓰는 풀뿌리 조직들과의 협력 등이 있다. 중국 대륙에서 독립적인 노동자 조직은 불법이기 때문에 이는 매우 어려운 일이다. 그러나 홍콩에는 NGO를 위한 정치적 공간이 좀 더 많이 보장되어 있기 때문에 기회가 닿는 한 대륙 노동자들과 협력하고 있는 중국여성노동자네트워크(CWWN)와 같은 조직들이 있다. 일부 NGO들은 미국 노조로부터 업무 추진을 위한 재정 지원을 받아왔다. 한동안 CWWN은 노동자들이 스스로의 권리를 배울 수 있도록 광동성의 사업장을 방문하는 버스를 지원하기도 했다.[38] 그러나 지방 공안과 중국 당국이 이런 활동에 대해 허용하는 수위는 항상 유동적이다.

오랫동안 노조 활동가이자 학자로 활동해온 케이티 콴Katie Quan은 조직 간의 연대뿐만 아니라 "1970년대 핑퐁 외교" 모델에서 벗어나 "개인 대 개인의 관계"를 발전시키는 것도 중요하다고 주장한다. "연구 조사, 언론 보도, 기타 공적 정보의 보급"의 증가뿐만 아니라 노동자들 간의 관계를 통해서 더 커다란 협력의 토대를 만들 수 있을 것이다.[39] 이를 위하여 학자들과 언론인들은 중국의 노동 상황에 관한 정보 수집을 돕고 있다. 중국 노동자들을 기업의 인권 침해의 수동적인 희생자라고 여기는 일부 견해에도 불구하고, 전국에 걸쳐 정기적으로 발생하는 대규모의 저항이 있으며, 이런 저항이 증가하고 있는 것으로 보인다.[40] 1990년대 중반에 중국에서는 매년 평균 1만여 건의 작업장 내 시위가 있었고, 2005년 한 해 동안에는 9만 건이 넘었다.[41] 또한 노동법을 위반하는 고용주들에 대한 노동자들의 불만이 쌓여갔고 개인적 집단적 노동 분쟁이 매년 수만 건에 이르렀다. 미국 노조원들이 중국의 이러한 아래로부터의 노동자 조직화를 직접 지원할 수 없었지만, 이러한 정보 교환은 노동법 개혁을 위한 협력의 토대를 만드는 데 도움이 되었다. 중국은 1994년 노동법 초안을 통과시켰지만 여러 차례 수정 과정을 거쳤다. 2006년에는 농민공과 단기 계약 노동자의 권리를 상당히 개선하는 새로운 법 조항의 초안이 만들어졌다. 미국상공회의소의 주도하에서 초국적 기업들은 즉각 법안을 공격했으며, 중국 정부가 이러한 변화를 거부하지 않는다면 자본 이탈에 직면할 것이라고 말했다.

활동가들은 반격했다. 활동가들은 미국과 유럽의 언론을 통해 발언을 했으며, 중국 인민에게 봉사하기 위해 중국에 진출했다고 주장하지만 실제로는 노동자 권리에 맞서 싸우고 있는 기업들의 위선을 부각시켰다.[42] 미국의 전 노조 조직가인 엘런 데이비드 프리드먼 Ellen David Friedman은 중국의 주요 노동법 학자 중 한 명인 리우청劉誠 교수의 순회강연을 조직하는 것을 도왔다. 리우청 교수는 전국을 돌며 노조, 학계, 법률가들과 대화를 나눴다. 미국 활동가들은 기업들이 한 발 물러설 것을 촉구하도록 의회에 압력을 넣고자 힘을 모았다. GE에서 몇몇 노조들은 노동자들을 대표하여 GE가 중국에서 법안에 대한 이의 제기를 중단하라고 성공적으로 압박을 가했다. 2008년 1월에 효력을 발휘하기 시작한 최종 법안은 초안보다는 좀 후퇴했지만 계약 노동자들을 위한 새로운 권리가 포함되었다.

이러한 사례는 미국 노동 운동이 중국에서의 노동자 권리를 개선하기 위한 노력을 기업과 정부가 지지하게 혹은 최소한 방해하지 않게 함으로써 어떻게 미국 내에서 중국 노동자들과 연대할 수 있는지를 보여준다.

## 스웻샵 반대 운동과 기업의 사회적 책임

　서양 활동가들은 소비자 불매 운동과 브랜드 신뢰 상실이라는 위협을 사용하여 초국적 기업들이 전 세계의 노동관계를 개선하도록 압력을 넣는 캠페인을 벌여왔다. 노동권콘소시엄Workers Right Consortium과 같은 독립 NGO들은 공급업체들을 감시하는 일을 했다. 이러한 노력은 미국의류호텔노조UNITE HERE와 미국철강노조United Steelworker 같은 일부 미국 노조들에게서 상당한 지지를 받아왔다.

　또한 많은 기업들이 해외 공급업체들을 감독하기 위한 자체 감시 프로그램을 만들었다. 기업의 사회적 책임(CSR)이란 다양한 활동을 포괄하는 광범위한 용어이지만, 노동관계와 환경적 실천의 측면에서 사회적으로 책임 있는 활동에 나서는 기업의 노력을 의미한다. 일각에선 이를 두고 "고양이에게 생선 가게를 맡긴 격"이라 주장하였으며 기업들이 시도해온 다양한 프로그램에 대해 수많은 비판들이 있었지만,[43] 기업들은 이러한 압력을 완전히 무시할 수 없었으며, 중국 공장 내 노동자 조직화를 지원하려 한 리복의 노력처럼 때때로 상당한 변화를 만들어내기도 했다. 이제는 대부분의 대형 초국적 기업 브랜드가 기업 행동 강령을 갖추게 되었으며, 반反스웻샵sweatshop* 활동가들이 제기하는 문제들을 해결하는 일을 맡는 직원도 생겼다. 이러한 활동은 일부 기업에서는 수십 명의 직원과 수십만 달러의 예산이 들어갈 정도로 중요한 부분을 차지한다.

---

* **스웻샵** 열악한 환경에서 저임금으로 노동자를 착취하는 공장

여러 측면에서 스웻샵 반대 운동과 기업의 사회적 책임 캠페인의 최종적인 성과물은 유사하다. 이 성과물은 기업의 활동과 관련한 기업 행동 강령이다. 그러나 브랜드 이미지를 염려하는 기업의 노력과 노동자의 권리에 관심을 갖는 활동가들의 노력은 구분되어야 한다. 현장에서의 활동이 종종 비슷해보일지라도 이 두 가지 노력의 동기와 목표는 다르다.

기업의 사회적 책임은 활동가들과 경제학자, 기업 경영진 사이에서 치열한 논쟁을 일으키는 주제였다. 일반적으로 기업의 사회적 책임의 가치에 대해서는 다양한 의견이 있었지만, 대부분의 논평자들은 중국에서는 기업의 사회적 책임이 아주 약간 진척되었을 뿐이라고 결론짓는다. 중국에서의 이러한 실패는 부분적으로는 나라와 노동력의 거대한 규모 때문이며 브랜드 제품 업체, 소매업체, 공장, 하청업체 사이의 복잡한 관계 때문이기도 하다. 결국 중국에서는 중화전국총공회, 지방 공안 등의 세력들과의 관계를 조정해야 하는 수많은 문제가 있었고 이로 인해 노동자들의 권리를 요구할 수 있는 기회는 때때로 지연되었다.[44]

## 공급 사슬 캠페인의 가능성

아직 시도되지는 않았지만, 또 다른 방법은 공급 사슬 캠페인의 개념을 발전시키는 것이다. 특히 중국(그리고 다른 아시아) 생산 노동자의 이해관계를 미국(그리고 다른 서양)의 유통 노동자, 특히 판매 노동자들뿐만 아니라 물류 부문, 즉 수송과 창고 관리에 종사하는 노동자들과 결합시키는 것이다. 이 두 집단은 모두 지구화로 인해 곤란을 겪어왔기 때문에 서로 협력해야 하는 공통의 이유를 찾을 수 있을지 모른다. 이렇게 협력할 때 미국 노조들은 "가난한 중국 노동자들이 조직화의 방법을 배울 수 있도록 도와줄 것"이라고 생색을 내는 착각에 빠져서는 안 된다.

거대 소매업체인 월마트와 같은 동일한 초국적 기업에서 일하는 생산 노동자들과 유통 노동자들은 지구적 물류 시스템 내부의 결점과 취약성을 이용할 수도 있다. 사실 현재 이 시스템에서는 적기 생산 방식을 기반으로 상품이 이동하고 있기 때문에 기업들은 재고품을 줄여 운송 비용을 절약할 수 있다. 게다가 지구적 공급 사슬은 제품들이 선박과 항공기와 기차에 의해 장거리로 운반되는 "긴 공급선"을 의미한다. 보나시치와 윌슨Wilson이 설명했듯이 "공급선이 길어질수록 불만에 찬 노동자들이 이 공급선 사이에서 저항할 수 있는 기회가 더 많아지며, 이로 인해 화물 운송의 속도는 느려진다."[45] 더욱이 이 공급선에서 상품은 주요 항만 등과 같은 관문을 통과해야 한다(예컨대 로스엔젤리스와 롱비치 항구는 컨테이너로 수송되는 미국 전체 수입 상품의 40%를 차지하며 중국에서 수입되는 물품의 비중은 이보다 더 높다).

보나시치와 윌슨은 공급 사슬 조직화에 대하여 좀 더 상세한 제안을 하고 있다.[46] 여기에서는 이러한 논의와 가장 관련이 있는 공급 사슬 조직화에 필요한 몇 가지 핵심 사항에 초점을 맞출 것이다. 첫째, 지구적인 노동자 운동은 독립 노조를 만들려고 하는 어느 곳에서든 계속해서 노동자의 권리를 주장해야 한다. 중화전국총공회와 관계를 맺을 때에도 노동자들과 그 지지자들은 이를 목표로 삼아야 한다. 둘째, 노동은 지구적 발전 계획의 개발에 참여해야 한다. 이를 위해서는 노동자 조직들 간의 대화뿐만 아니라 시민 사회와의 끊임없는 대화도 필요하다. 셋째, 이러한 지구적 발전 계획에는 국제적인 투자 규범을 재조정하고 IMF나 세계은행을 비롯한 신자유주의 기구를 개혁하거나 폐지하기 위한 노력이 포함되어야 한다.

보나시치와 윌슨은 어떤 식으로 미국 노동자들이 남캘리포니아에서 지구적 공급 사슬의 조직화 권리를 위해 노력할 수 있을지에 관해 여러 아이디어를 내놓았다. 이는 공급 사슬의 다른 한 편에 있는 중국 노동자들과 협력하기 위한 굳건한 토대를 만드는 데 도움이 될 것이다.

## 지구적 노동자 연대의 모색

의심의 여지 없이 중국은 세계 경제에서 주요 행위자로 떠올랐다. 많은 미국의 관찰자들은 중국의 급속한 성장, 거대한 인구와 노동력, 낮은 임금에 대하여 한편으로는 감탄하면서 한편으로는 두려워해왔다. 중국의 지구적 경제로의 진입이 무언가 근본적으로 새롭고 독특한 것을 의미한다기보다는 이미 일어나고 있는 경향을 강화해온 것처럼 보인다 해도, 이는 매우 중요하다고 우리는 주장한다. 중국의 규모와 정치 경제는 여전히 중국이 주요한 자본 투자 지역이 될 수 있는 조건들을 창출해왔다. 이러한 의미에서 중국은 전 세계적으로 노동자들의 노동 조건에 대해 영향력을 갖고 있다. 다른 한편, "미국 대 중국"이라는 틀은 현재의 동학을 이해하거나 실행 가능한 조직화 전략을 마련하는 데 도움이 되지 않는다.

미국의 노조들은 중국 노동자들과 연대하고 관계를 맺는 방법을 찾아야 한다. 지구적 자본주의가 만들어낸 문제들은 단체 협약만으로는 해결될 수 없다. 이 문제들과 관련한 게임의 법칙은 많이 바뀌어야 한다. 이를 성취할 수 있는 유일한 방법은 변화를 강제할 수 있는 사회적 권력을 발전시키는 것이다. 지구적 노동은 이러한 권력의 행사에서 핵심적인 협력자가 될 수 있고, 또 되어야 한다.

위에서 나열한 전략들은 소규모의 초기 조치에 해당한다. 이러한 시도 가운데 어떠한 것도 아직은 의미 있는 관심을 끌지 못했다. 어떤 것은 완전히 실패할지도 모른다. 협력의 초기 단계에서 폭넓은 실험이 필요할지도 모른다. 그러나 위에서 언급한 그 어떠한 전략을 추구할 때도 그 목표가 (직접 고용이든 하청 계약이든) 문제가 되고 있는 초국적 기업 노동자들의 상황을 개선하는 데에 그쳐서는 안 된다. 오히려 초국적 자본과의 관계에서 노동자 계급 전체를 위한 권력을 쟁취하는 데 초점이 맞춰져야 한다. 지구적 경제가 더 이상은 기업 자본과 자본을 후원하는 국가에 의해서만 운영될 수 없다고 요구하는 것은 매우 중요한 사안이다. 중요하게는, 노동을 포함하여 모든 중요 사회 부문들이 민주적으로 참여할 수 있도록 전 세계의 정치 경제를 개방하는 것이 필요하다.



중국, 자본주의를 바꾸다

# 세계 노동 소요의
# 진원지로 떠오르는 중국

**비벌리 J. 실버 & 장루**

자본이 가는 곳에 갈등이 따라간다

자본의 대응과 중국의 경우

세계의 노동자들과 중국의 노동자들

중국 제조업의 급속한 성장이 북반구와 남반구 모두에서 노동자들의 집단 저항 능력의 종말을 고했다는 것은 지구화에 관한 각종 문헌에서 공통된 주제이다. 이 주장에 따르면, 값싸고 잘 훈련된 중국 노동력의 거대한 저수지가 동원되면서 "바닥으로의 경주"가 고삐 풀린 듯했으며, 노동자의 힘과 복지가 끝없이 추락하게 되었다.

자본 이동성이 곧바로 바닥으로의 경주를 초래한다는 테제는 각종 문헌들에서 유행하고 있지만 이론적-경험적 근거에는 의심의 여지가 있다. 오히려 역사적 유형을 살펴보면, 자본은 더 싸거나 더 유순한 노동을 찾기 위해 반복적으로 지리적 재배치를 해왔지만, 결국 새로 선택한 각 생산 장소에서 새로운 노동자 계급과 반복되는 노동-자본 갈등을 빚어왔다. 19세기 말과 20세기 초에 영국에서 시작된 지구적인 직물 대량 생산의 확산[1]이나 20세기 후반에 미국에서 시작된 자동차 대량 생산의 확산[2]의 역사를 보면, 반복되는 유형은 뚜렷하다. 간단히 말해 바닥으로의 경주라는 테제와 반대로 우리의 대항 테제는 자본이 가는 곳에 곧바로 노동-자본 갈등이 따라간다는 것이다.

# 자본이 가는 곳에
# 갈등이 따라간다

당대 중국 사례를 살펴보면, 이러한 대항 테제의 근거가 되는 경험적 증거들을 발견할 수 있다. 1990년대 중반 이후 중국으로의 자본의 거대한 이동과 노동 상품화의 가속화로 인해 중국에서 노동 소요는 계속 증가해왔다. 중국 정부의 공식 통계에 따르면, 집단 시위는 1993년에 1만 건, 관련 시위자 73만 명에서 2003년에 6만 건, 관련 시위자 3백만 명 이상으로 증가했다. 게다가 노동자들이 노동중재위원회에 제소한 사건 수는 1994년 한 해 동안 8만 7천 건에서 2003년에는 80만 건 이상으로 꾸준히 증가했다.[3]

1990년대 후반에 발생한 대다수의 대규모 노동자 시위는 국유 기업에서 면직된 노동자들이 일으킨 것이다. 1994년 국제 경쟁의 흐름에 맞는 생산 과정을 도입하려는 시도의 일환으로 기업의 구조 조정 법안이 통과되면서 국유 기업들은 대량 해고를 할 수 있게 되었다. 이는 마오쩌둥 시기에 만들어진 도시 노동자 계급의 기존 생존 수단과 생활 방식에 대한 공격으로 여겨졌다. '철 밥그릇' 생계 보장을 깨부수자 "중국의 러스트 벨트rustbelt*"에서 공장 점거와 거리

---

* **러스트 벨트** 사양화된 공업 지대

  중국, 자본주의를 바꾸다

시위의 물결이 이어졌다.[4] 달리 말해서, 이는 슘페터Schumpeter가 말하는 "창조적 파괴" 과정의 "파괴적인" 결과에 대한 노동자들의 저항이었으며, 노동자 계급과 노동자 공동체의 토대가 "해체되고" 있기 때문에 발생하는 소위 폴라니식 저항이라고 부르는 것과 관련이 있다.[5]

1990년대 후반에는 농촌에서 연해 지역으로 온 젊은 이주 공장 노동자들의 공개적 저항의 징후들이 거의 없었다. 이 이주 노동자들은 일반적으로 중국 농촌 지역에서 뽑히길 기다리고 있는 고갈되지 않는 값싼 노동 공급원으로 생각되었다. 이에 따라 대부분의 관찰자들은 이 이주 노동자들이 자신들의 임금과 노동 조건을 위해 공개적으로 저항하기까지는 (설사 저항이 있다고 하더라도) 기나긴 시간이 걸릴 것이라고 예측했다. 하지만 2004년 중국의 번창한 주장강 삼각주 지역의 공장들에서 "전례 없는 연속적인 〔파업〕과 쟁의"가 발생하게 되자, "외국과 중국의 공장 소유주들도 크게 당황했을" 뿐만 아니라,[6] 바닥으로의 경주가 촉발되고 있다는 지배적인 담론에도 직접적인 문제 제기가 되었다. 실제로 중국으로의 자본 이동으로 인해 점차 전투적으로 변해가는 새로운 노동자 계급이 형성되었으며, 이는 창조적 파괴 과정의 "창조적인" 측면의 결과라고 할 수 있다.

많은 관찰자들이 중국의 증가하는 노동자 저항을 지역화된, 정치적으로 무관심한 "세포화된" 행동주의라고 치부하지만,[7] 우리는 이런 주장들이 이러한 투쟁 유형의 잠재적인 영향력을 과소평가하는 실수를 저지르고 있다고 평가한다. 실제로 『빈민 운동Poor People's Movements』에서 프랜시스 피븐Frances Piven과 리처드 클로워드Richard Cloward의 핵심적인 이론적 통찰은 정확히, 이러한 운동의 많은 성과들은 주로 국가 권력에 포획되어 있는 공식 조직의 설립에서 나온 것이 아니라는 사실이다. 이 성과들은 권력자들이 아래로부터의 광범위하고 강도 높은 "자생적인" 중단 행위와 "통치 불가능성"의 위협에 대응하여 어쩔 수 없이 양보한 결과이다.

중국이 계속해서 1990년대 중반부터 걸어온 발전 경로를 따라갔다면, 실제로 세기 전환기에 (농촌 지역에서의 토지 권리와 환경 악화를 둘러싼 사회 갈등의 확대와 더불어) 창조적 파괴 과정의 양 측면에서 발생하는 지역화된, 정치적으로 무관심한 자생적 노동자 투쟁의 증대로 인해 '위급한 통치 불가능성'이라는 유령이 나타나기 시작했을 것이다. 이러한 두려움은 중국 중앙 정부가 우선 수사적 차원에서, 그리고 이후에는 구체적인 사회 정책 속에서 중요한 변화의 도입을 추진하게 된 주요 요인 중의 하나였다. 2003년과 2005년 사이에 중국공산당과 중앙 정부는 어떤 대가를 치르고서라도 외국 자본을 끌어들이고 경제 성장을 촉진한다는 외곬의 강조에서 벗어나, "조화사회" 추구의 일환으로 계급 간, 지역 간의 불평등 감소를 목표로 하는 "새로운 발전 방식"이라는 발상을 고취하기 시작했다.[8] 이와 마찬가지로 공식 노조인 중화전국총공회는 늘어나는 소요와 잠재적인 "사회 불안정"에 관심을 갖고서 2003년에 "노동자의 권리 보호 우선"을 위해 헌장을 개정했다.[9] 2007년 후진타오는 "노동자들의 합법적인 권리와 이익" 보호의 중요성에 관한 연설을 하기도 했다.[10]

또한 2007년에는 수사 수준을 넘어서는 변화가 이루어지고 있다는 것이 더욱 분명해졌다. 가장 중요한 구체적 징후는 2008년 1월 1일에 효력을 발휘하기 시작한 새로운 노동계약법이었다. 새로운 법안에서는 무엇보다도 특별한 이유 없이도 노동자를 고용하고 해고

할 수 있었던 고용주의 권리에 상당한 제한을 두어 고용 안정성을 향상시켰다. 또한 법안에서는 노조의 역할을 강화했다. 2008년 5월에 효력을 발휘하기 시작한 새로운 중재법에서는 노동자들이 소송 비용 없이 고용주에 맞서 소송을 제기할 수 있게 해주었다. 그리고 2006년에 중화전국총공회는 중국 매장의 공식 노조 설립을 허용하지 않는 월마트에 불만을 갖고 사상 처음으로 월마트 매장에 있는 기층 노동자들을 동원하기 시작했다. 이는 널리 알려진 (그리고 결국 성공한) 캠페인인데, 중화전국총공회는 이를 중국의 다른 완강한 작업장에서 실질적인 노조를 설립할 수 있게 하는 하나의 모델로 크게 선전하였다.[11]

또한 새로운 노동계약법을 중앙 정부가, 그리고 결과적으로 대기업의 고용주들이 심각하게 받아들였다는 증거가 있다. 중국 소유의 기술 분야 대기업인 화웨이가 장기 근속자들을 위한 종신 고용 보장 조항을 회피하기 위한 술책으로 회사에서 근무한 지 10년 이상 된 모든 노동자들에게 자발적으로 퇴직한 뒤 새로운 고용 계약서에 서명하라고 요구했을 때, 중앙 정부에서는 이러한 행동을 중단하라고 개입했고, 대중 매체에는 회사에 대한 부정적인 평판이 가득했다.[12] 2008년 1월 한 대형 자동차 부품업체에서 공장 전체에 임시직 노동자들을 사용하려 했는데, 이 계획은 새로운 노동계약법 조항과 상충될 것이라는 우려 때문에 취소되었다.[13]

2008년 2월 『월스트리트 저널』은 중국의 노동자들과 고용주 간의 새로운 힘의 균형을 지적하기도 했다. 『월스트리트 저널』은 고용주들의 견해를 요약하면서 새로운 법이 "피고용인들의 협상력을 끌어올렸으며 노동자들의 권리 의식을 키웠고" 더 높은 생산 비용의 새

시대를 이끌었다고 결론지었다.[14]

여기서 2008년 중국의 노동계약법과 1935년 미국의 전국 노동관계법(와그너법) 간의 유사점을 알아보면 유익할 것이다. 두 사례 모두에서, 정부는 한편으로는 노동 소요 증가에 의해 야기되는 사회 불안정의 위협에, 다른 한편으로는 어느 정도 시작된 "과소 소비 위기"에 의해 야기된 경제 불안정의 위협에 대응해왔다. 두 사례 모두에서, 새로운 법은 노동 소요를 형식적인 법적 (정례적) 메커니즘 속에 포함시켜 노동자 권리의 명시와 확대를 추구했다.[15] 미국의 전국 노동관계법이 1936~1937년 전국적인 주요 파업 물결의 촉매가 되었고, 그 파업 물결이 미국의 산업 관계 환경을 근본적으로 바꾸어놓으면서 노동자들이 고용주들의 비타협적인 태도에 맞서 자신들의 권리를 위해 일어설 수 있는 용기를 얻었다는 사실을 우리는 안다. 마찬가지로 2008년 노동계약법이 중국의 노동 투쟁 물결의 촉매 역할을 하게 될 것이라고 예측하는 것은 개연성이 있다. 특히 고용주들이 법을 회피하려 하거나, 너무 많은 사건 부담으로 인해 중재 시스템이 노동자들의 고충을 바로 해결해줄 수 없게 되면 노동자들은 직접 행동에 나서게 될 것이다.

요컨대 절대적인 숫자(측정 가능한 공개 소요) 측면에서 그리고 지구적 자본주의의 동학과 미래의 행로에 대한 영향력 측면에서, 중국은 세계 노동 소요의 진원지가 되고 있고 앞으로 십 년 동안 점점 더 그 진원지가 될 것이라는 결론에는 설득력이 없지 않다. 다음 절에서는 일련의 더 심화된 분석틀을 통해 이러한 노동 소요가 중국 안팎의 노동자들과 세계 자본주의의 궤적에 미칠 영향을 평가할 것이다.

# 자본의 대응과
# 중국의 경우

역사적 자본주의의 동학에 관한 분석을 통해 "자본이 가는 곳에는 갈등이 따라간다."고 예측하였다면, 이 똑같은 분석을 통해 자본가들이 중국의 노동 소요와 비용 증가에 어떻게 대응할지도 어느 정도 예측 가능하다. 예컨대 지난 150년간 자본은 좀 더 싸고 유순한 노동을 찾는, 생산의 지리적 재배치("공간 재정립")를 통해 그리고 생산 과정의 기술적/조직적 변화 도입("기술 재정립"[16])을 통해 노동 소요에 대응해왔다. 이러한 일반적인 이론적 통찰은 현대의 지구적 동학을 이해하기 위한 비판적 분석 도구를 제공한다. 그러나 일반 이론의 기계적 적용으로 충분한 경우는 없을 거라는 점 또한 분명하다. 이 절에서는 지구적 자본주의의 현재 경향을 좀 더 잘 파악하기 위하여 이론을 역사적/지리적으로 착근시킬(구체화시킬) 것이다.

### | 공간 재정립 |

노동 집약적인 제조업에서 공장 소유주는 임금이 더 낮은 생산 장소를 찾는다는 것에는 널리 알려진 일화적 증거가 있다. 『월스트리트 저널』에 따르면, 광둥과 주장강 삼각주 지역에서 비용 구조가 변하자 공장 소유주들이 "중국 내륙의 더 깊숙한 새로운 지역"에 투자하거나 아니면 베트남이나 방글라데시같이 "더 낮은 임금 수준의 가난한 나라들"로 향하게 되면서 "전 세계적인 파급 효과가 일고 있다."[17] 장루는 중국의 주요 자동차 부품 공장 7군데에 대한 집중적인 현장 조사를 통해, 중앙 정부의 발전 계획에서는 선별된 도시로 자동차 생산을 집중하려 하지만, 자동차 회사들은 자동차 산업 투자를 유치하려는 지방 정부들 간의 경쟁과 중국 내 여러 지역 노동력의 (실제 혹은 인지된) 비용 및 유순함 차이를 모두 보고 나서 새로운 지역에서 생산 공장을 짓고 있다는 것을 알게 되었다.[18]

다른 후발 산업국(예컨대 1970년대와 1980년대의 브라질과 남아프리카공화국)에 강력한 노동 운동이 나타났을 때, 이 나라들은 거대한 자본 탈출과 탈산업화를 경험했다. 예컨대 자본이 브라질 안팎에 있는 새로운 지역으로 달아남에 따라 (브라질 노동 운동의 심장부인) 상파울루 근교 공업 지역에서는 대량 해고가 발생했다. 브라질 노동 운동에서 이러한 "공간 재정립"의 영향을 보여주는 하나의 지표는 상파울루 외곽 지역의 금속노조 회원이 감소했다는 것인데, 1987년 202,000명에서 1992년에는 150,000명으로, 1996년에는 130,000명으로 줄어들었다.[19]

브라질의 경험은 중국의 미래 동학과 유사하다고 생각할 만한 적절한 유비類比인가? 한편으로 중국의 노동 소요가 1980년대 중반 브라질의 노동 소요 규모나 강도에 아직 미치지도 않았는데, 우리는 이미 자본 재배치의 증거들을 보고 있다. 하지만 다른 한편으로 중국에서 거대한 자본 탈출이 일어나지 않을 것이라고 생각되는 충분한 이유들도 있다. 다른 논의들에서 찾아볼 수 있듯이[20] 값싼 노동은 중국에 투자하게 되는 동기 중 일부분이다. 오히려 계획된 산업 단지와 네트워크가 제공하는 집적 경제, (상당 부분 마오쩌둥 시기에 이루어진 공중 보건과 대중 교육 투자의 유산인) 건강하고 잘 교육된 노동력, 잘 발달된 운송과 물류 기반 시설, 내부 시장의 규모 등은 노동 비용이 상당히 상승하더라도 자본이 남아 있으려고 하는 강력한 동기들이다. 실제로 중국에서 노동자의 임금이 상승한다면, 시장 규모도 커질 것이고 중국에서의 시장 지향적 투자는 훨씬 더 매력적이 될 것이다.

물론 중국 내부로의 재배치는 중국 시장에 대한 접근에 위협이 되지 않는다(2차 세계 대전 이후 미국에서 제조업이 북부 주에서 남부 주로 대규모 재배치됨으로 인해서 미국 시장에 대한 접근이 위협받은 것보다도 더 위협적이지 않다.). 중국의 핵심적인 노동 법안은 (지방 수준이라기보다는) 전국 수준에서 적용되기 때문에, 자본 재배치의 주요 결과로 (중국 내부에서) 일국 내의 바닥으로의 경주가 발생하기보다는 새로운 투자 지역의 소득이 늘어나 중국 내부의 지역 간 불평등이 감소할 수 있다. 실제로 장루가 연구한 자동차 회사들 가운데 하나는 중국에서 임금이 높은 지역(노동자들이 "요구가 많다."는 평판이 있는 곳)에 생산 기지가 있었는데, 임금이 더 싸고 좀 더 유순한 노동자들로 평판이 나 있는 다른 성省에 새로운 공장을 세웠다. 새로운 공장이 가동된 직후, 이른바 유순한 이 노동자들은 생산 라인의 속도, 전제적인 경영 결정, 그리고 자신들의 임금이 원래 생산 지역의 노동자들보다 낮다는 사실에 대해 항의하기 위해 파업을 일으켰다.[21]

게다가 "자본이 가는 곳에 갈등이 따라간다."는 테제는 값싼 노동을 찾는 새로운 투자의 최신 선호 지역—베트남—에서 생생하게 확인된다. 대만 언론에서는 2007년과 2008년에 베트남의 외국 기업들을 강타한 "파업 폭발"에 관한 기사들을 발견할 수 있다. 보도에 따르면, 파업 상황이 점점 "악화되고" 있고 파업의 결과가 노동자들에게 매우 유리하다고 여기는 "대만 기업가들"(중국에서 규모가 가장 큰 해외 투자자들) 사이에서 "근심"이 점점 커지고 있다고 한다.[22]

한 세기가 넘는 동안 강력한 노동 운동에 대한 자본의 주요한 대응 중 하나는, 노동력의 협력에 대한 의존성을 줄이고 임금 총액을 줄일 수 있는 새로운 형태의 노동 절약형 기술을 찾아 나서는 것이었다. 후발 산업국들은 노동 과잉 경제labor-surplus economy로 작동하고 있는데도 가능한 한 가장 선진적인 (노동 절약적) 기술을 도입하려는 경향이 있다. 기술과 노동 과잉의 이러한 부조화는 노동자들의 시장 협상력을 약화시킨다.

현대 제조업의 약한 노동 흡수력은 오늘날 중국에서 뚜렷하게 나타나고 있다. 지난 20년간 산업 생산량이 크게 증가했는데도 제조업의 고용은 1990년대 중반 이후로 근본적으로 침체되어왔다. 그림 9.1은 중국 자동차 산업의 이러한 실태를 보여준다. 1992년 1백만 대였던 생산량이 2006년 7백만 대 이상으로 증가한 반면, 자동차 산업의 고용은 거의 그대로 유지된다. 이러한 결과는 선진 기계 수입, 생산 조직 내 테일러주의적 생산 방식 및 린 생산 방식 도입과 함께 이루어진 국유 기업의 "군살 빼기leaning out" 때문이다.[23]

한 가지 중요한 쟁점은 결과적으로 약해진 노동의 시장 협상력을 강력한 (구조적/파괴적) 작업장 협상력이 상당 부분 보충해주고 있는가에 관한 것이다. 여기서 말하는 작업장 협상력은 긴밀하게 통합된 생산 과정, 즉 하나의 국지적인 공정에서만 생산이 중단되어도 그 중단 자체보다 훨씬 더 큰 규모의 혼란이 발생할 수 있는 생산 과정에 얽혀 있는 노동자들로부터 나오는 협상력이다. 중국 노동자들의 작업장 협상력에 관한 면밀한 분석은 이 장의 범위를 넘어서는 것이지만, 현장 조사의 증거에 따르면 적어도 일부 대량 생산 영역

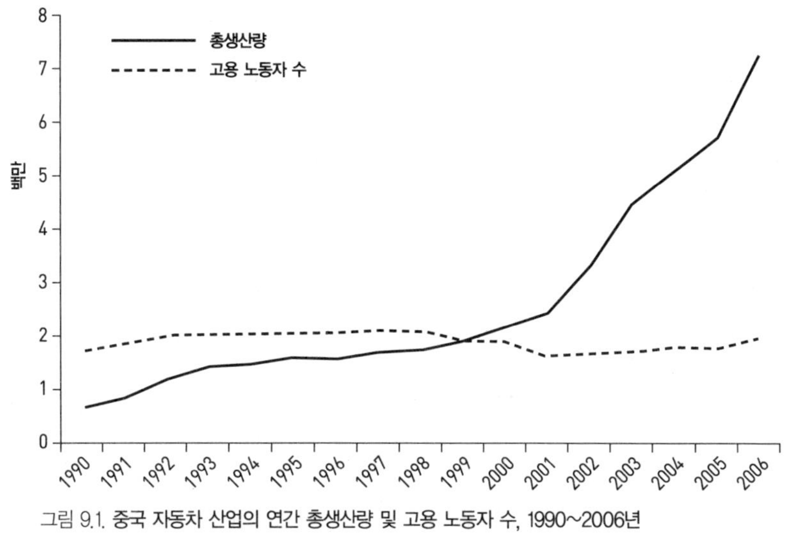


그림 9.1. 중국 자동차 산업의 연간 총생산량 및 고용 노동자 수, 1990~2006년

의 노동자들은 상당한 작업장 협상력을 갖고 있는 것으로 보인다. 장루가 조사한 한 자동차 부품 회사의 사례를 들어보면, 이 회사는 노동자와 경영자 간의 관계가 매우 좋지 않았는데도 "적기" 생산 방식을 도입하려 했었다. 다른 곳에서도 지적했듯이[24] 적기 생산은 노동의 잠재적인 작업장 협상력을 높인다. 적기 생산은 파업이나 조립 라인의 부품 흐름이 잠시 중단되는 사건이 일어나더라도 계속 생산이 진행될 수 있도록 전통적인 포드주의 체계에 내장되어 있는 완충 장치를 제거한다. 이 자동차 부품 회사에서 경영진과의 관계는 최악이었으며, 이는 무엇보다도 노동자들의 사소한 사보타주 행동이 광범위하게 벌어지는 것으로 나타났다. 결국 생산 흐름을 순조롭게 유지하기 위해서 경영진은 적기 생산 제도의 실험을 폐기하고 더 커다란 공급 완충 장치가 내장된 체계로 돌아갈 수밖에 없음을 깨달

게 되었다.[25]

물론 에반스<sup>Evans</sup>와 스타베타이그<sup>Staveteig</sup>가 지적하듯이[26] 중국 노동자의 일부만이 제조업에 종사하고 있으며, 그중 더 적은 수의 노동자들만이 자동차 생산 같은 자본 집약적 산업에 종사하고 있다고 덧붙일 수 있겠다. 작업장 협상력이 경제의 다른 부문보다 자본 집약적 제조업에서 더 강한 이상, 그리고 제조업에서의 투쟁 영향력이 제한적인 이상, 소수의 노동자들이 강한 작업장 협상력을 갖고 있다는 사실은 전반적인 노동자 복지 개선 기획과 관련해서는 특별히 고무적이지 않다. 즉 이 소수의 노동자들은 모든 노동자들의 복지를 끌어올리는 데 기여하지 않는다. 그러나 (에반스와 스타베타이그에 의해 제기된) 이러한 추정은 논쟁적이다. 제조업에서 서비스업으로 갈수록 작업장 협상력이 곧바로 하강 경향을 나타낸다는 것은 분명치 않다. 그리고 중국에서 소수의 노동자들이 벌이는 극단적인 파괴적 투쟁이 사회적 효과를 제한하고 있다는 것도 분명치 않다.[27]

## 제품 주기와 제품 "재정립"

그러나 분명한 것은, 중국이 자동차 대량 생산 및 "제품 주기"의 후기 단계에 있는 그 밖의 제조업 활동에서 지구적 경쟁에 진입했다는 사실이다. 즉 이러한 활동들이 이미 격렬한 국제 경쟁하에 있는 "표준화" 국면에 있다는 것이고, 이윤 폭이 지극히 작은 시기인 것이다. 버논<sup>Vernon</sup>[28]의 제품 주기 모델에서 새로운 혁신 제품은 고소득 국가에서 생산되는 경향이 있지만, 자체의 "생애 주기"를 거치면서 그 생산 설비가 점차 더 낮은 비용의 (특히 저임금의) 생산 장소로 확산된다. 제품 생애 주기의 초기 "혁신" 단계에서는 경쟁 압력이

268 중국, 자본주의를 바꾸다

낮고 비용도 상대적으로 중요하지 않다. 그러나 제품이 "성숙" 단계, 그리고 최종적으로 "표준화" 단계에 도달하면, 실제로든 잠재적으로든 경쟁자가 늘어나게 되고 비용 절감의 압력도 증대한다.

지금까지 우리는 새롭게 선호된 생산 장소마다 새로운 노동자 계급이 형성되고 강력한 노동 운동이 나타나는 경향이 있기 때문에 생산의 지리적 재배치가 임금 및 노동 조건에서 곧바로 바닥으로의 경주를 초래하진 않는다고 주장해왔다. 그러나 제품 생애 주기 이론은 생산이 지리적으로 확산되고 생산 과정의 틀이 좀 더 잡힐수록 점점 더 경쟁적인 환경 속에서 제품 주기의 각 국면이 어떻게 발생하는지를 분명히 보여준다. 다시 말해서, 각각의 반복되는 지리적 재배치는 근본적으로 상이한 경쟁적 환경에서 펼쳐진다. 혁신자에게는 독점적인 초과 이윤—혹은 슘페터가 말한 "거대한 포상spectacular prizes"—이 따라 붙는다.[29] 그러나 제품 주기의 단계들을 거칠수록 생산 활동의 수익성은 하락한다. 더욱이 생산 확대의 새로운 순환에서 저임금 장소가 선호되면서 생산은 점차 국부의 수준이 상대적으로 낮은 곳에서 이루어진다. 역으로, 이러한 경향들은 주된 노동 소요 물결이 초래한 결과에—특히 보장된 이윤의 지속 가능 정도에 따라 노동 운동이 획득할 수 있는 노동-자본 협약의 종류에—중요한 함의를 갖는다.[30]

이러한 점을 명확하게 하기 위해 미국의 뉴딜 이후 시기라는 유비(혹은 이 경우에는 유비의 한계)로 돌아가보자. 미국의 프랭클린 D. 루즈벨트 시대의 파업 물결은 (특히 대량 생산 제조업 분야) 고용주가 노조를 인정하고 노동 생산성 증대에 맞춰 임금과 수당을 지속적으로 올리는 데 동의하는 노동-자본-국가 간의 "사회 협약"을 이루어냈다. 그 대신 노동자들(그리고 노조)은 제정된 공식 절차를 통해 불만을 표출했으며, 생산의 조직과 배치에 관한 경영진의 결정권을 받아들이기로 했다. 그다음으로 국가는 실업 수준을 낮게 유지하는 것을 포함하여 이러한 합의에 적합한 거시 경제 환경을 조성했다. 이러한 사회 협약은 미국에서 2차 세계 대전 이후 수십 년 동안 유효했으며, 1980년대가 되어서야 공개적으로 파기되었다. 상대적으로 견고했던 이 사회 협약은 중요 부분에서 20세기 중반의 "혁신 국면"에 있던 미국의 대량 생산 고용주들에게 생긴 "독점적인 초과 이윤"으로 그 비용을 부담할 수 있었다.

확실히 지금의 경쟁 환경은 대부분의 제조업 활동에 덜 우호적이다. 미국에서 자동차 노동자들이 강력한 작업장 협상력으로 수십 년간 임금과 수당을 올릴 수 있었던 반면, 비슷한 수준의 작업장 협상력을 가진 중국의 자동차 노동자들은 지금까지 실질 임금의 정체 혹은 하락을 경험해왔다.[31] 현재 진행 중인 동학을 제품 주기의 맥락에 놓고 보면 (위에서 언급한) 자동차 회사와 관련한 긴장과 모순을 더 잘 이해할 수 있다. 이 회사는 강력한 작업장 협상력을 지닌 노동자들의 저항에 부딪쳤을 때 적기 생산을 포기하기로 결정했다. 즉 가장 선진적인 생산 조직 형태를 실행하려고 시도하면서 노동력의 협력을 얻는 방법을 찾을 수도 없었고 찾으려고 하지도 않았다.

우리는 다른 후발 산업국들의 이러한 동학을 사회적인 "반半주변부적 성공의 모순"으로 개념화해왔다. 발전의 관점에서 이는 성공적인 후발 산업국들이 "같은 자리에"—즉, 지구적인 부의 위계 내 "같은 자리"에 — "머물러 있기 위해서는 더 빨리 달릴 수밖에 없는 상황"이라는 것을 의미한다.[32] 그러나 이것이 현대 중국의 동학을 이

    중국, 자본주의를 바꾸다

해하는 최선의 방법이라는 것은 전혀 분명치 않다.

우선 첫 번째로 중국이 지구적 부가가치의 위계 안에서 도약할 수 있을지 여부는 아직 답을 찾지 못한 문제이다. 이 경우에는 일견 보기보다는 2차 세계 대전 이후 장기간 안정적이었던 미국의 노동-자본-국가 간의 사회 협약과 비교해보는 것이 더 적절할 것이다. 위로 "도약하기" 위한, 그리고 제품 주기의 혁신 국면에 있는 생산 활동에서 생긴 독점적인 초과 이윤의 일부를 차지하기 위한 의식적인 노력의 일환으로, 중국 중앙 정부가 제3차 교육* 확대를 위해 대규모 투자를 하고 있다는 점을 지적하는 것을 빼면, 이것은 이 장에서 검토할 수 없는 문제이다. 그렇지만 중국이 지구적 부가가치의 위계에서 위로 도약할 수 있다 하더라도, 미국의 낭비적인 대량 소비 모델을 단순히 모방하는 것은 생태적인 이유에서나 기타 이유에서나 지속 가능하지도 않고 바람직하지도 않다.

이는 조반니 아리기가 『베이징의 애덤 스미스』(2007년)에서 제기한 긴급한 (하지만 아직 답할 수 없는) 물음을 상기시킨다. 즉, 중국의 특유한 역사적 유산―마오쩌둥 시기의 혁명적 유산과 비자본주의적 시장 발전의 장기적인 역사적 경험―은 근본적인 방식으로 20세기 자본주의 동학을 탈피하는 사회 혁신 경로들을 열어두었는가가 그 물음이다.

---

* **제3차 교육** 대학 교육과 직업 훈련 교육

# 세계의 노동자들과
# 중국의 노동자들

우리가 이 장의 첫 부분에서 주장했듯이, 만약 노동과 자본 간의 힘의 균형에서 중요한 변화가 중국에서 발생하고 있다면, 이것이 세계 다른 지역의 노동과 노동 운동에 미치는 함의는 무엇인가? 세계의 대다수가 공통되게 이야기하는 줄거리는 이렇다. 만약 중국의 노동 기준이 개선된다면, 외국인 직접 투자처로서의 중국의 매력은 극적으로 줄어들 것이고, 자본의 지구적 흐름의 방향은 역전될 것이며, 중국 밖의 노동 운동 문제들은 대부분 해결될 것이다.

하지만 이러한 줄거리에는 문제가 있다. 첫 번째 문제는 위에서 논의했다. 즉 계획된 산업 단지와 네트워크에 의한 집적 경제, 건강하고 잘 교육된 노동력, 내부 시장의 규모는 모두 노동 비용이 상당히 상승한다 해도 중국에 투자하기 위해 자본이 남아 있으려는 강력한 동기들이다. 오히려 실질 임금의 상승은 중국 시장이 세계에서 차지하는 비중을 상대적으로 더욱 높여 투자처로서의 중국을 더욱 매력적이게 만들 것이다.[33]

확실히, 지구의 일부 남반구 국가들은 이전에는 중국으로 향했을 노동 집약적인 외국인 직접 투자를 유치할 수 있는 좀 더 좋은 위치에 있을지도 모른다. 위에서 제기했듯이, 비록 21세기의 "발전" 경로가 제품 주기의 마지막 단계에 있는 제조업 활동들을 외곬으로 추구하는 것인지는 전혀 분명치 않지만 말이다. 오히려 좀 더 가능성 있는 경로는 장기적인 투자로 발전을 지원하면서 상품 가격의 "초과 이윤"을 전략적으로 사용하는 것일지도 모른다. 왜냐하면 중국의 급속한 경제 성장의 한 가지 결과가 1차 경제 활동과 2차 경제 활동 간의 교역 측면에서 장기적 전반적 역전을 가져온 것이었기 때문이다.

미국이 선도한 (그리고 다른 지역으로 수출된) 하향 평준화low-road 방식의 신자유주의적 "사회 협약"의 토대가 무너지기 시작하면서, 중국 내 노동 비용의 상승은 중국 밖에 있는 소비자들과 노동자들에게 심각한 영향을 미칠 것이다. 왜냐하면 미국 내 실질 임금이 계속 억제될 수 있는 한도까지 미국은 급증하는 경상 수지 적자와 중국의 저가 소비재의 대량 수입에 기초해왔기 때문이다. "스태그플레이션" 경보가 울리자 이 모델은 무너지고 있는 중이다. 그러나 이 모델이 2008년 말에 "연착륙"할 수 있을지 아니면 사회 정치적으로 파멸적인 붕괴를 할 것인지는 여전히 불확실하다.

이러한 하향 평준화 방식의 신자유주의적 사회 협약의 붕괴는 전 세계 노동자들에게는 의심할 바 없이 좋은 일이지만, 노동 연구자들과 활동가들은 다가올 새로운 시대의 정치 동학에 대해서, 더욱이 무엇보다 중요한 새로운 노동 조직 형태에 대한 전망에 관해서는 아직 충분히 사고하지 못하고 있다. 이러한 새로운 사고 없이는 갈수록 태산일 것이다.[34] 최소한 낡은 것의 붕괴와 새로운 것의 탄생 사이의 정치적으로 위험한 공백 기간을 헤쳐나갈 전략들이 준비되어 있어야 한다. 다시 말해서 파멸적인 붕괴 시나리오에 대한 전략이 (가능한 한) 준비되어야 한다. 중요한 시작점 중 하나는 서양에서 "복지 국가"의 부상과 "전쟁 국가"의 부상 간의, 즉 노동 권력의 부상과 국가 권력의 부상 간의 깊은 역사적 연관을 인정하는 것이다.[35] 신자유주의적 전환에 의해 국가와 노동 간의 긴장이 창출되었는데도,

이러한 연관은 정말로 깨진 적이 없다. 우리가 실제로 북에서 남으로, 그리고 서에서 동으로 지구적 부와 권력이 근본적으로 재분배되는 과정에 있다면, 지구의 북쪽과 서쪽에서 일종의 '문화 혁명'이 필요하다. 즉 더욱 평등한 세계 질서가 어떻게든 맞서 싸워야 하는 위협이 아니라 축복으로 보이게 되는 문화 투쟁이 필요하다.

# 경고:
# 중국의 부상은 지속 가능한가?

**훙호펑**

중국 발전 모델의 모순들

과잉 축적의 유령과 환경 위기

중국 발전 모델의 재구성을 향하여

앞의 9개 장에서 우리는 중국의 급속한 경제 성장의 역사적 기원과 모순적인 본질, 그리고 이 성장이 어떻게 지구적 자본주의 체계를 형성하기 시작했는지 알아보았다. 앞서 제시된 내용들은 21세기 지구적 발전의 단선적인 경로에 대한 일관된 예측이 아니라 중국의 부상이 야기할 혹은 악화시킬 지구적 변화의 가능한 궤적들의 불협화음이다.

중국의 부상이 미친 지구적인 영향은 세 가지로 정리할 수 있다. 지경학적으로 중국의 부상은, 1970년대에 새로운 국제 노동 분업이 개시된 이래로 중심부의 거대 소매업체들에 의해 지배되어온 지구적 공급 사슬에 따른 권력과 이윤의 분배를 재형성하고 있다. 대중화권에서 거대 초국적 제조업 하청업체들의 번성과 통합이 있으면서, 주변부 제조업체들과 중심부 소매업체 체인점들 간의 힘의 균형은 전자 쪽으로 기울었다. 또한 이러한 하청업체들의 조직력과 협상 지위가 향상되면서, 이 초국적 하청업체들이 활동하는 중국 및 기타 장소에서의 산업 개선도 가속화했다(4장).

지정학적으로 중국의 부상은 중국과 중심부 강대국들 사이의 새로운 갈등의 원인들을 만들고 있다. 세계 경제에서 중국이 차지하는 비중이 커진 것은 중심부 강대국들의 상대적 비중이 줄어들었기 때문이다. 1990년대에 중심부의 비중 감소는 주로 동유럽과 중앙아시아의 옛 소비에트 블록으로 그 국가들이 진출하면서 메워졌다. 그러나 21세기의 전환기에 이런 옛 사회주의 국가들이 완전히 쇠퇴하게 되자, 부상하는 중국은 지구적인 영향력을 차지하기 위한 제로섬 경쟁 속에서 자신이 미국 주도의 중심부 강대국들과 직접적인 갈등을 겪게 되었음을 깨닫기 시작했다(5장). 이러한 갈등의 한 가지 구체적인 사례는 주변부의 천연자원 수출업체들의 충성을 얻기 위한 중국과 일본 (및 기타 중심부 강대국들) 간의 경쟁의 격화이다(6장). 동시에 중심부 강대국들과의 경쟁이 심해지자, 중국은 현재의 지구적 질서에 도전하려는 열망을 가진 다른 국가들과 동맹을 형성하려 하고 있다. 가장 순탄한 사례로는 최근에 지정학적 지경학적 쇠퇴에서 벗어나 다시 일어서려는 러시아가 있다. 만약 이러한 중국과 러시아의 지경학적 지정학적 통합이 실제로 구체화된다면, 이는 다극적 세계 질서를 가져올 충분한 힘을 갖춘 반주변부와 유라시아 권력 블록의 부상을 예고할 것이다(7장).

마지막으로 중국의 경제 성장은 다가올 지구적 노동 운동의 부활도 재촉하고 있다. 한편으로, 중국의 시장 경제의 급속한 성장은 중국 내에서 빈곤을 인상적으로 감소시켰으며, 신자유주의 개혁 속에서 많은 아프리카 및 라틴 아메리카 국가들이 겪은 대량 빈곤화를 촉발하지도 않았다(2장에서는 이러한 국제적 비교를 통해 중국의 발전이 "강탈 없는 축적"의 성격을 띠고 있다고 파악한다.). 하지만 또 다른 한편으로, 시장 개혁의 과정에서 중국의 많은 노동자들과 농민들은 국가 사회주의 체제하에서 누리던 집단적 복지를 박탈당했으며, 중국 인구는 점차 시장 경제 속에서 승자와 패자로 양극화했다(3장과 7장에서는 이러한 시간적 비교를 통해 중국의 발전이 "강탈에 따른 축적"의 성격을 띠고 있음을 시사한다.). 거대한 농촌 인구가 신흥 프롤레타리아들로, 즉 점점 더 자신의 권리에 대해 의식적이고 전투적인 프롤레타리아들로 전환되면서, 노동자 계급 연대의 새로운 파도가 될 잠재력이 생겨났다. 미국 등 중심부 국가들에서의 노동 운동은 중국 노동자들과 국제적 연대를 맺고 중국에서 활력 있는 노동 운동이 부흥하도록 촉진하는 일을 해왔다(8장). 이러한 외부의 지원과는 별도로, 가혹한 국가의 억압에도 불구하고 중국 내의 수출 지향적 제조업 지역에서 토착적 노동자 행동주의가 출현하고 있다. 20세기 초반의 미국과 20세기 후반의 한국 같은 그 이전의 신흥 자본 축적 중심지의 노동 운동들처럼, 중국에서 싹트고 있는 노동자 행동주의는 세계 경제의 다른 지역 내 노동 운동에 활기를 불어넣을 준비가 되어 있다(9장).

위에서 이야기한 경향들은 대부분 이제 막 시작되었다. 장기적인 관점에서 이 경향들이 지구적 자본주의 체계를 재형성하는 지속적인 과정이 되어 모든 잠재력을 실현할지에 대해 이야기하기에는 아직 너무 이르다. 이 경향들이 지속될 수 있는 한 가지 필수조건은 중국의 급속한 경제 성장의 지속이다. 이 책의 대부분에서 우리는 중국의 발전 기적의 지속 가능성에 대한 논의를 일괄하여 다루면서 중국의 발전 기적이 앞으로 수년간 계속될 것이라고 가정하고 있다. 뒤에서 나는 중국이 그 뛰어난 경제 성과를 지속하기 위해 부딪혀야 하는 도전들을 개략적으로 다루려고 한다. 또한 중국의 발전 동력이 경제 위기에 의해 중단되었을 때 펼쳐질 수 있는 시나리오들을 논의할 것이다.

# 중국 발전 모델의 모순들

지난 30년간 중국의 눈부신 경제 성장은 주요 경제 위기에 관한 어떠한 예상도 틀렸음을 입증하였으며, 이에 놀란 세계의 중국 관찰자들 중 다수는 중국의 경제 성장이 결코 멈추지 않을 것이라고 확신하게 되었다. 그러나 역설적으로 중국 내부에서는 끝없는 경제 성장의 전망에 관한 흥분이 앞으로 다가올 것처럼 보이는 경제 위기에 대한 우려에 의해 오랫동안 상쇄되어왔다. 2007년에 중국사회과학원은 중국에서 1980년대와 1990년대 초반의 일본의 경험을 연상시키는 감당할 수 없는 자산 거품의 팽창이 벌어지고 있음을 경고했다. 그 보고서는, 현재 중국 경제를 위협하는 과도한 유동성을 억제할 조치를 적절한 시기에 취하지 않는다면 거품 붕괴 이후 일본을 15년 동안 괴롭혔던 장기간의 경제적 난국이 중국에도 그리 먼 일이 아닐 수 있다고 경고했다.[1] 원자바오 총리조차도 2007년 3월 전국인민대표대회 전체 회의 기간에 열린 기자 회견에서 최근 중국의 발전 방향의 특징을 "불안정, 불균형, 부조화, 지속 불가능"으로 규정했다. 그는 더 나아가 2008년 봄에는 10년 안에 중국 경제의 가장



중국, 자본주의를 바꾸다

힘든 시기가 닥칠 수도 있다고 경고했다. 중국 경제 성장의 지속 불가능성의 핵심 원인은 과잉 투자와 과소 소비로 인해 점증하는 경제 불균형이다. 이 불균형으로 인해 중국은 수출 시장에 의존하게 되었고, 그래서 세계 금융 위기와 보호주의의 출현으로 인한 중국 제품의 세계적인 수요 위축에 취약하게 되었다. 2008년 가을 이후의 세계 금융 위기 속에서 나타난 중국 경제의 정체는 이러한 경고들을 입증하는 것처럼 보인다.

중국의 기적을 가능케 한 첫 번째 정치 사회적 특징은 외곬으로 외국인 투자를 끌어들이고 경제 성장을 촉진한 지방의 발전 국가 혹은 조합주의 국가적 특성이다. 두 번째 특징은 노동자 계급의 요구와 시민 사회의 성장을 억압하는 권위주의적 당-국가의 지속성이다. 지방 정부들의 자율성과 경쟁 압력은 지구적 자본을 끌어들일 수 있는 개별 지방의 흡인력을 높이고 따라서 중국의 전체적인 흡인력을 높이도록 지방 정부를 끊임없이 몰아붙이고 있다. 이와 동시에 권위주의적인 통치는 불만이 터져 나오는 것을 억제하고 있으며, 지구적 자본과 개혁의 수혜자들이 과세와 임금 인상을 통한 대규모의 소득 재분배를 하지 말라고 요구하지 않아도 중국 경제가 숨 막히고 양극화되는 방식으로 성장할 수 있도록 보장하고 있다. 이 두 과정은 지리적 인구적 측면에서 거대한 규모로 드러나고 있으며, 확실히 중국을 세계 체계 내에서 자본 축적의 가장 역동적인 중심지로 만들고 있다. 그러나 이 정치 사회적 틀은 중국의 경제 불균형과 취약성의 근원이기도 하다. 경제적 통치의 분권화는 과잉 투자를 가속화하는 반면에 견제 없는 사회적 양극화는 국내 소비력의 성장을 제약한다. 이 불균형은 비교 가능한 발전 단계에서 중국의 성장 유형을 아시아 호랑이들의 성장 유형과 비교해보았을 때 특히 불안해 보인다.

우선, 중국에서 발전 국가의 분권적 속성은 그 이전의 아시아 호랑이들보다 과잉 투자의 문제를 더 심각하게 만든다. 일본, 한국, 대만의 초기 경제 부상 기간에 중앙 정부는 전략적 산업 부문의 성장을 지원하기 위해 귀중한 재정과 기타 자원을 동원하고 배분하는 데 핵심적인 역할을 했다. 이러한 "승자 선발" 과정은 초기 산업 도약 단계에서의 성공뿐만 아니라 이후의 산업 개선에서도 매우 중요했다.[2] 오늘날 중국에서 분권화된 경제 성장은 중앙 집중적인 발전 국가 모델에서 벗어나 있다.[3] 중국의 많은 지방 정부들은 선별된 산업 부문들의 성장을 사전에 촉진할 때 "발전주의적으로" 행동하며, 이러한 발전주의적인 노력들은 종종 지방 수준에서 잘 계획되고 실행되었다. 그러나 이러한 노력들이 결합되면서 전체적으로는 지방들 사이의 무정부적인 경쟁을 일으켰으며, 조정되지 않은 과도한 생산 능력과 기반 시설의 건설이라는 결과를 낳게 되었다. 중국 제품을 위한 중국 시장과 세계 시장이 끊임없이 성장할 것이라는 기대를 가진 외국인 투자자들도 중국에서 자신들의 현 산업 생산 능력을 확대하기 위해 서로 경주를 벌이고 있다. 수출 지향적인 외국인 투자는 세계 시장, 특히 미국 시장이 활발한 한에서는 적당한 이윤을 산출하였지만, 다수의 국유 기업과 내수 시장 지향적인 기업에 대한 투자는 점차 과도해졌으며 이윤을 남기지 못했다.

철강, 자동차, 시멘트, 알루미늄, 부동산과 같은 주요 부문의 유휴 생산 능력은 1990년대 중반 이래로 줄곧 급상승해왔다.[4] 중국 산업의 75% 이상이 현재 과잉 생산 능력 때문에 시달리고 있는 것으로 추산된다.[5] 그리고 산업 부문에서 고정 자산 투자는 이미 2005년에 중국 GDP 성장의 40~50%에 달하는 과잉 투자를 경험한 것으로 추산된다.[6] 중국 국가발전개혁위원회는 만약 생산 능력을 충분히 억제하지 않는다면 2010년에 자동차 산업의 생산량은 시장이 소화 가능한 수준의 두 배 이상에 달할 것이라고 예측했다.[7] 과잉 생산 능력의 증대는 국내 기업의 지리적 유동성과 부문 간 유동성의 부족으로 인해 더욱 격화되며, 이 유동성의 부족은 이미 포화 상태인 지방과 부문에서 국내 기업들의 투자 성향을 확대시킨다. 한편으로 많은 성 정부들과 시 정부들은 다른 성이나 도시가 투자하지 못하도록 보호주의 장벽을 세워두고 있다. 이는 국가 경제를 파편화하고 국내 자본의 효과적인 통합과 확장을 위한 공간을 제약하여 "한 국가에 32개의 경제체가 존재하는" 침체를 만들어낸다.[8] 한 조사에 따르면 85.8%의 국유 기업이 해당 도시에만 투자하며 91.9%의 국유 기업이 해당 성에만 투자한다.[9] 그러나 금융 시장의 저발전으로 인해 기업들은 더 높은 이윤을 산출하는 저투자된 새로운 부문에 유보금을 투자하기 어려우며, 따라서 기업들의 선택은 원래 부문의 고정 자산 투자로 제한된다.[10]

설상가상으로 주요 국유 은행들은 기업들에 규제를 가하고 과도하고 수익이 낮은 투자를 하지 않도록 유도하기보다는 느슨한 대출 관행을 통해 이런 투자를 장려했다. 중앙 정부와 지방 정부의 재정적 무기인 이 은행들은 부실하고 방만한 국유 공업 기업에 용이한 조건으로 신용을 제공했으며, 정부의 통계에 따르면 2006년에 이 기업들의 대략 40%가 손실을 입었다.[11] 이와는 대조적으로 사기업은 매우 성공적인 기업조차도 주요 국유 은행에서 금융 지원을 받는 데 불리한 위치에 있다. 중국에서 적자를 내는 국유 기업이 수익성이 좋고 유망한 사기업보다 손쉽게 신용을 얻을 수 있다는 역설적인 상황으로 볼 때, 국가 기금의 산업 은행이 "성공 가망이 없는 기업"은 지원하지 않고 "성공 가망이 있는 기업"은 지원하는 방식으로 효율적인 자원 배분을 했던 다른 동아시아 발전 국가들의 발전 경험과는 구별된다.[12]

국유 은행이 수익을 내지 못하는 국유 기업들에 적자가 나지 않도록 대출을 연장해주는 동기는 이 단위들에서 대량의 정리 해고의 속도를 늦춰 사회 정치적 안정을 유지하기 위해서이다. 게다가 이 대출은 종종 지방의 당 실권자들의 명령에 따른 것인데, 이들은 국유 은행의 지방 지점들에 압도적인 영향력을 행사하고 있고, 지방에 대한 투자 붐을 부채질하여 지방의 성장 수치와 정부의 단기 세입을 끌어올리려는 경향이 있다. 이러한 대출을 통해, 은행에 유보금을 예치하고 정부에 세금을 납부하는 수익성 있는 경제 단위에서 적자를 보는 경제 단위로 자원이 재분배되는 경로가 형성된다. 제 기능을 하지 못하는 금융 자원의 이러한 재분배는, 금융 체계에서 부실 채권이 누적됨으로써 부문 단위의 과잉 투자가 전반적인 경제 위기로 확대되게 한다.[13] 국제결제은행이 언급한 바에 따르면, "잘못 배분된 자본이 결국에는 이윤 하락으로 나타나고, 더 일반적으로는 이것이 은행 체계와 재정 당국, 성장 전망으로 되돌아올 것이라는 점이 분명 중국에 대한 가장 주된 우려이다. 신용 팽창을 통한 장기간의 성장 이후에, 이는 고전적인 결말이 될 것이다. 사실 이는 바로 [1990년대 장기 위기 이전의] 일본에서 나타났던 경로이다."[14]

전체 대출에서 부실 채권의 비율은 1990년대 후반부터 떨어지기 시작했다. 그러나 이는 대부분 되풀이되는 행정 개혁의 결과이며,



중국, 자본주의를 바꾸다

여기에는 대량의 정부 금융 지원, 국유 자산 운영 회사로의 대출 이전, 급속한 신규 대출 확장, 심지어는 고의적인 부실 채권 축소 보고도 포함된다.[15] 최근의 조사에 따르면, 은행 개혁 이후 수년이 지났지만 주요 국유 은행들은 계속해서 대출 기업의 수익성이나 위험성을 고려하지 않고 대출해주고 있다.[16] 니콜러스 라디<sup>Nicholas Lardy</sup>가 지적하듯이, 이러한 지속적인 부주의한 대출은 악성 부채의 축적을 재개하고 "지난 8년간의 은행 개혁으로 아주 어렵게 얻어낸 진전을 없애버릴 수도 있다."[17] 급속한 경제 성장 시기의 때때로 "우량해" 보이는 많은 대출이 경제가 둔화되면 즉각 악성 대출로 변질될 수 있으며, 이는 1990년대 초반에 일본이 겪은 것과 비슷한 부실 채권의 급증으로 이어질 수 있다.

현재 중국의 발전 모델을 괴롭히는 두 번째 문제는 과소 소비이다. 동아시아 호랑이들은 모두 산업 도약의 초기 단계에서 권위주의 체제의 지배를 받았다. 그러나 이 체제는 냉전의 지정학에 의해서 제어되었다. 공산주의 중국 바로 옆에 위치했기 때문에, 이 국가들은 하층 계급에 사회주의 세력이 뿌리내릴까봐 불안해했다. 이들은 토지 개혁과 무상 교육 제공과 같은 선제적인 재분배 정책과 독립적인 노동자 농민 조직에 대한 억압을 통해 목적을 달성했다. 경제 성장의 과실을 하층 계급, 특히 농촌 주민들에게 조금씩 나눠줌으로써, 이 권위주의 체제들은 정치적으로는 고도로 독점적이었으나 경제적으로는 모두를 포괄하였다.[18] 소득 격차의 감소와 하층 계급의 소득 증가로 인해 이 신흥 산업 경제체들에서 상당한 크기의 국내 시장이 창출되었다. 이 경제체들의 성공은 대부분 수출 주도 성장이 원인이지만, 국내 소비도 세계 시장의 예측할 수 없는 변동에 대하

여 경제를 보호하고, 게다가 유치산업infant industry이 국제 경쟁에 나
서기 전에 충분한 국내 수요를 유치산업에 제공함으로써 도약의 과
정에서 필수 불가결한 역할을 했다.[19]

　이와는 대조적으로 중국의 당-국가는 1990년대에 급속한 경제
성장을 한결같이 추구했으나, 그에 뒤따른 사회적 양극화를 완화하
는 데에는 별로 성공을 거두지 못하였다. 사회 밑바닥에서 나오는
반대의 목소리를 정부가 가혹하게 억압하여 사회적 양극화는 더욱
악화되었다. 계급 간, 도시-농촌 간, 지역 간 불평등은 경제 기적과
병행하여 확대되었다. 빈곤은 내륙 농촌 지역에서 더 심했으며, 과
거 국유 산업의 보루들은 대규모의 실업에 포위되었다.[20] 수출 지
향의 지구적 자본에 의해 창출된 일자리가 낙후한 국유 기업들에서
사라지는 일자리를 따라잡을 수 없게 됨에 따라, 중국은 1990년대
중반 이후로 제조업 일자리의 순손실을 겪어온 것으로 보이며, 총
고용에서 제조업의 비중은 중국보다 규모가 작은 신흥 산업 경제체
들의 제조업 고용의 정점 수준에 도달하지 못하고 있다.[21] 연해 지
역 신흥 도시의 농민공들의 상황은 훨씬 더 좋지 않다. 거대한 규모
의 잉여 노동력과 당-국가의 후원을 받는 "전제적 공장 체제"로 인
해, 중국의 경제 기적 동안 제조업 임금의 상승은 동아시아의 다른
신흥 산업 경제체들의 경제 기적 시기와 비교했을 때 참담한 수준
이다.[22]

　가장 폭발적인 도약 국면에 한국과 대만은 비교적 평등한 사회였
다. 1960년대에서 1970년대에 이르기까지 이 국가들의 지니 계수는
0.3에서 0.4 사이에 머물렀다(가장 주목할 만한 것은 도약 기간 동안 대
만은 1950년대에 0.5~0.6이던 지니 계수가 1970년대에는 0.3~0.4로 줄어

들었다는 점이다.). 이와는 대조적으로 중국의 지니 계수는 1980년 0.33에서 최근 0.45 이상으로 상승했다. 점차 왜곡되는 소득 분배는 대중 소비 시장의 확대를 제약한다. 세계은행의 통계에 따르면 중국 GDP에서 임금 소득이 차지하는 비중은 1998년 53%에서 2005년 41.4%로 감소했으며, "경제에서 임금과 가계 소득의 역할이 줄어드는 것은 GDP에서 소비의 비중이 감소하는 핵심 배경 요인이다."[23] 중국의 소비 성장이 아주 부진한 것만은 아니지만, 과열된 투자 증가를 따라가지 못하고 있고, 소비와 투자 사이의 격차는 1989년 이후로 줄곧 급속히 확대되고 있다.[24]

중국 경제의 과잉 투자와 과소 소비가 결합되면서, 중국은 점차 그 과잉 생산 능력을 수출하기 위해 세계 시장에 의존하게 되었다. 이로 인해 중국은 결과적으로 장기간의 경제 불황에 매우 취약해졌다. 동시에 장기간 등한시된 발전의 외부 효과들이 급속한 환경 악화의 형태로 경제 성장에 영향을 미치기 시작했으며, 중국의 발전 기적에 대한 전망을 한층 더 어둡게 하고 있다.

# 과잉 축적의 유령과 환경 위기

투자와 소비 간의 불균형을 알 수 있게 해주는 중국의 최종 소비 지출 대비 총 고정 자본 형성 비율은 대부분의 다른 아시아 국가들의 아시아 금융 위기 직전 수준을 초과하였다.[25] 이러한 소비 대비 투자 비율의 상승은 미국에서 1930년대 대공황 직전에 그리고 일본에서 1990년대의 "잃어버린 10년" 직전에 벌어진 상황을 연상시킨다. 다수의 학자들에 따르면, 이러한 위기들은 20세기 지구적 자본주의의 발전 동안 서로 다른 시기에 서로 다른 방식으로 전개되었는데도 서로 유사한 과잉 축적의 위기이며, 대개 부채에 기반을 둔 과잉 생산 능력의 확대, 자산 인플레이션, 국내 수요의 부진, 생산 부문에서의 수익성 하락 등의 결합이 그 원인이다.[26]

과잉 생산 능력의 축적과 공급 과잉, 상대적으로 부진한 소비 성장은 주요 산업 부문의 최종 제품 가격 하락과 주요 산업의 이윤폭 감소로 이어진다.[27] 경제 불균형의 점증과 이윤 없는 성장에 대한 우려로 인해, 많은 학자들은 최근의 호황이 지속 가능한지에 대해 의문을 던지고, 경제 위기가 다가올 것으로 예상하고 있다. 이러한 예상은 이미 아시아 금융 위기 직후에 서양의 중국 관찰자들뿐만 아니라 중국 내 경제학자들 가운데서도 표출되었다.[28] 그러나 이러한 공포는 부채에 기반을 둔 투자, 외국인 직접 투자의 유입, 수출 성장에 의해 추동된 활발한 경제 팽창의 지속으로 인해 곧 가라앉았다. 이러한 상승 경향은 2001년 WTO 가입과 2008년 성공적인 올림픽 개최로 나라 안팎에서 고무된 중국 경제에 대한 과도한 낙관주의와 무관하지 않다. 역설적으로 투자자들의 이러한 큰 기대는 국내 소비 성장에 별로 도움이 되지 않는 과잉 투자를 격화시켜 중국 경제의 불균형을 더 심화했다.

투자와 소비 간의 격차가 계속 확대되면서, 중국은 과잉 생산 능력으로 인해 내수 시장 부문에서 증대하는 위험을 상쇄하기 위해서 호황 중인 수출 부문에 더욱 의존하게 되었다. 급속한 수출 성장으로 인해 급증한 외환 보유고는 은행 부문의 신용 팽창을 부채질하였으며, 부채에 기초한 투자의 확대는 결과적으로 더 많은 수출 성장이 있어야 상쇄되는 과잉 생산 능력의 증대를 격화시킨다. 급증하는 수출과 급증하는 투자의 순환이 계속되고 있다.[29] 즉, 오늘날 중국의 경제 성장 유형은 한편으로는 부채에 기초한 투자와 수출에 대한 높은 (그리고 계속 커지는) 의존, 또 다른 한편으로는 낮은 국내 소비라는 특징을 나타내고 있다. 이전의 "동아시아 발전의 기적"이 높은 투자율과 낮은 소비율로 잘 알려졌지만, 이는 현재 중국에서 진행 중인 상황에 비하면 별 것 아닌 듯 보인다. 중국의 최근 고정 자산 투자율(GDP의 50% 이상)은 1970년대 산업 성장의 정점에서 (대략 25~35%였던) 대만과 한국의 고정 자산 투자율의 거의 두 배에 달한다. 또 다른 한편으로 중국의 민간 소비율(40% 이하)은 1970년대 대만과 한국의 민간 소비율(한국은 대략 60~70%, 대만은 대략 50~60%)보다 훨씬 낮다.

지금까지는 가장 많은 이윤을 내는 유일한 경제 요소이면서 과잉 축적의 위기라는 위험을 상쇄하고 있는 중국의 강력한 수출 엔진이 무기한 지속될지는 불확실하다. 2차 세계 대전 이후 30년 동안 아시아 호랑이들의 수출 주도 발전 전략의 성공은 이 전략을 추구하는 소형 개발 도상 경제체들이 아주 적었기 때문이다. 이 경제체들의 수출은 수월하게 세계 시장에서 흡수되었다. 그러나 1980년대와 1990년대에 더 많은 개발도상국들이 이 전략을 채택하면서 세계 시장은 값싼 제조업 수출품으로 넘쳐나 점점 더 변덕스러워졌다. 경제 규모와 수출량이 엄청나다는 점을 감안하면, 중국은 특히 취약하다.[30] 설상가상으로 중국의 수출 무역은 최근에 중국 총수출의 30% 이상을 흡수하고 있는 미국 소비 시장에 과도하게 집중되어 있다.[31]

미국 소비 시장의 확대는 지속 불가능한 부채 기반의 흥청망청 소비에 전적으로 의존해왔으며 무지막지한 경상 수지 적자를 창출해왔다. 오랫동안 예상되었듯이, 미국 경제는 2007년 이후 부동산 거품의 파열과 부채에 기초한 소비주의의 붕괴에 의하여 재조정되기 시작했다. 이러한 중국의 가장 주된 수출 판로의 재조정은 중국 위안화의 실질적인 가치 상승, 미국 및 기타 경제체 내 보호주의 조치들의 출현 등과 함께 벌어지고 있다. 이러한 사건들의 정세는 중국의 수출 부문의 수익성에 커다란 압력을 가하고 있다. 만약 최근 미국의 경제적 조정이 전 세계 경제로 퍼져나가는 본격적인 장기 위기로 확대되고, 중국의 국내 생산 능력과 국내 소비 사이의 격차가 적시에 충분히 좁혀지지 않는다면, 중국에서 과잉 축적의 위기가 발생하는 것은 확실하다.

경기 둔화가 나타나는 시점에, 30년간의 부주의한 발전으로 인한 환경 오염은 중국 경제에 사용료를 가차 없이 거두기 시작했다. 예를 들어 현재 중국의 물 공급량의 40%가 어떤 목적으로도 사용이 불가능할 정도로 오염되어 있는 것으로 추산되며, 이런 상황으로 인해 실제로 많은 부문에서 산업 생산 비용이 증가하고 있다.[32] 오염과 관련된 질병도 급증하고 있으며, 이로 인해 국가의 노동 생산성도 떨어지고 있다. 다음과 같은 중국의 환경 상황에 관한 보고서도 과장이 아니다.

중국의 환경 문제는 GDP 성장을 제약할 지경에 이르고 있다. 중국의 국가환경보호총국(SEPA)은 2006년 6월에 환경 악화와 오염이 중국 경제에 매년 GDP의 10%에 상당하는 손실을 입히고 있다고 결론 내렸



중국, 자본주의를 바꾸다

다. 중국 언론에서는 이 수치를 반영하여 더 구체적인 비용으로 보도하였다. 즉 공장 가동을 위한 물 부족으로 360억 달러, 산성비로 인한 환경 악화와 보건 문제로 130억 달러, 사막 지역의 확산으로 60억 달러에 달하는 산업 생산 손실이 발생하고 있으며, 그 목록은 계속 이어진다.[33]

중국의 장래 경제 성장에 미칠 이러한 제약들을 고려해보면, 중국이 급속한 경제 성장을 계속 이어갈 것이라는 전망은 더 이상 당연시될 수 없다.

## 중국 발전 모델의 재구성을 향하여

중국 당-국가 엘리트의 최고위층은 오래전부터 경제의 취약성을 인식하고 있었으며, 경제 불균형을 바로잡기 위한 예방 대책을 적극적으로 강구해왔다. 1997~1998년의 아시아 금융 위기 이후, 중국 국무원은 국내 수요를 진작하기 위한 일련의 소득 재분배 계획에 착수하였으며, 이를 통해 중국이 경제 성장을 위하여 수출과 부채에 기초한 투자에 불안하게 의존하는 상황을 끝낼 수 있다는 기대를 가지고 있었다. 이러한 계획에는 세금 및 비용 감면을 통한 농민 가처분 소득의 증가뿐만 아니라 빈곤에 허덕이는 서부 내륙 농촌 지역으로 국가의 투자를 유도하는 것도 포함되어 있었다. 이 계획들은 다소 포화 상태인 도시 시장과는 대조되는, 많은 소비재들의 광대한 미개척 영역인 중국 농촌 시장을 개방하는 것을 목표로 했다. 또한 이 계획들에는 도시 주민과 농촌 주민 모두에게 미래의 불확실성을 대비한 저축은 덜 하고 현재의 지출은 더 많이 하도록 장려하는 포괄적인 사회 보장 체계의 제도화도 포함되어 있었다. 2003년 후반부터 중국 중앙 정부는 행정 명령과 지방 정부 및 국유 기업에 대한 신용 공급 긴축을 통해 과잉 투자를 억제하는 일련의 거시 경제 조정 조치에 착수하였다. 환경 분야에서 중앙 정부는 오염 산업 기업에 대한 규제를 강화했으며, 더 엄격한 조치로 인해 환경에 해로운 저부가가치 부문이 단계적으로 철수하고 더 청결하고 기술 집약적인 산업의 부상이 가속화하기를 기대했다.

이러한 거창하고 야심찬 조치라 할지라도, 핵심적인 문제는 중앙 정부가 어떻게 지방 정부들로 하여금 이 조치들을 완전히 이행하게 할 수 있을 것인가이다. 일부 학자들은 낙관적으로 이러한 조치들을, 비록 변화가 나타나기까지는 시간이 걸리겠지만, 중국의 발전 모델에 유리한 거대한 변화의 시작으로 본다(3장). 다른 학자들은, 이러한 조치들이 장기적인 경제 안정에 대한 중앙 정부의 우려와는 상반되게 단기적인 사적 이득을 최대화하는 데에만 집착하는 지방 관료들의 격렬한 저항에 부딪히면서 효과가 없는 일련의 문서상의 개혁에 그칠 거라고 비관적으로 본다(7장).

이러한 경제와 환경 규제에 대한 지방 기득권층의 강력한 저항을 고려해볼 때, 이러한 규제를 통해 과잉 축적 위기를 방지하는 것에는 필연적으로 기술적인 정책 변화 이상의 것이 필요하다. 중국의 정치 사회 질서의 구조 조정이 필요하다. 국가는 지금까지 무정부적이었던 지방의 발전을 조정하는 능력을 강화하기 위해 모든 방면에서 국가 권력을 중앙 정부로 다시 집중화할 수도 있다. 중앙 정부의 정책 수립이나 시행을 빈번히 자신의 목적에 이용하는 견고한 지방 기득권층의 저항을 분쇄하기 위해서, 당-국가는 제도적인 권리 보호 장치를 통해 억압받는 농민과 노동자의 지지를 동원할 수도 있다. 예를 들어 2008년의 신노동계약법의 시행이 시사하는 바와 같이, 현 중국공산당 지도부가 이런 방향으로 움직여왔다는 징후들이 있다(8장과 9장 참조). 다른 한편으로 최근의 경제 성장과 그 불균형을 뒷받침하는 정치 사회적 질서가 30년간의 시장 이행 기간 동안 정착되었기 때문에 이러한 정치 사회적 구조 조정들이 곧 이루어질지는 불확실하다.

중국 경제의 거대한 불균형과 정치 사회적 질서의 구조 조정 지연을 고려해볼 때, 중국은 세계로 그 과잉 생산 능력을 수출하기 어렵게 만드는 장기간의 세계 경제 침체에 점차 취약해지고 있다. 다른 한편, 우리는 장기적인 관점에서 중국이 이러한 위기에서 벗어날 수 있으리라고 믿을 근거가 있다. 중국 정부가 지난 20년간 축적해온 대량의 금융 자원을 제공한다면, 경제를 곤경에 빠뜨릴 수도 있는 소비 수요를 뒷받침하기 위해서 대규모의 재정적 부양 정책fiscal stimulus과 사회 지출에 의지할 만한 충분한 자금 여유가 있다. 만약 위기가 계속된다면, 경제 붕괴의 고통과 그에 따른 정치 사회적 갈등들은 아마도 사회 개혁과 중국 발전 모델의 구조 조정에 대한 기득권의 저항을 완전히 일소할 추동력을 발생시킬 것이며, 현재 성의 없이 점진적으로 진행되고 있는 구조 조정을 가속화할 것이다. 이는 대공황으로 인해 미국의 진보 개혁가들이 재분배 및 규제 개혁과 뉴딜 정책의 도입에 대한 대기업의 저항을 분쇄할 수 있었던 것을 연상시킨다. 이러한 개혁과 뉴딜 정책은, 20세기 전환기에 악덕 자본가들이 지배하는 무모하고 중단 없는 경로를 따르던 미국 경제 성장이 20세기 중반의 좀 더 지속 가능한 케인즈주의-포드주의적 성장 경로를 따르게 되는 변화를 앞당겼다.[34]

그러므로 단기적, 중기적으로 볼 때 과잉 축적 경향과 환경 위기로 인해 중국에서 경기 둔화나 불황의 가능성이 커지고 있지만, 장기적인 관점에서는 지구적 자본주의의 무게 중심이 일반적으로 아시아, 특히 중국으로 이동하는 것은 계속될 것이며, 21세기의 새로운 국제 질서가 만들어질 것이다. 이러한 가능성의 실현 여부를 결정하는 핵심 요소는 결국 중국이 자신의 발전 모델을 더 평등하고 더 조화로우며 덜 환경 파괴적인 모델로 전환시킬 수 있는지 여부이다.

21세기에 지구 정치 경제의 가장 주목해야 할 주제 중 하나는 '중국의 부상'이다. 그간 중국이라는 '잠에서 깨어난 사자'의 실체를 논의하는 연구 논문과 책이 무수히 많이 나왔지만, 그중 상당수는 국제 관계 측면에서 미국과 중국이라는 양대 강국의 패권 경쟁을 다루거나 지역 연구 차원에서 중국의 경제 기적을 낳은 중국 내부의 동학을 설명하는 데 집중해왔다. 물론 이 중에는 주목할 만한 논의도 많이 있었지만, 지구적인 틀 속에서 어떠한 변화들이 중국의 부상을 낳게 되었고, 또 중국의 부상이 현재의 지구 정치 경제의 구조를 어떻게 변화시키고 있는지를 분석하는 연구는 드물었다.

그런 점에서, 이 책 『중국, 자본주의를 바꾸다』는 세계 체계론과 역사적 자본주의의 틀 속에서 중국의 경제 성장의 원인과 결과를 분석하고, 각 장별로 이 관점을 공유하면서도 지정학과 국가 간 체계의 변화, 지구적 공급 사슬 속에서의 기업들의 권력 이동, 지구적인 노동 운동의 부활 가능성 등 세부적인 주제들을 다루고 있다는 점은 중요한 기여라고 할 수 있다. 미국의 전문 서평지인 『초이스Choice』도 이 책의 이러한 장점을 주목하면서 2011년에 중국을 이해하기 위해서 반드시 읽어야 할 핵심 도서 중 하나로 이 책을 선정했다.

이 책의 함의와 각 장별로 다루는 구체적인 내용은 편저자인 홍호펑이 1장과 10장에서 잘 정리해놓았기 때문에 여기서 재론할 필요는 없을 것이다. 다만 한 가지만 덧붙이자면, 이 책이 매우 광범한 주제를 다루다 보니, 불가피하게 각 장마다 이론적 개념과 내용들이 압축적으로 전개되고 있고, 그래서 일반 독자들이 쉽게 이해하기 힘든 부분이 있을 수 있다고 생각한다. 이 책의 공저자들 중에는 이미 한국에 주요 저작들이 번역, 소개된 사람들이 적지 않은데, 이를 참고해서 함께 읽는다면 각각의 내용들을 훨씬 더 심도 깊게 이해할 수 있을 것이다.

2장에서 조반니 아리기가 논의하는 내용은 『베이징의 애덤 스미스』(길, 2009년)의 축약본이라고도 할 수 있으며, 그의 주저인 『장기 20세기』(그린비, 2008년)와 함께 읽으면 이해하는 데 큰 도움이 될 수 있을 것이다. 9장에서 비벌리 실버가 주장하고 있는 "자본이 가는 곳에 노동-자본 갈등이 따라간다."는 테제와 '공간 재정립'이라는 이론적 개념은 『노동의 힘』(그린비, 2005년)에 자세하게 소개되어 있다. 또한 위의 책들과 더불어 세계 체계론의 핵심적인 내용과 함의들을 잘 소개하고 있는 책으로는 백승욱 교수의 『자본주의 역사 강의』(그린비, 2006년)가 있는데, 이를 참고하면 커다란 도움을 받을 수 있을 것이다. 10장에서 홍호펑이 다루고 있는 중국 발전 모델의 모순을 비롯하여 이 책에서는 미처 다루지 못한 2008년 세계 경제



중국, 자본주의를 바꾸다

위기 이후 중국 정치 경제에 대한 전망은 『뉴 레프트 리뷰』 3호(길, 2011년)에 실린 그의 글 「중국은 미국의 집사인가」를 참고하면 좋을 것이다.

이 책은 공동 번역의 산물이다. 옮긴이들은 각자 자신의 전공과 관심 주제에 따라 각 장을 나누어 번역했는데, 1장, 2장, 4장, 10장은 하남석이, 3장, 7장은 이홍규가, 5장, 6장은 김현석이, 8장, 9장은 장윤미가 번역했으며, 이후 함께 모여 초고를 놓고 용어와 표현들을 검토했다.

이 책의 번역 작업을 통해 책이 한 권 만들어지기 위해 얼마나 많은 사람들의 배려와 노고가 필요한지 깨닫게 되었다. 우선 이 책의 번역을 맡는 계기가 된 난토 모임의 선생님들께 감사드리며, 유빈, 채빈, 시원을 비롯한 옮긴이들의 가족들에게도 깊은 고마움을 전한다. 무엇보다도 책의 출간을 위해 힘써주신 미지북스의 이지열 대표님과 꼼꼼하게 원고를 검토해주시고 항상 좋은 조언을 해주신 박선미 선생님께 깊이 감사드린다.

옮긴이들을 대표하여

하남석

| | | | |
|---|---|---|---|
| Alb | 알바니아 | Kaz | 카자흐스탄 |
| Arm | 아르메니아 | Kr | 대한민국 |
| Aus | 오스트레일리아 | Kyr | 키르기스스탄 |
| Azer | 아제르바이잔 | Lat | 라트비아 |
| Bel | 벨라루스 | Lit | 리투아니아 |
| BG | 불가리아 | Lux | 룩셈부르크 |
| B-H | 보스니아–헤르체고비나 | Mal | 말레이시아 |
| Bra | 브라질 | Maur | 모리셔스 |
| Chi | 칠레 | Mol | 몰도바 |
| China | 중국 | N | 노르웨이 |
| Cuba | 쿠바 | NL | 네덜란드 |
| CZ | 체코 | PL | 폴란드 |
| D | 독일 | R | 루마니아 |
| DK | 덴마크 | RU | 러시아 |
| DPRK | 북한 | Sin | 싱가포르 |
| E | 에스파냐 | SK | 슬로바키아 |
| Est | 에스토니아 | Slo | 슬로베니아 |
| F | 프랑스 | S-M | 세르비아–몬테네그로 |
| FYROM | 마케도니아 | T&T | 트리니다드토바고 |
| Geo | 그루지야 | Taj | 타지키스탄 |
| H | 헝가리 | Thai | 태국 |
| HR | 크로아티아 | TW | 대만 |
| India | 인도 | UAE | 아랍에미리트 |
| Indo | 인도네시아 | UK | 영국 |
| Iraq | 이라크 | Ukr | 우크라이나 |
| Ire | 아일랜드 | Uzb | 우즈베키스탄 |
| Ity | 이탈리아 | VN | 베트남 |
| Jpn | 일본 | | |



중국, 자본주의를 바꾸다

**1장 : : 서론: 지구적 자본주의의 세 전환과 중국의 부상**

1) The Ecocomist, July 28, 2005.

2) Ramo 2004. Skenkar 2005.

3) Wallerstein 1974, 1979, 1980, 1989.

4) Chase-Dunn 1998. Arrighi and Silver 1999.

5) Arrighi 1994, 4장.

6) Gramsci 1971. Chandler 1977. Aglietta 1979. Harvey 1989.

7) Block 1977. Gilpin 1987, 4~5장. Arrighi 1994, 4장. McMicheal 2008, 2~3장.

8) Katzenstein and Shirashi 1997. Gowan 1999, 2~4장.

9) Arrighi et al. 1989. Wallerstein 1990. Arrighi and Silver 1999, 3장.

10) Arrighi et al. 1989. Amin et al. 1990. Chase-Dunn and Boswell 2000.

11) Brenner 2002.

12) Block 1977. Gilpin 1987, 4장.

13) Harvey 1990, 121~200쪽.

14) Froebel et al. 1980. Harvey 1990, 121~200쪽. McMicheal 2008, 5~7장. Hung 2008.

15) Arrighi and Drangel 1986.

16) Stallings 1995. Hall and Soskice, eds. 2001.

17) Stallings 1990. Katzenstein and Shirashi 1997. Katzenstein 2005, 1997.

18) Harvey 2005.

19) Haggard 1990. Wade 1990. Evans 1995. So and Chiu 1995.

20) Bray 1986. Sugihara 2003. 이 책의 2장 참고.

21) Akamatsu 1962. Ozawa 1979. 이 책의 2장 참고.

22) Doner 1997. Shiraishi 1997. Pempel 1997. Korshmann 1997.

23) Schurmann 1966. Selden 1993.

24) Chan 1985. Perry and Xun 1997. Meisner 1999.

   Esherick, Pickowicz and Walder 2006.

25) Dirlik 1994. Selden 1997.

26) Shirk 1993. Naughton 1995. Zweig 2002. Guthrie 2006.

27) Pun 1995. Lee 1998.

28) The Ecocomist, August 25, 2001.

29) Krause 1998. 그리고 Pempel ed. 1999 참고.


## 2장 : : 장기적인 관점으로 본 중국의 시장 경제

1) Fairbank 1989, 17쪽.

2) Gruenwald and Hori 2008.

3) Rozman 1991, 6쪽.

4) Marx and Engels 1967, 83~84쪽.

5) Feuerwerker 1970, 371~375쪽. Esherick 1972, 10쪽. Nathan 1972, 5쪽.
   So 1986, 103~116쪽. Kasaba 1993.

6) Marx 1959, 751쪽.

7) Arrighi 2007, 8장.

8) Polanyi 1957, 5쪽.

9) Arrighi 2007, 5장.

10) Arrighi 2007, 316쪽.

11) Kawakatsu 1994, 6~7쪽. Sugihara 1996, 37~38쪽.

12) McNeill 1982, 143쪽.

13) Wong 1997, 148쪽.

14) Polanyi 1957, 5~7쪽.

15) Arrighi and Silver 1999, 59~64쪽.

16) Arrighi 1994, 2장.

17) Wolf 1982, 125쪽에서 인용.

18) McNeill 1982, 44쪽. Kennedy 1987, 7쪽.

19) Arrighi et al. 2003, 241쪽.

20) Hung 2001a, 498~500쪽. Hung 2001b, 12~18쪽.

21) Jing 1982, 169~181쪽. Huang 1985, 97~105쪽. Perdue 1987, 78~79쪽.

Hung 2004. 482~483쪽.

22) Will and Wong 1991. Rowe 2001, 155~185쪽.

23) Adas 1989, 79쪽. Hung 2003도 참고.

24) McNeill 1998, 231쪽.

25) Braudel 1982, 153, 588~589쪽.

26) Wong 1997, 146쪽.

27) Wang 1991, 85~86쪽. Cushman 1993, 136쪽. Hui 1995, 35~36, 79~80쪽.
Wang 1998, 320~323쪽. Wills 1998, 333쪽.

28) Parker 1989, 96쪽.

29) Tsiang 1967, 144쪽. Fairbank 1983, 197~198쪽. So and Chiu 1995, 49~50쪽.

30) So and Chiu 1995, 53, 68~72쪽.

31) Iriye 1970, 552쪽.

32) Feis 1965, 422~423쪽. Peattie 1984, 16~18쪽. Duus 1984, 143, 161~162쪽.

33) Cumings. 1997, 155쪽.

34) Schurmann 1974, 143쪽.

35) Cumings 1987, 60쪽.

36) Borden 1984, 220쪽.

37) Cummings 1987, 67쪽.

38) NSC 48/1 첫 초고, Cumings 1987, 62쪽에서 재인용.

39) Cumings 1993, 25쪽.

40) Cumings 1997, 154~155쪽.

41) Arrighi 1996. Selden 1997.

42) Okimoto and Rohlen 1988, 83~88쪽. Arrighi, Ikeda, and Irwan 1993, 55ff.
Arrighi 2007, 167~172쪽.

43) Ozawa 1993, 2003.

44) Hui 1995. Irwan 1995.

45) Freidland 1994.

46) Stallings 1990, 19쪽.

47) Helleiner 1992, 425, 432~434쪽.

48) Arrighi 2007, 257~258쪽.

49) Arrighi 2007, 171~172쪽.

50) Hamilton and Chang 2003.

51) Wu and Wu 1980, 30~34쪽. Baker 1981, 344~345쪽. Wong 1988.
　　Mackie 1992, 165쪽. Mackie 1998, 142쪽. Hui 1995, 184~185쪽.

52) Ong and Nonini 1997. Arrighi et al. 2003, 316쪽.

53) So and Chiu 1994, 11장.

54) Prestowitz 2005, 61쪽. Arrighi et al. 2003, 316~317쪽. Fishman 2005, 27쪽.

55) Arrighi 2007, 353쪽.

56) 향진 기업과 관련해서는 Unger 2002, Cai, Park, and Zhao 2004 참고.

57) Lin 1995. Walder 1995. Oi 1999. Whiting 2001. Tsai 2004. Wang 2005, 179.
　　Lin and Yao, n.d.

58) Arrighi and Zhang 2007.

59) Woo 1999, 129~137쪽. Hart-Landsberg and Burkett 2004, 35쪽.
　　Bouckaert 2005. Lin and Yao, n.d.

60) Cai, Park, and Zhao 2004.

61) Bernstein and Lu 2003. Wang 2005, 177~178쪽.

62) Tsai 2007. Arrighi and Zhang 2007. Lin and Yao, n.d.

63) Hart 2002, 199~200쪽.

64) Sugihara 2003, 79~82, 87~90, 94쪽, 117쪽 주 2.

65) Sugihara 2003, 87쪽.

66) Fishman 2004. Fishman 2005, 205~206쪽. Taylor 2006도 참고.

67) Hout and Lebretton 2003.


## 3장 : : 중국의 경제 기적과 그 궤적

1) Halliday 1976.

2) Silver and Arrighi 2000.

3) Burkett and Hart-Landsberg 2005. Petras 2006.

4) Harvey 2005.

5) Pun 1999.

6) Oi 1992. Wang and Hu 2001.

7) Chen 2005.

8) So 2006.

9) Guan 2000.

10) Petras 2006, 424쪽. Hart-Landsberg and Burkett 2004도 참고.

11) Hart-Landsberg and Burkett 2004, 9쪽.

12) Pringle 2002.

13) So 2007.

14) Harvey 2005, 13쪽.

15) Oi 1989.

16) Edin 2003, 36쪽.

17) Yep 2007.

18) Loo and Chow 2006.

19) Zheng 2004, 118~119쪽.

20) Harvey 2005, 132쪽. ·

21) Saich 2007.

22) Kahn 2006.

23) Liu 2007.

24) Liu 2007.

25) Hussain 2005. The Economist 2006.

26) Buckley 2004.

27) So 2003.

28) Harvey 2005, 123쪽.

29) Oi 1992.

30) Odgen 2003.

31) Chang Kyung-Sup 2007.

32) Chiu and So 1996.

33) Harvey 2005.

34) Silver and Arrighi 2000, 69쪽.


### 4장 : : 대중화권의 거대 하청업체

1) Gereffi and Memedovic 2003, 3쪽.

2) Gereffi, Humphrey and Sturgeon 2003, 12쪽.

3) Abernathy et al. 1999. Bonacich 2005. Bonacich and Wilson 2005.

4) 중국의 중장기 계획은 4개 분야의 "중요 과학 연구 계획"(나노 기술, 단백질, 양자
   제어, 발육과 생식 연구)과 16개 핵심 분야의 "중요 과학 기술 개발 계획"(자세한
   내용은 Bai 2005, Suttmeier, Cao, and Simon 2006, Appelbaum and Parker 2008 참고)

에 대한 자금 지원을 늘린다는 내용을 담고 있다.

5) 예를 들어 Piore and Sabel 1986, Kapinsky 1993, Pine and Davis 1999를 보라.

6) Speer 2002.

7) Malone 2002. Just-style.com 2003. McGrath 2003.

8) Nordas 2004. 자세한 논의는 UNCTAD 2004, 2005 참고.
   Malone 2002, Speer 2002, Kearney 2003, Just-style.com 2003, McGrath 2003, Nordas 2004도 참고.

9) http://www.nht.com.tw/en/about-2.htm(2008년 9월 검색).

10) Yupoong 2003.

11) UNCTAD 2002. Luthje 2005.

12) Flextronics 2003. Luthje 2005.

13) Du ling 2003.

14) Cao 2005.

15) Cao 2005.

16) 더 많은 정보는 에스켈그룹의 웹사이트(http://www.esquel.com/en/index.html)에서 찾아볼 수 있다. 에스켈그룹의 고객 회사는 바나나리퍼블릭, 브룩스브라더즈, 휴고 보스, 제이크루J. Crew, JC페니, 마크앤스펜서, 나이키, 노드스톰Nordstorm, 폴로랄프로렌 등 15개의 주요 브랜드이다. 에스켈그룹의 까오밍 공장 단지(광둥성)는 방직, 염색, 조립 작업을 한다. 에스켈그룹은 최근에 약 12만 제곱미터에 달하는 방직 공장을 지었는데, 이 공장은 "중국에서 최첨단의 직조 공장이며", "작업 오류를 줄이고, 품질을 보장하며, 생산 시간을 줄여주는 섬유 산업의 최첨단 기계 설비와 컴퓨터 제어 시스템"을 갖춘 친환경 공장이라고 한다. http://www.esquel.com/en/index7.html 참고(2008년 9월 검색).

17) Cao 2005.

18) TAL에 관한 정보는 TAL의 웹사이트(http://www.talgroup.com/en/index.html, 2008년 11월 검색)에서 볼 수 있다. TAL은 처음에는 남중국South China으로 불렸으나, 자딘 매디슨Jardin Matheson과의 제휴를 통해 섬유연합그룹Textile Alliance Group(TAL)이 되었다. 사업 모델에 관한 더 많은 정보는
   http://www.vendormanagedinventory.com을 보라.

19) Koudal and Lung 2005.

20) Khan 2003, A1.

21) Khan 2003.

22) Khan 2003, A1에서 재인용.

23) Cao 2005.

24) Li & Fung 2007.

25) Khan 2004b. Pun 2005.

26) Magretta 2002.

27) Khan 2003, A1.

28) Khan 2004b.

29) Luen Thai 2006, 2007.

30) Luen Thai 2006.

31) 위에위엔은 세계 일류의 신발 제조업체로, 2004년 루엔타이의 지분을 9.9% 매입하여 루엔타이의 "전략적 주주"가 되었다.

32) 두 번째 공급 사슬 도시는 광둥성 칭위엔淸遠에 개발되고 있으며, 루엔타이는 미국과 필리핀에도 공급 사슬 센터를 두고 있다. Luen Thai 2006.

33) 루엔타이의 주요 고객 회사로는 폴로랄프로렌, 리미티드브랜즈Limited Brands, 아디다스, 딜라즈Dillard's, 나이키, 패스트리테일링Fast Retailing 등이 있다. Luen Thai 2006.

34) Khan 2004a, B1.

35) Yue Yuen 2007b. 위에위엔은 포첸의 신발 생산의 가장 주된 공급업체이며, 2004년 6월 현재 포첸은 위에위엔의 주식 중 50.1%를 소유하고 있다. 위에위엔의 회계 연도는 9월 30일 마감이다.

36) Yue Yuen 2007a. Merk 2008.

37) 중국, 인도네시아, 베트남을 합치면 운동화 총생산의 90%를 차지한다. Merk 2006.

38) Yue Yuen 2007a.

39) Yue Yuen 2006, 2007b.

40) Yue Yuen 2007a 참고.

41) 나는 나이키의 초청으로 2005년 9월 둥관의 나이키/위에위엔 공장을 방문했다. 새로 개장한 깨끗하고 초현대적인 여가 활동 센터에서는 이용한 흔적을 찾을 수 없었다. 심지어 광이 나는 탁자 유리에는 얼룩이나 지문도 묻어 있지 않았다.

42) Merk 2003. Yue Yuen 2007b. 기타 고객 회사로는 폴로랄프로렌, 케네스콜Kenneth Cole, 캘빈클라인, NBA 프로퍼티즈NBA Properties가 있다. 위에위엔은

컨버스Converse, 울버린Wolverine, 허시퍼피Hush Puppies의 중국 내 독점 사용권
자이다. Xinhua 2007. 위에위엔 신발 생산의 약 60%는 나이키, 리복, 아디다
스의 제품이다. Merk 2003.

43) Yue Yuen 2007b 참고.

44) Yue Yuen 2007b.

45) Yue Yuen 2007b. 위에위엔의 2007 회계 연도(3월 31일 마감) 상반기 중간 보고
서에 따르면, 임금 인상 압력과 회사 비용의 주요 부분을 차지하는 석유 원료
수입품 가격의 증가에도 불구하고 회사의 성장 궤도는 지속되는 것으로 보인
다. 위에위엔은 생산 라인을 14개 추가하여 총 387개의 생산 라인을 갖췄으며,
연간 신발 생산은 15% 증가했고(6개월간 1억 1천1백만 켤레), 도소매 판매는 37%
증가해서 총수익의 8%를 차지했다(2006 회계 연도에는 총수익의 5.4%였다. Yue
Yuen 2007c 참고). 그러나 2007년 7월 26일, 크레디트 스위스Credit Suisse는 위에
위엔이 "소매 사업 부문에 덜 노출되어 있다."고 판단하여 위에위엔에 "시장
수익률 하회"의 투자 의견으로 커버리지를 개시했으며, "위에위엔은 실제로
중국에서 소매 사업 부문을 분리하는 것을 고려하고 있다."고 주장했다.
Xinhua 2007.

46) Hong Kong Trade and Development Council 2008.

47) Yue Yuen 2006.

48) Yue Yuen 2006.

49) 신발 제조에 쓰이는 원자재의 상당 부분을 차지하는 석유 화학 제품의 가격이
50~60% 상승했다. Fong 2005.

50) Yue Yuen 2007b.

51) Ho 2005.

52) Ho 2005.

53) Chan 2005. Pun 2005.

54) Merk 2008.

55) 2002년에 위에위엔의 운동화 생산의 28%는 나이키 제품이었던 반면, 위에위
엔의 공급량은 나이키 총수요의 15%만을 차지했다(Merk 2006, 16쪽). 2002년
위에위엔의 순이윤율(11.9%)은 나이키(6.2%), 리복(2.9%), 아디다스(3.4%)보다
높았다(Merk 2006, 17쪽 참고). 위에위엔은 계속해서 거의 두 자리 수의 이윤율
을 기록했다(2006년에는 10.02%. http://finance.google.com/finance?q=HKG:0551
참고).



중국, 자본주의를 바꾸다

56) Merk 2008.

57) Taiwan Headlines 2007.

58) IAM Journal 2005, 17쪽.

59) IAM Journal 2005, 15쪽.

60) IAM Journal 2005, 13~14쪽.

61) Barboza 2004.

62) Barboza 2004에서 인용.

63) Appelbaum and Parker 2008.

64) 자주 인용되는 통계 자료에 따르면, "월마트를 한 국가로 보면, 월마트는 중국에서 6번째로 큰 수출 시장이다." 월마트의 경영진은 중국의 공급업체로부터의 구매를 두 배로 늘릴 예정이라고 이야기한다. Chandler 2005. 중국 진출과 관련해서 월마트는 최근에 대만의 체인점 트러스트마트Trust-Mart의 지분 35%를 인수했으며, 그에 따라 중국 내 102개 트러스트마트 매장의 공동 소유권을 갖게 되었다. Rigby 2008.

65) Chandler 2005.

66) Gilman 2004. 멕시코와 몇몇 개발도상국을 제외하면 월마트가 상당한 시장 점유율을 확보한 곳은 드물다. Chandler 2005 참고.

67) Rigby 2008.


## 5장 : : 중국의 부상과 지구적 부의 재분배

1) Maddison 2003과 함께 출판된 온라인 데이터 부록에서 계산.

2) 이 학문 분야는 잘 알려졌기 때문에, 나는 이 분야에서 영어로 접근할 수 있는 가장 중요한 고전만을 언급할 것이다. 페르낭 브로델(특히 Braudel 1981, 1982, 1986), 이매뉴얼 월러스틴(예컨대 Wallerstein 1974), 조반니 아리기(Arrighi 1996), 아리기 & 비벌리 실버(Arrighi and Silver 1999), 사미르 아민(Amin 1976), 재닛 아부-루고드(Abu-Lughod 1989), 앙드레 군더 프랑크(Gunder Frank 1998), 크리스토퍼 체이스던(Chase-Dunn 1998), 체이스던 & 토머스 홀(Chase-Dunn and Hall 1997), 존 M. 홉슨(Hobson 2004)의 저작을 보라.

3) Maddison 2001, 2003.

4) 유럽연합을 창조적이고 새로운 비국가적 형태의 공권력으로 간주하는 것에 대해서 더 많은 내용은 Borocz and Sarkar 2005, Borocz 2009를 보라.

5) 여기와 이 장 전체에서 지정학이란 용어를 (서두 첫 단락에서 정의한 것처럼) 조직

(국가뿐만 아니라 다른 비국가 조직도 포함)이 자신의 영역 외부 세계로 권력을 투사하는 방식에 대한 간략한 언급으로서 사용한다.

6) 1989년 이후 해체된 소비에트 블록 국가들—동유럽과 유라시아의 옛 연방 사회주의 국가들, 즉 소련, 유고슬라비아, 체코슬로바키아—은 그 후계 국가로 표시한다. 이 경우 비교의 출발점은 새로운 국가의 건설이다.

7) "평화적 부상"에 관해서는 일주일간의 노동절 휴가 및 국제 노동절을 기념하는 관련 중요 행사들과 함께 2004년 5월 2일자 사설을 보라. 중국공산당의 관영 신문인 『인민 일보』의 영문판 웹사이트
http://english.peopledaily.com.cn/200205/02/eng20040502-142255.html.
또한 "중국의 평화적 부상은 매우 중요하다."고 선언하는 중국에 호응하여 7주 뒤에 행해진 부시의 회답을 보라.
http://english.people.com.cn/200404/24/eng20040424-141421.shtml.
두 웹사이트 모두 2005년 7월 15일 검색.

8) 이 가정은 동유럽 국가 사회주의의 마지막 국면에 대한 경제학 문헌들에서 두드러지게 나타나는 특징이다. 하버드대학교의 제도 경제학자 야누스 코르나이 Janos Kornai의 연구 논문은 국가 사회주의 경제의 결점을 분석하는 데 지대한 공헌을 했는데, 코르나이는 그 논문에서 이 가정을 다음과 같이 매우 분명하게 정식화했다. "'개인의 지갑'과 국유 기업의 잉여 수입 사이에는 아무런 연관 관계가 없기 때문에, 이 관점에서 볼 때, 국유 기업에서 잉여 수입을 어떻게 사용할지 결정하는 사람은 진정한 소유자가 아니다. 사적 소유권이 자생적으로 만들어내는 자발적인 인센티브 기제는 여기서 전혀 적용되지 않는다." Kornai 1992, 74쪽.

9) 상위 10개 기업 가운데, 두 개 기업이 이런 종류의 소유권 구성을 언급했고, 한 개 기업만이 이에 해당하는 특별한 자료를 공개했다. 중국의 가장 큰 기업인 시노펙Sinopec의 경우, 국내 사적 자본의 소유 비율이 3.23%이다.

10) 주의할 점은 최근의 "탄화수소 가격 인상"은 분명히 러시아가 세계에서 차지하는 지위를 다소 상승시켰다는 사실이다. 전체적으로 이 변화의 장기적 결과들은 이 장의 주제를 벗어난다.

11) 이러한 견해에 대한 더 많은 내용은 Frank 1998, Hobson 2004, Borocz 2009를 보라.

12) "Washington Draws India in China," People's Daily.
http://english1.people.com.cn/200507/07/eng20050707_194676.html

(2005년 7월 26일 검색). Freidman 2005에서 인용.

13) 이스라엘의 기록을 살펴보면 일인당 GDP와 지구적 비중 둘 다에서 괄목할 만한 증가가 나타났다. 하지만 내재적 경제 성장에서 해외 원조, 특히 군사 원조(이스라엘 국가 예산에서 매우 중요한 구성 요소)의 통계상의 영향을 분리하기란 불가능하기 때문에 이는 비교 분석을 저해하는 사례이다.

14) 한편, 파키스탄과 부조화를 이루는 인도의 주목할 만한 지구적 경제 비중의 증가로 표현된 구조적 전환의 배경에 비추어 인도-파키스탄 갈등의 확대를 읽는 것은 가능하다.

15) www.hindu.com/2005/04/10/stories/2005041003551000.html을 보라(2008년 12월 11일 검색).

16) www.isn.ethz.ch/isn/Current-affairs/Security-Watch/Detail/?ots591=4888CAAA0-B3DB-1461-98B9-E20E7B9C13D4&lng=en&id=51755 혹은 www.imf.org/external/pubs/ft/survey/so/2007/NEWS057B.html을 보라(2008년 12월 11일 검색).

## 6장 : : 중국 경제의 상승과 일본의 원자재 주변부

1) 이 이론적 모델의 더 자세한 내용은 Bunker and Ciccantell 2005를 참고하라.

2) Bunker and Ciccantell 2005.

3) Bunker and Ciccantell 2005.

4) Bunker and Ciccantell 2005.

5) Bunker and Ciccantell 1995, 2003a, 2003b.

6) 중국의 경제 상승에 관한 더 자세한 내용은
Ciccantell and Bunker 2004, Bunker and Ciccantell 2007을 참고하라.

7) Arrighi 1994. O'Hearn 2001.

8) Bunker and Ciccantell 2003a, 2003b.

9) Bunker and Ciccantell 2005, 2007.

10) Bunker and Ciccantell 2007.

11) 예를 들면, Herman et al. 1989.

12) Skillings Mining Review 2008a.

13) Hogan 1999a, 1999b. Brizendine and Oliver 2001. Serchuk 2001.
Skillings Mining Review 2008a.

14) Hogan 1999a.

15) Serchuk 2001, 32쪽.

16) Bunker and Ciccantell 2007.

17) Hogan 1999a. Serchuk 2001.

18) Dorian 1999. Schneider et al 2001.

19) Dorian 1999.

20) Hogan 1999a, 1999b. International Bulk Journal 2002, 27~28쪽.

21) Hogan 1999a, 1999b. Serchuk 2001, 32쪽.

22) Hogan 1999a, 1999b. Brizendine and Oliver 2001. Serchuk 2001.

23) Brizendine and Oliver 2001, 22.

24) Mehta 1999. Hogan 1999a, 1999b. Brizendine and Oliver 2001.

25) Hogan 1999a, 1999b. Brizendine and Oliver 2001. Serchuk 2001.

26) Dorian 1999. Hogan 1999a, 1999b. Brizendine and Oliver 2001. Huskonen 2001.

27) Dorian 1999. Tse 2000.

28) Bunker and Ciccantell 2005, 2007.

29) Arrighi 1994.

30) Arrighi 1994.

31) Hogan 1999a.

32) Tse 2000.

33) Tse 2000.

34) Todd 1996. Hogan 1999a.

35) Ciccantell and Bunker 2004.

36) Ciccantell and Bunker 2005, 188~189쪽.

37) Ciccantell and Bunker 2007.

38) Morrison 2004.

39) Wailes 2004.

40) Canadian Mining Journal, May 18, 2008.

41) Hayes 2004. Wailes 2004. Morrison 2004. Bunker and Ciccantell 2007.

42) Bunker and Ciccantell 2005, 2007.

43) Bunker and Ciccantell 2007.

44) Hextall 2002,67. Mining Journal 2002.

45) Hextall 2003, 63쪽에서 인용.

46) Kirk 2004,5. Callick 2004. AFX.COM, March 1,2004. Kyodo News, March 1, 2004. Sinocast, March 3, 2004. Global Newswire, April 20, 2004.

47) Skillings Mining Review 2008e.

48) AFX-Asia, March 1, 2004.

49) Xinhua, February 17, 2006. Llyod's List, March 10, 2006.

50) Wilson 2006. Skillings, April 2006.

51) McGregor 2006, 2. Skillings, April 2006, 4. Skillings, April 21, 2006. Sinocast, May 26, 2006. Skillings, June 2006, 28.

52) Bunker and Ciccantell 2007.

53) Skillings Mining Review 2008b.

54) Skillings Mining Review 2008d.

55) Skillings Mining Review 2008g.

56) Skillings Mining Review2008f.

57) Skillings Mining Review2008h.

58) Skillings Mining Review2008h, 2008i.

59) Bunker and Ciccantell 2007.

60) Hoffman 2008. Werdigier and Lague 2008. Skillings Mining Review2008c.

61) York 2004. EIA 2004. Ebner 2004. Alberta Oil 2005. Luciw 2005. Reuters, June 18, 2005. Fattah 2006. Engdahl 2006. Cheng 2006.

62) McCarthy 2008.

63) Arvedlund and Romero 2004. Watson 2005. Buckley 2005. Reuters 2005. Arvedlund 2005.

64) Lohr 2005. King, Hitt, and Ball 2005. Wayne and Barboza 2005.

65) FT.com, March 3, 2005.

66) Sorkin and Mouawad 2005.

67) FT.com, June 22, 2005.

68) FT.com, June 23, 2005.

69) Zweig and Jianhai 2005.

70) Kenny 2004.

71) Brooke 2004, 2005a.

72) Reuters, May 31, 2005.

73) Bunker and Ciccantell 2007.

74) Deng and Moore 2004, 132쪽.

75) Bunker and Ciccantell 2005, 2007.

76) Mann 1999, 8. Nayar 2004, 31쪽에서 인용.

77) Nayar 2004. Mahbubani 2005. Bunker and Ciccantell 2007.

78) Van Ness 2002, 131쪽.

79) Bunker and Ciccantell 2005, 2007.


## 7장 :: 중국과 러시아의 지경학적 통합

1) Righter 2008.

2) Glaser and Skanderup 2005.

3) Economy 2007b.

4) Feffer 2006.

5) Arrighi 2007.

6) Arrighi 2007.

7) Arrighi 1994, 32~33쪽.

8) Arrighi 1994, 32~33쪽.

9) Glyn 2005.

10) Li 2008, 22쪽.

11) Righter 2008.

12) Mead 2007.

13) Shirk 2007. 또한 Hart-Landsberg and Burkett 2004, 13쪽과 Harvey 2005, 125쪽을 보라.

14) Engardio et al. 2007. Hart-Landsberg 2008.

15) Hung 2008. Li 2008, 28~29쪽.

16) Hart-Landsberg 2008. Jacobs and Barboza 2008.

17) Righter 2008.

18) Klare 2005. Negroponte 2007.

19) Hornborg 2001. Biel 2006. Clark and York 2008, 13쪽.

20) 예외로서 유익한 내용은 Li 2008가 있다.

21) Christie 1980, 16쪽. Altvater 1998, 23~25쪽.

22) Alvater 2006, 42쪽.

23) Clark and York 2005, 403~409쪽. Simms 2005.

24) Grimes 1999. Foster 2005, 1~2쪽. Li 2007, 2~3쪽.

25) Cavallo 2005.

26) Foster 2008, 24~28쪽. Klare 2008, 35~43쪽.

27) Hatemi and Wedeman 2007, 104쪽. Rachman 2008.

28) Hatemi and Wedeman 2007, 104쪽.

29) Li 2007.

30) Magdoff 2008, 3쪽.

31) Ford 2008.

32) Wen and Li 2006, 141~142쪽. Li 2008, 30쪽.

33) Economy 2007a.

34) Hansen et al. 2008. Tin 2008.

35) Gulick 2007.

36) Negroponte 2007.

37) Aiyar 2007.

38) French 2008.

39) French 2008.

40) Engardio et al. 2007. French 2008. Righter 2008.

41) Andreas 2008, 133~134쪽.

42) Wong 2008.

43) Barboza 2008.

44) Harvey 2005, 130~132쪽. Walker and Buck 2007. Hart-Landsberg 2008.

45) Wallerstein 2004. Palat 2005. Arrighi 2007.

46) Johnes 2005, 108쪽. Petras 2007. 존스Jones는 중국과 미국의 상호 의존을 "딱
    붙어서 죽음의 커플댄스를 추고 있다."고 적나라하게 비유하였다.

47) Barma, Ratner and Weber 2007. Paulson 2008.

48) McGregor 2005. Weisman 2006.

49) Petras 2005.

50) Higgins 2004. Barma, Ratner and Weber 2007. Bhadrakumar 2007.

51) Hutzler 2006. Arrighi 2007, 295쪽.

52) Weisberg 2006.

53) The Economist 2007a. Mekay 2007.

54) Jacobs and Barboza 2008.

55) Faiola and Cha 2008.

56) Norris 2007. Bezlova 2008.

57) Davis 2008. Faiola and Cha 2008.

58) Keliher 2004.

59) Palat 2005. 팔라트Palat는 이러한 주장을 더 세세하게 설명했는데, 그는 동아
시아 경제 권력으로서의 중국의 부상은 일본 제국주의의 재연에 대한 지역적
공포를 약화시켰고 그래서 동아시아에서 중복되면서도 상호 보완적인 중일
간 무역 투자 네트워크가 하나의 통합체로서 독립적인 지역 통화와 나아가 안
보 협력의 가능성까지 북돋고 있다고 주장하였다.

60) Al Jazeera 2008.

61) Murphy 2005, 58쪽.

62) MacCormack 2007.

63) The Economist 2007b.

64) Singer et al. 2007.

65) Pfaff 2007.

66) Anderson 2002. Bennhold 2008.

67) Johnson 1999, 44~51쪽. Achar 2000, 109~111쪽. Klare 2006.

68) Achcar 2000, 11쪽.

69) Gowan 2006.

70) Ferdinand 2007b, 842쪽.

71) Garnett 2001, 46쪽.

72) Achcar 2000, 130쪽. Deng 2002, 130쪽.

73) Castro 2000, 210쪽.

74) Wishnick 2001, 104~105쪽.

75) Gittings 2000, 399쪽.

76) Achcar 2000, 132~133쪽.

77) Wishnick 2001, 126쪽. Deng 2002, 119쪽. Cheng 2004, 484쪽.

78) Lo 2004, 296쪽. Wang 2006, 25쪽. Ferdinand 2007b, 860쪽.

79) Wishnick 2001, 126~127쪽. Lo 2004, 296쪽.

80) Achcar 2000, 131~132쪽. Garnett 2001, 45쪽.

81) Achcar 2000, 131~132쪽. Wang 2006, 25쪽.

82) Gittings 2000, 398쪽.

83) Deng 2002, 130쪽.

84) Wishnick 2001, 131~132쪽.

85) Kerr 2005, 417쪽.

86) Wang 2006, 9쪽.

87) Kerr 2005, 415쪽. Wang 2006, 24쪽.

88) Garnett 2001, 41쪽.

89) Ferdinand 2007b, 854쪽.

90) Anderson 2002, 14쪽.

91) Lanteigne 2004.

92) Trilling 2002. Lanteigne 2004, 6쪽.

93) Cheng 2004, 487쪽. Lanteigne 2004, 7쪽.

94) Lo 2004, 305쪽. Ferdinand 2007b, 844쪽.

95) Cheng 2004, 488쪽. Lo 2004, 299쪽.

96) Rozman 2004, 336쪽. Kerr 2005, 419쪽.

97) Kerr 2005, 414쪽. Wang 2006, 9, 15쪽.

98) Rozman 2004, 334~336쪽.

99) Brooke 2004.

100) Trilling 2002. Kerr 2005, 419쪽.

101) Wang 2006, 25쪽.

102) Deng 2002, 120~121쪽.

103) Ferdinand 2007b, 849쪽.

104) Yang 2003.

105) Arrighi 2005, 76쪽.

106) Wang 2006, 25쪽.

107) Wang 2006, 26쪽. Ferdinand 2007b, 854쪽.

108) Lomanov 2005.

109) Lo 2004, 297쪽.

110) Matthews and Nemtsova 2006.

111) Lo 2004, 299쪽. Rozman 2004, 332~338쪽. Ferdinand 2007b, 866쪽.

112) Klare 2006. Wang 2006, 10쪽.

113) Petras 2005.

114) Lo 2004, 306~307쪽.

115) Cheng 2004, 485~486쪽.

116) Acher 2005. Trenin 2007.

117) Kagan 2006. Gat 2007.

118) Kagarlitsky 2004. Ferdinand 2007a, 671~676쪽.

119) Lavelle 2004.

120) Cohen 2006.

121) Trenin 2007.

122) Wallerstein 2008.

123) Trenin 2007.

124) Consortiumnews.com 2008.

125) Saunders 2006.

126) Kerr 2005, 417쪽.

127) Klare 2006. Wang 2006, 10~12쪽.

128) Kerr 2005.

129) Bezlova 2007.

130) Ferdinand 2007b, 851~852쪽.

131) Helmer 2008.

132) Lobe 2006.


## 8장 : : 중국과 미국의 노동 운동

1) 이 글에서는 중국을 중화인민공화국의 약칭으로 사용한다.

2) Friedman 2005.

3) 고용 데이터는 U. S. Bureau of Labor Statistics, Current Employment Statistics Survey, Table B-1의 2000년과 2007년 참조.
   수입 데이터는 U. S. Census Bureau, Foreign Trade Statistics, "Trade in Goods with China"의 2000년과 2007년 참고.

4) James P. Hoffa, "Bush to Hu : Huh?", April 23, 2006. www.huffingtonpost.com/james-p-hoffa/bush-to-hu-huh_b_19657.html (2008년 11월 12일 검색).

5) 미국은 1980년에 중국에게 일시적인 최혜국 지위를 부여했다. 1998년에 미국은 이 용어를 정상 무역 관계Normal Trade Relations(NTR)라는 용어로 바꾸었다. 중국은 2000년에 미국 의회로부터 항구적인 정상 무역 관계 지위를 부여받았다.

6) Devroy 1994.

7) Trumka 2005.

8) Hagenbaugh 2005.

9) Moody 2007.

10) U. S. Census, "Imports (Goods)," Foreign Trade Statistics.
www.census.gov/foreign-trade/statistics/highlights/top/top0605.html
#imports(2008년 11월 12일 검색).

11) Bronfenbrenner and Luce 2004.

12) Bureau of Labor Statistics.
Business Employment Dynamics, First Quarter 2004.

13) Blinder 2006.

14) Yates 2003.

15) ILO 2008.

16) Roach 2007.

17) Moody 2007.

18) PNTR. Bello and Mittal 2000.

19) Frutiger 2002. Scipes 2006.

20) Blain 2001.

21) Wong and Bernard 2000 참조.

22) Saxton 1975.

23) Gyory 1998.

24) Kearney and Knight 1878.

25) Bronfenbrenner 2000.

26) Bonacich, Fletcher and Hermanson 2007.

27) "Domestic Manufacturers Force the National Association of Manufacturers' Big Members to Take a Stand on China," Manufacturing News, July 7, 2006, vol. 13, no. 13. 미국 노조 간부들과 국내 자본들이 종종 이러한 이슈에서 같은 편에 있었다는 사실은 흥미롭다.

28) Ross 2006.

29) 중국에 대한 외국인 직접 투자 규모가 가장 큰 지역은 홍콩이다. 그다음은 영국령 버진아일랜드, 한국, 일본, 싱가포르, 미국 순이다.
U.S.-China Business Council, "Foreign Investment in China: Forecast

2008” 참고. http://uschina.org/public/documents/2008/02/2008-foreign-investment.pdf(2008년 12월 10일 검색).

30) Glenn 2003.

31) Alexander and Chan 2004.

32) Vandaele 2008.

33) Howell 2006.

34) Chan 2007.

35) Chinese Labor News Translations 2008.

36) Vandaele 2008.

37) Gallin 2008.

38) Chan 2006.

39) Quan 2004.

40) Lee 2005.

41) Costello, Smith, and Brecher 2006.

42) Costello, Smith, and Brecher 2006.

43) 예컨대 Esbenshade 2004.

44) 다른 연구자들은 다른 나라들에서 그리고 다른 맥락에서도 기업의 사회적 책임이 취약한 편이라고 지적해왔다. 예컨대 Ballinger 2008.

45) Bonacich and Wilson 2007.

46) Bonacich and Wilson 2007.


## 9장 ∷ 세계 노동 소요의 진원지로 떠오르는 중국

1) Silver 2003, 3장.

2) Silver 2003, 2장.

3) White 2007. 분명 이러한 수치를 해석하는 데 주의해야 한다. 중국의 13억 인구에 맞춰본다면 이러한 공식 수치는 놀랍지 않아 보인다. 그러나 사건 수의 급속한 증가 추세는 매우 극적이라고 할 수 있다(그리고 집단 시위의 공식 통계는 실제 사건 수보다 거의 분명히 과소평가되어 있다.).

4) Lee 2007.

5) Silver 2003.

6) Cody 2004.

7) Lee 2007.

8) 예컨대 People's Daily 2005를 보라.

9) Chan 2003.

10) Xinhua 2008.

11) Business Watch 2006, Chan 2006을 보라.

12) ChinaTechNews.com 2007, Global Labor Strategies 2007.

13) 2008년 1월에 베이징에서 진행한 장루의 회사 경영자와의 인터뷰.

14) Fong and Canaves 2008.

15) 이 같은 관심사는 전국 노동관계법의 처음 두 구절에서 명백하게 나타나 있다.
    법률 조항에 대해서는
    www.nlrb.gov/about_us/overview/nationl_labor_relations_act.aspx
    (2008년 11월 12일 검색) 참고.

16) Silver 2003, 2~3장.

17) Fong and Canaves 2008. Bradsher 2008을 보라.

18) Zhang 2008.

19) Silver 2003, 57쪽.

20) 예컨대 Arrighi 2007, 11장을 보라.

21) 2006년 10월, 장루의 현지 조사 기록.

22) Lianhe News 2008.

23) Zhang 2008.

24) Silver 2003, 67~69쪽.

25) 2008년 1월, 장루의 현지 조사 기록.

26) Evans & Staveteig 2008.

27) Silver 2003을 보라.

28) Vernon 1966.

29) Schumpeter 1954, 73쪽.

30) Silver 2003, 77~97쪽.

31) Zhang 2008, 30.

32) Silver 1990. Arrighi 1990. 그리고 이 책의 5장을 참고하라.

33) 일단 여기서 다루지는 않겠지만, 이러한 줄거리의 두 번째 문제는 중국 바깥의
    노동 운동의 문제가 (공정하든 공정하지 않든 간에) 상당 정도 중국과의 경쟁에서
    비롯된다고 가정하는 것이다. 루스 밀크먼(Milkman 2006)이 미국 사례에서 보
    여주었듯이, 미국 제조업에서 노동 운동의 위기는 중국과의 경쟁이 늘어나기

전에 발생한 것이다. 게다가 트럭 운송이나 청소 용역 서비스와 같은 서비스 부문 활동에서 나타나는 노동 착취의 상황은 국제적인 경쟁 압력의 제한을 받지 않는다.

34) Arrighi and Silver 1999, 결론을 참고하라.

35) Silver 2003, 4장.


## 10장 : : 경고: 중국의 부상은 지속 가능한가?

1) People's Daily, January 13, 2007.

2) Wade 1990. Haggard 1990. Evans 1995.

3) So 2003, 18~19쪽.

4) Rawski 2002, 364~365쪽.

5) Rajun 2006.

6) Xie 2006. Huang 2002. Rawski 2002, 364~365쪽.

7) Xinhuawang, November 14, 2005.

8) Huang 2003, 140~148쪽.

9) Kiester and Lu 2001, 26쪽.

10) Rajun 2006.

11) Bank for International Settlement 2007, 56쪽.

12) Tsai 2002, 29~35쪽. Shih 2004.

13) Lardy 1998. Rawski 2002. The Economist, October 29, 2005.

14) Bank for International Settlement 2006, 144쪽.

15) New York Times, October 15, 2006. Dobson and Kashyap 2006. Naughton 2007, 460~467쪽.

16) Podpiera 2006.

17) The Economist, April 8, 2006에서 인용.

18) Deyo 1987. Haggard 1990, 223~253쪽.

19) Grabowski. 1994.

20) Wang and Hu 1999. Riskin et al. 2001.

21) Evans and Staveig 2008.

22) lee 1998. Glyn 2005, 22쪽. Hung 2008, 162쪽.

23) He and Kuijs 2007, 11~12쪽.

24) Hung 2008, 164쪽.



중국, 자본주의를 바꾸다

25) Hung 2008, 165쪽.

26) Aglietta 1979, 353~379쪽. Devine 1983. Bello 1998. Wade 2000.
Murphy 2000. Erturk 2002. Palat 2003.

27) Fan and Felipe 2005. Shan 2006a, 2006b. Islam et al. 2006, 149~154쪽.
Hung 2008, 166쪽.

28) 예를 들어 Fernald and Babson 1999, Lin 2000을 참고.

29) Washington Post, January 17, 2006 참고.

30) Mead 1999. Palley 2002. Asian Development Bank 2005, 40~62쪽.

31) 이는 홍콩을 경유한 재수출을 포함한 수치이다. Roach 2006a, 2006b 참고.

32) Economy 2004.

33) Economy and Liberthal 2007, 90쪽.

34) Aglietta 1979.

| 참고문헌 |

## 1장 : : 서론: 지구적 자본주의의 세 전환과 중국의 부상

Aglietta, Michel. 1979. A *Theory of Capitalist Regulation: The U.S. Experience.* London: Verso. (『자본주의 조절이론』, 성낙선 외 옮김, 한길사, 1995년).

Akamatsu, Kaname. 1962. "A Historical Pattern of Economic Growth in Developing Countries." *Journal of Developing Economies* 1, no. 1: 3-25.

Amin, Samir, Giovanni Arrighi, Andre Gunder Frank, and Immanuel Wallerstein. 1990. *Transforming the Revolution: Social Movements and the World-System.* New York: Monthly Review Press.

Arrighi, Giovanni. 1994. *The Long Twentieth Century: Money, Power, and the Origins of Our Times.* London: Verso. (『장기 20세기』, 백승욱 옮김, 그린비, 2008년).

Arrighi, Giovanni, and Jessica Drangel. 1986. "The Stratification of the World-Economy: An Exploration of the Semiperipheral Zone." *Review* 10, no. 1: 9-74.

Arrighi, Giovanni, Terence K. Hopkins, and Immanuel Wallerstein. 1989. *Antisystemic Movements.* New York: Verso. (『반체제 운동』, 송철순 외 옮김, 창작과 비평사, 1996년).

Arrighi, Giovanni, and Beverly J. Silver. 1999. *Chaos and Governance in the Modem World System.* Minneapolis: University of Minnesota Press. (『체계론으로 보는 세계사』, 최흥주 옮김, 모티브북, 2008년).

Block, Fred L. 1977. *The Origins of International Economic Disorder: A Study of United States International Monetary Policy from World War II to the Present.* Berkeley: University of California Press.

Bray, Francesca. 1986. *The Rice Economies: Technology and Development in*




중국, 자본주의를 바꾸다

*Asian Societies.* Berkeley: California University Press.

Chan, Anita. 1985. *Children of Mao: Personality Development and Political Activism in the Red Guard Generation.* New York: Macmillan.

Chandler, Alfred. 1977. *The Visible Hand: The Managerial Revolution in American Business.* Cambridge, MA: Harvard University Press.

Chase-Dunn, Christopher. 1998. *Global Formation: Structures of the World-Economy.* Lanham, MD: Rowman and Littlefield.

Chase-Dunn, Christopher, and Terry Boswell. 2000. *The Spiral of Capitalism and Socialism: Toward Global Democracy.* Boulder, CO: Lynne Rienner.

Dirlik, Arif. 1994. *After the Revolution: Waking to Global Capitalism.* Hanover, NH: University of New England Press.

Esherick, Joseph W., Paul G. Pickowicz, and Andrew G. Walder, eds. 2006. *Cultural Revolution as History.* Palo Alto, CA: Stanford University Press.

Evans, Peter. 1995. *Embedded Autonomy: States and Industrial Transformation.* Princeton: Princeton University Press.

Froebel, F., J. Heinrichs, and O. Krey. 1980. *The New International Division of Labor: Structural Unemployment in Industrialized Countries and Industrialization of Developing Countries.* Cambridge, UK: Cambridge University Press.

Gilpin, Robert. 1987. *The Political Economy of International Relations.* Princeton: Princeton University Press. (『국제관계의 정치경제학』, 강문구 옮김, 인간사랑, 1996년).

Gowan, Peter. 1999. *The Global Gamble: Washington's Faustian Bid for World Dominance.* London: Verso.

Gramsci, Antonio. 1971. "Americanism and Fordism." *Selections from the Prison Notebooks.* New York: International Publisher, 277-320. (『그람시의 옥중수고』 1, 이상훈 옮김, 거름, 1999년).

Guthrie, Doug. 2006. *China and Globalization: The Social, Economic, and Political Transformation of Chinese Society.* New York: Routledge.

Hall, Peter A., and David Soskice, eds. 2001. *Varieties of Capitalism: The Institutional Foundations of Comparative Advantage.* Oxford, U.K.: Oxford University Press.

Harvey, David. 1990. *The Condition of Postmodernity.* Oxford, U.K.: Blackwell. (『포스트 모더니티의 조건』, 구동회 외 옮김, 한울, 2008년).

________. 2005. A *Brief History of Neoliberalism.* Oxford, U.K.: Oxford University Press. (『신자유주의』, 최병두 옮김, 한울, 2009년).

Haggard, Stephan. 1990. *Pathways from the Periphery: The Politics of Growth in the Newly Industrializing Countries.* Ithaca: Cornell University Press. (『주변부로부터의 오솔길』, 박건영 옮김, 문학과 지성사, 1994년).

Hung Ho-fung. 2008. "Rise of China and the Global Overaccumulation Crisis." *Review of International Political Economy* 15, no. 2.

Katzenstein, Peter J. 1997. "Asian Regionalism in Comparative Perspective." In *Network Power: Japan and Asia*, ed. Peter Katzenstein and Takashi Shiraishi, 1-46. Ithaca: Cornell University Press.

Katzenstein, Peter J., and Takashi Shiraishi. 1997. "Regions in World Politics, Japan and Asia-Germany in Europe." In *Network Power: Japan and Asia*, ed. Peter Katzenstein and Takashi Shiraishi, 341-82. Ithaca: Cornell University Press.

Koschmann, Victor J. 1997. "Asianism's Ambivalent Legacy." In *Network Power: Japan and Asia*, ed. Peter Katzenstein and Takashi Shiraishi, 83-112. Ithaca: Cornell University Press.

Krause, Lawrence B. 1998. *The Economics and Politics of the Asian Financial Crisis of 1997-1998.* New York: Council on Foreign Relations.

Lee Ching-kwan. 1998. *Gender and the South China Miracle.* Berkeley: University of California Press.

McMichael, Philip. 2008. *Development and Social Change: A Global Perspective.* 2nd edition. Thousand Oaks, CA: Pine Forge.

Meisner, Maurice. 1999. *Mao's China and After: A History of The People's Republic.* New York: Free Press.

Naughton, Barry. 1995. *Growing Out of the Plan: Chinese Economic Reform, 1978-1993.* Cambridge, U.K.: Cambridge University Press.

Ozawa, Terutomo. 1979. *Multinationalism, Japanese Style: The Political Economy of Outward Dependency.* Princeton: Princeton University Press.

Pempel, T. J. 1997. "Transpacific Torii: Japan and the Emerging Asian

  중국, 자본주의를 바꾸다

Regionalism." In *Network Power: Japan and Asia*, ed. Peter Katzenstein and Takashi Shiraishi, 47-82. Ithaca: Cornell University Press.

Pempel, T. J., ed. 1999. *The Politics of Asian Economic Crisis.* Ithaca: Cornell University Press.

Perry, Elizabeth J., and Li Xun. 1997. *Proletarian Power: Shanghai in the Cultural Revolution.* Boulder, CO: Westview Press.

Pun Ngai. 2005. *Made in China: Women Factory Workers in a Global Workplace.* Durham, NC: Duke University Press.

Ramo, J. C. 2004. *The Beijing Consensus.* London: The Foreign Policy Centre.

Schurmann, Franz. 1966. *Ideology and Organization in Communist China.* Berkeley: University of California Press.

Selden, Mark. 1993. *The Political Economy of Chinese Development.* Armonk, NY: M. E. Sharpe.

________. 1997. "China, Japan, and the Regional Political Economy of East Asia, 1945-95." In *Network Power: Japan and Asia*, ed. Peter Katzenstein and Takashi Shiraishi. Ithaca: Cornell University Press.

Shenkar, O. 2004. *The Chinese Century: The Rising Chinese Economy and its Impact on the Global Economy, the Balance of Power, and Your Job.* Philadelphia: Wharton School Publishing / Cornell University Press. (『중국의 세기』, 김민주 외 옮김, 럭스미디어, 2006년)

Shiraishi Takashi. 1997. "Japan and Southeast Asia." In *Network Power: Japan and Asia*, ed. Peter Katzenstein and Takashi Shiraishi, 169-96. Ithaca: Cornell University Press.

Shirk, Susan L. 1993. *The Political Logic of Economic Reform in China.* Berkeley and Los Angeles: University of California Press.

So, Alvin Y., and Stephen W. Chiu. 1995. *East Asia and the World Economy.* Boulder, CO: Westview Press.

Stallings, Barbara, ed. 1995. *Global Change, Regional Response: The New International Context of Development.* New York: Cambridge University Press.

Sugihara, Karo. 2003. "The East Asian Path of Economic Development: A Long-term Perspective." In *Resurgence of East Asia: 500, 150, 50 Year*

*Perspectives*, ed. Giovanni Arrighi, Takashi Hamashita, and Mark Selden. New York: Routledge.

Wade, Robert. 1990. *Governing the Market: Economic Theory and the Role of Government in East Asian Industrialization*. Princeton: Princeton University Press.

Wallerstein, Immanuel. 1974. *The Modern World-System I: Capitalist Agriculture and the Origins of the European World-Economy in the Sixteenth Century*. New York: Academic Press. (『근대 세계 체제1』, 나종일 외 옮김, 까치, 1999년).

________. 1979. *The Capitalist World-Economy*. New York: Cambridge University Press.

________. 1980. *The Modern World-System II: Mercantilism and the Consolidation of the European World-Economy, 1600-1750*. New York: Academic Press. (『근대 세계 체제 2』, 나종일 외 옮김, 까치, 1999년).

________. 1989. *The Modern World-System III: The Second Era of Great Expansion of the Capitalist World-Economy, 1730-1840s*. New York: Academic Press. (『근대 세계 체제 3』, 나종일 외 옮김, 까치, 1999년).

________. 1990. "Antisystemic Movements: History and Dilemma." In *Transforming the Revolution: Social Movements and the World-System*, ed. Samir Amin, Giovanni Arrighi, Andre Gunder Frank, and Immanuel Wallerstein, 13-53. New York: Monthly Review Press.

Zweig, David. 2002. *Internationalizing China: Domestic Interests and Global Linkages*. Ithaca: Cornell University Press.

## 2장 : : 장기적인 관점으로 본 중국의 시장 경제

Adas, Michael. 1989. *Machines as Measure of Men: Science, Technology and Ideologies of Western Dominance*. Ithaca: Cornell University Press. (『기계, 인간의 척도가 되다』, 김동광 옮김, 산처럼, 2011년).

Arrighi, Giovanni. 1994. *The Long Twentieth Century: Money, Power, and the Origins of Our Times*. London: Verso.

________. 1996. "The Rise of East Asia: World Systemic and Regional Aspects." *International Journal of Sociology and Social Policy* 16, no. 7: 6-44.

________. 2007. *Adam Smith in Beijing: Lineages of the Twenty-First Century*. London: Verso. (「베이징의 애덤 스미스」, 강진아 옮김, 길, 2009년).

Arrighi, Giovanni, Po-keung Hui, Ho-fung Hung, and Mark Selden. 2003. "Historical Capitalism, East and West." In *The Resurgence of East Asia: 500, 150 and 50 Year Perspectives*, ed. Giovanni Arrighi, Takashi Hamashita, and Mark Selden, 259-333. London and New York: Routledge.

Arrighi, Giovanni, Satoshi Ikeda, and Alex Irwan. 1993. "The Rise of East Asia: One Miracle or Many?" In *Pacific Asia and the Future of the World-Economy*, ed. R. A. Palat, 42-65. Westport, CT: Greenwood Press.

Arrighi, Giovanni, and Beverly J. Silver. 1999. *Chaos and Governance in the Modern World System*. Minneapolis: University of Minnesota Press.

Arrighi, Giovanni, and Lu Zhang. 2007. "From the Washington to the Beijing Consensus and Beyond." Unpublished paper.

Baker, Christopher. 1981. "Economic Reorganization and the Slump in Southeast Asia." *Comparative Studies in Society and History* 23, no. 3: 325-49.

Bartlett, Beatrice S. 1991. *Monarchs and Ministers: The Grand Council in Mid-Ch'ing China*, 1723-1820. Berkeley: University of California Press.

Bernstein, Thomas P., and Xiaobo Lu. 2003. *Taxation without Representation in Contemporary Rural China*. New York: Cambridge University Press.

Borden, William S. 1984. *The Pacific Alliance: United States Foreign Economic Policy and Japanese Trade Recovery, 1947-1955*. Madison: University of Wisconsin Press.

Bouckaert, Boudewijn R. A. 2005. "Bureaupreneurs in China: We Did It Our Way-A Comparative Study of the Explanation of the Economic Successes of Town-Village-Enterprises in China." Paper presented at the EALE Conference, Ljubljana, Slovenia, September.

Braudel, Fernand. 1982. *Civilization and Capitalism, 15th-18th Century, II: The Wheels of Commerce*. New York: Harper and Row. (「물질 문명과 자본주의」 2, 주경철 옮김, 까치, 1996년).

Cai Fang, Albert Park, and Yaohui Zhao. 2004. "The Chinese Labor Market."

Paper presented at the Second Conference on China's Economic Transition: Origins, Mechanisms, and Consequences, University of Pittsburgh, Pittsburgh, Pennsylvania, November 5-7.

Cumings, Bruce. 1987. "The Origins and Development of the Northeast Asian Political-Economy: Industrial Sectors, Product Cycles, and Political Consequences." In *The Political Economy of the New Asian Industrialism*, ed. F. C. Deyo, 44-83. Ithaca: Cornell University Press.

________. 1993. "The Political Economy of the Pacific Rim." In *Pacific-Asia and the Future of the World-System*, ed. R. A. Palat, 21-37. Westport, CT: Greenwood Press.

________. 1997. "Japan and Northeast Asia into the Twenty-first Century." In *Network Power: Japan and Asia*, ed. P. J. Katzenstein and T. Shiraishi, 136-68. Ithaca: Cornell University Press.

Cushman, Jennifer Wayne. 1993. *Fields from the Sea: Chinese Junk Trade with Siam during the Late Eighteenth and Early Nineteenth Centuries*. Studies on Southeast Asia, Southeast Asia Program, Cornell University, Ithaca, New York.

Duus, Peter. 1984. "Economic Dimensions of Meiji Imperialism: The Case of Korea, 1895-1910." *The Japanese Colonial Empire*, 1895-1945, ed. R. H. Myers and M. R. Peattie, 128-71. Princeton: Princeton University Press.

Esherick, Joseph. 1972. "Harvard on China: The Apologetics of Imperialism." *Bulletin of Concerned Asian Scholars* 4, no. 4: 9-16.

Fairbank, John K. 1983. *The United States and China*. Cambridge, U.K.: Harvard University Press.

________. 1989. "Keeping Up with the New China." *New York Review of Books*, March 16: 17-20.

Feis, Herbert. 1965. *Europe: The World's Banker*, 1870-1914. New York: Norton.

Feuerwerker, Albert. 1970. "Handicraft and Manufactured Cotton Textiles in China, 1871-1910." *Journal of Economic History* 30, no. 2: 338-78.

Fishman, Ted C. 2004. "The Chinese Century." *New York Times Magazine*, July 4.



중국, 자본주의를 바꾸다

________. 2005. *China, Inc.: How the Rise of the Next Superpower Chanllenges America and the World.* New York: Scribner.

Friedland, J. 1994. "The Regional Callenge." *Far Eastern Economic Review,* June 9.

Gruenwald, Paul, and Masahiro Hori. 2008. "Intra-regional Trade Key to Asia's Export Boom." *IMF Survey Magazine: Countries and Regions,* February 6.

Hamilton, Gary G., and Wei-An Chang. 2003. "The Importance of Commerce in the Organization of China's Late Imperial Economy." In *the Resurgence of East Asia: 500, 150 and 50 Year Perspectives,* ed. G. Arrighi, T. Hamashita, and M. Selden, 173-213. London and New York: Routledge.

Hart, Gillian. 2002. *Disabling Globalization: Places of Power in Post-Apartheid South Africa.* Berkeley: University of California Press.

Hart-Landsberg, Martin, and Paul Burkett. 2004. "China and Socialism: Market Reform and Class Struggle." *Monthly Review* 56, no. 3: 7-123.

Helleiner, Eric. 1992. "Japan and the Changing Global Financial Order." *International Journal* 47: 420-44.

Hout, T., and J. Lebretton. 2003. "The Real Contest between America and China." *Wall Street Journal,* September 16.

Huang, Philip C. C. 1985. *The Peasant Economy and Social Change in North China.* Stanford, CA: Stanford University Press.

Hui Po-keung. 1995. "Overseas Chinese Business Networks: East Asian Economic Development in Historical Perspective." Ph.D. diss., Department of Sociology, State University of New York at Binghamton.

Hung Ho-fung. 2001a. "Imperial China and Capitalist Europe in the Eighteenth-Century Global Economy." In *Review* (Fernand Braudel Center) 24, no. 4: 473-513.

________. 2001b. "Maritime Capitalism in Seventeenth-Century China: The Rise and Fall of Koxinga in Comparative Perspective." Unpublished manuscript. Department of Sociology, Johns Hopkins University.

________. 2003. "Orientalist Knowledge and Social Theories: China and European Conceptions of East-West Differences from 1600 to 1900."

*Sociological Theory* 21, no. 3: 254-80.

________. 2004. "Early Modernities and Contentious Politics in Mid-Qing China, c. 1740-1839." *International Sociology* 19, no. 4: 478-503.

Iriye, Akira. 1970. "Imperialism in East Asia." *Modern East Asia*, ed. J. Crowley, 122-50. New York: Harcourt.

Irwan, Alex. 1995. "Japanese and Ethnic Chinese Business Networks in Indonesia and Malaysia." Ph.D. diss., Department of Sociology, State University of New York at Binghamton.

Jing Junjian. 1982. "Hierarchy in the Qing Dynasty." *Social Science in China: A Quarterly Journal* 3, no. 1: 156-92.

Kasaba, Resat. 1993. "Treaties and Friendships: British Imperialism, the Ottoman Empire, and China in the Nineteenth Century." *Journal of World History* 4, no. 2: 213-41.

Kawakatsu, Heita. 1994. "Historical Background." In *Japanese Industrialization and the Asian Economy*, ed. A. J. H. Lathan and H. Kawakatsu, 4-8. London and New York: Routledge.

Kennedy, Paul. 1987. *The Rise and Fall of the Great Powers: Economic Change and Military Conflict from 1500 to 2000*. New York: Random House. (「강대국의 흥망」, 이왈수 외 옮김, 한국경제신문사, 1997년).

Lin, Justin Yifu, and Yang Yao. n.d. "Chinese Rural Industrialization in the Context of the East Asian Miracle." China Center for Economic Research, Beijing University. Available at http://www.esocialsciences.com/articles/displayArticles.asp?Article_ID=647, accessed November 13, 2008.

Lin Nan. 1995. "Local Market Socialism: Local Corporatism in Action in Rural China." *Theory and Society* 24: 301-54.

Mackie, Jamie.1992. "Changing Patterns of Chinese Big Business." *Southeast Asian Capitalists*, ed. R. McVey. Southeast Asian Program, Cornell University, Ithaca, New York.

________. 1998. "Business Success among Southeast Asian Chinese: The Role of Culture, Values, and Social Structures." In *Market Cultures: Society and Morality in the New Asian Capitalism*, ed. R. W. Hefner. Boulder, CO: Westview Press.

Maddison, Angus. 2007. *Contours of the World Economy, 1-2030 A.D.* New York: Oxford University Press.

Marx, Karl. 1959. *Capital.* Volume 1. Moscow: Foreign Languages Publishing House. (『자본』 1, 강신준, 길, 2008년).

Marx, Karl, and Friedrich Engels. 1967. *The Communist Manifesto.* Harmondsworth: Penguin. (『공산당 선언』 이진우 옮김, 책세상, 2002년).

McNeill, William. 1982. *The Pursuit of Power: Technology, Armed Force, and Society since A.D. 1000.* Chicago: University of Chicago Press. (『전쟁의 세계사』, 신미원 옮김, 이산, 2005년).

_______. 1998. "World History and the Rise and Fall of the West." *Journal of World History* 9, no. 2: 215-37.

Nathan, Andrew J. 1972. "Imperialism's Effects on China." *Bulletin of Concerned Asian Scholars* 4, no. 4: 3 -8.

Oi, Jean. 1999. *Rural China Takes Off Institutional Foundations of Economic Reform.* Berkeley: University of California Press.

Okimoto, Daniel I., and Thomas P. Rohlen. 1988. *Inside the Japanese System: Readings on Contemporary Society and Political Economy.* Stanford: Stanford University Press.

Ong, Aihwa and Donald M. Nonini, eds. 1997. *Ungrounded Empires: The Cultural Politics of Modem Chinese Transnationalism.* New York: Routledge.

Ozawa, Terutomo. 1993. "Foreign Direct Investment and Structural Transformation: Japan as a Recycler of Market and Industry." *Business and the Contemporary World* 5, no. 2: 129-50.

_______. 2003. "Pax Americana-Led Macro-Clustering and Flying-Geese-Style Catch-Up in East Asia: Mechanisms of Regionalized Endogenous Growth." *Journal of Asian Economics* 13: 699-713.

Parker, Geoffrey. 1989. "Taking Up the Gun." *MHQ: The Quarterly Journal of Military History* 1, no. 4: 88-101.

Peattie, Mark. 1984. "Introduction." In Ramon Myers and Mark Peattie, *The Japanese Colonial Empire, 1895-1945,* 3-26. Princeton: Princeton University Press.

Perdue, Peter C. 1987. *Exhausting the Earth: State and Peasant in Hunan, 1500-1850.* Cambridge, MA: Harvard University Press.

Polanyi, Karl. 1957. *The Great Transformation: The Political and Economic Origins of Our Time.* Boston: Beacon Press. (『거대한 전환』, 홍기빈 옮김, 길, 2009년).

Pomeranz, Kenneth. 2000. *The Great Divergence: Europe, China, and the Making of the Modern World Economy.* Princeton University Press.

Prestowitz, clyde. 2005. *Three Billion New Capitalists. The Great Shift of Wealth and Power to the East.* New York: Basic Books.

Rowe, William. 2001. *Saving the World: Chen Hongmou and Elite Consciousness in Eighteenth-Century China.* Stanford, CA: Stanford University Press.

Rozman, Gilbert. 1991. *The East Asian Region: Confucian Heritage and its Modern Adaptation.* Princeton: Princeton University Press.

Schurmann, Franz. 1974. *The Logic of World Power: An Inquiry into the Origins, Currents, and Contradictions of World Politics.* New York: Pantheon.

Selden, Mark. 1997. "China, Japan, and the Regional Political Economy of East Asia, 1945-1995." In *Network Power: Japan and Asia*, ed. P. Katzenstein and T. Shiraishi, 306-40. Ithaca: Cornell University Press.

So, Alvin Y. 1986. *The South China Silk District.* Albany: State University of New York Press.

So, Alvin Y., and Stephen W. K. Chiu. 1995. *East Asia and the World-Economy.* Newbury Park, CA: Sage.

Stallings, Barbara. 1990. "The Reluctant Giant: Japan and the Latin American Debt Crisis." *Journal of Latin American Studies* 22: 1-30.

Sugihara, Kaoru. 1996. "The European Miracle and the East Asian Miracle: Towards a New Global Economic History." *Sangyo to keizai* 11, no. 12: 27-48.

_______. 2003. "The East Asian Path of Economic Development: A Long-term Perspective." In *The Resurgence of East Asia: 500, 150 and 50 Year Perspectives*, ed. G. Arrighi, T. Hamashita and M. Selden, 78-123. London and New York: Routledge.

　　　　　　　　　　　中국, 자본주의를 바꾸다

Taylor, A. 2006. "A Tale of Two Factories." *Fortune Magazine*, September 14.

Tsai, Kellee S. 2004. "Off Balance: The Unintended Consequences of Fiscal Federalism in China." *Journal of Chinese Political Science* 9, no. 2: 7-26.

Tsai, Lily. 2007. *Accountability without Democracy: Solidary Groups and Public Goods Provision in Rural China.* New York: Cambridge University Press.

Tsiang, Ting-fu. 1967. "The English and the Opium Trade." In *Imperial China,* ed. F. Schurmann and O. Schell, 132-45. New York: Vintage.

Unger, Jonathan. 2002. *The Transformation of Rural China.* Armonk, NY: M. E. Sharpe.

Walder, Andrew. 1995. "Local Governments as Industrial Firms: An Organizational Analysis of China's Transitional Economy." *American Journal of Sociology* 101, no. 2: 263-301.

Wang Gungwu. 1991. *China and the Chinese Overseas.* Singapore: Times Academic Press.

————. 1998. "Ming Foreign Relations: Southeast Asia." In *The Cambridge History of China Vol. 8(2), The Ming Dynasty,* ed. D. Twitchett and F. Mote, 301-32. Cambridge, U.K.: Cambridge University Press.

Wang Juan. 2005. "Going Beyond Township and Village Enterprises in Rural China." *Journal of Contemporary China* 14, no.42: 177-87.

Whiting, Susan H. 2001. *Power and Wealth in Rural China: The Political Economy of Institutional Change.* Cambridge, U.K.: Cambridge University Press.

Will, Pierre-Etienne, and R. Bin Wong. 1991. *Nourish the People: The State Civilian Granary System in China, 1650-1850.* Ann Arbor: University of Michigan Press.

Wills, John E. Jr. 1998. "Relations With Maritime Europeans." In *the Cambridge History of China Vol. 8(2), The Ming Dynasty,* ed. D. Twitchett and F. Mote, 333-75. Cambridge, U.K.: Cambridge University Press.

Wolf, Eric. 1982. *Europe and the People without History.* Berkeley: California University Press.

Wong, R. Bin. 1997. *China Transformed: Historical Change and the Limits of European Experience.* Ithaca: Cornell University Press.

Wong Siu-Iun. 1988. *Emigrant Entrepreneurs.* Hong Kong: Oxford University Press.

Woo, Wing Thye. 1999. "The Real Reasons for China's Growth." *China Journal* 41: 115-37.

Wu Yuan-li, and Chun-hsi Wu. 1980. *Economic Development in Southeast Asia: The Chinese Dimension.* Stanford: Hoover Institution Press.


**3장 : : 중국의 경제 기적과 그 궤적**

Buckley, C. 2004. "Let a Thousand Ideas Flower: China Is a New Hotbed of Research." *New York Times,* September 13, C1, C4.

Burkett, Paul, and Martin Hart-Landsberg. 2005. "Thinking about China: Capitalism, Socialism, and Class Struggle." *Critical Asian Studies* 37: 433-40.

Chang Kyung-Sup. 2007. "Developmental Statism in the Post-Socialist Context: China's Reform Politics through a Korean Perspective." Paper presented to the conference "Chinese Society and China Studies," Nanjing, China, May 26-27, 2007.

Chen Xiangming. 2005. As *Borders Bend: Transnational Spaces on the Pacific Rim.* Lanham, MD: Rowman and Littlefield.

Chiu, Stephen, and Alvin Y. So. 2006. "State-Market Realignment in Post-Crisis East Asia: From GNP Developmentalism to Welfare Developmentalism?" Paper presented to the conference "The Role of Government in Hong Kong," Hong Kong, November 3, 2006.

*The Economist.* 2006. "Asia: Dreaming of Harmony; China." October 21, 76.

Edin, Maria. 2003. "State Capacity and Local Agent Control in China: CCP Cadre Management from a Township Perspective." *China Quarterly* 173: 35-42.

Guan Xinping. 2000. "China's Social Policy: Reform and Development in the Context of Marketization and Globalization." *Social Policy and Administration* 34: 115-30.

Hart-Landsberg, Martin, and Paul Burkett. 2004. "China and Socialism: Market Reforms and Class Struggle." *Monthly Review* 56: 1-116.

Harvey, David. 2005. A *Brief History of Neoliberalism.* Oxford, U.K.: Oxford University Press.

Halliday, Fred. 1976. "Marxist Analysis and Post-Revolutionary China." *New Left Review* 100: 165-92.

Hussain, Athar. 2005. "Preparing China's Social Safety Net." *Current History* 104: 683-722.

Liu, Melinda. 2007. "Beijing's New Deal." *Newsweek,* March 26.

Loo Becky and Sin Yin Chow. 2006. "China's 1994 Tax Sharing Reforms: One System, Different Impact." *Asian Survey* 46: 215-37.

Ogden, Suzanne. 2003. "Chinese Nationalism: The Precedence of Community and Identity over Individual Rights." In *China's Developmental Miracle: Origins, Transformations, and Challenges,* ed. Alvin Y. So. Armonk, NY: M. E. Sharpe.

Oi, Jean. 1989. *State and Peasant in Contemporary China: The Political Economy of Village Government.* Berkeley: University of California Press.

________. 1992. "Fiscal Reform and the Economic Foundations of Local State Corporatism in China." *World Politics* 45: 99-126.

Petras, James. 2006. "Past, Present, and Future of China: From Semi-Colony to World Power?" *Journal of Contemporary Asia* 36: 423-41.

Pringle, Tim. 2002. "Industrial Unrest in China: A Labour Movement in the Making?" *China Labour Bulletin,* January 31, 2002. Available at www.hartford-hwp.com/archives/55/294.html, accessed December 20, 2008.

Pun Ngai. 1999. "Becoming Dagongmei: The Politics of Identity and Difference in Reform China." *China Journal* 42: 1-19.

Saich, Tony. 2007. "Focus on Social Development." *Asian Survey* 47: 32-43.

Silver, Beverly J., and Giovanni Arrighi. 2000. "Workers North and South." In *2001 Socialist Register: Working Classes, Global Realities,* ed. Leo Panitch and Colin Leys. New York: Monthly Review Press.

So, Alvin Y. 2003. "The Making of a Cadre-Capitalist Class in China." In *China's Challenges in the Twenty-First Century,* ed. Joseph Cheng, 475-501. Hong Kong: City University of Hong Kong Press.

________. 2007. "The State and Labor Insurgency in Post-Socialist China." In

*Challenges and Policy Programs of China's New Leadership*, 133-50. Hong Kong: City University of Hong Kong Press.

So, Bennis Wai Yip. 2005. "Privatization." In *Critical Issues in Contemporary China, ed. Czeslaw Tubilewicz*, 50-79. New York and London: Routledge.

Wang Shaoguang and Hu Angang. 2001. *The Chinese Economy in Crisis: State Capacity and Tax Reform*. Armonk, NY: M. E. Sharpe.

Zheng Yongnian. 2004. *Globalization and State Transformation in China*. New York: Cambridge University Press.

## 4장 : : 대중화권의 거대 하청업체

Abernathy, Frederick H., John T. Dunlop, Janice H. Hammond, and David Weil. 1999. A *Stitch in Time: Lean Retailing and the Transformation of Manufacturing — Lessons from the Apparel and Textile Industry*. Oxford, U.K.: Oxford University Press.

Appelbaum, Richard P., and Rachel A. Parker. 2008 (forthcoming). "China's Bid to Become a Global Nanotech Leader: Advancing Technology through State-Led Programs and International Collaborations." *Science and Public Policy*.

Bai Chunli. 2005. "Ascent of Nanoscience in China," Science 309, no. 1: 61-63.

Bonacich, Edna. 2005. "Wal-Mart and the Logistics Revolution." In *Wal-Mart: Template for 21st Century Capitalism?*, ed. Nelson Lichtenstein. New York: New Press.

Bonacich, Edna, and Jake Wilson. 2005. "Wal-Mart's Global Production and Distribution System." *New Labor Forum*.

Cao Ning. 2005. "Different Structures in the Textile Industry's Supply Chain." *Peking University Luen Thai Center for Supply Chain System*, R&D *Bulletin*, April 30. Available at www.pkultc.com/englishindex.asp.

Chan Kai-wah. 2005. Associate Director, Hong Kong Christian Industrial Committee. Interview, September 15.

Chandler, Clay. 2005. "The Great Wal-Mart of China." *Fortune*, July 25.

Du Ling. 2003. "Taiwanese Investment in South Africa, Swaziland, and Lesotho: A Case Study by Ambassador Du Ling." Statement by Representative Du

Ling, Taipei Liaison Office in the Republic of South Africa at the African-Asian Society, Balalaika Hotel, Sandton, June 12. Available at www.roc-taiwan.org.za/press/20030909/z003090901.html.

Fong Mei. 2005. "Why Yuan Revaluation May Not Be a Cure-All." *Wall Street Journal*, February 1, A11.

Flextronics. 2003. Corporate Fact Sheet Asia. CD-ROM files. Singapore.

Gereffi, Gary, John Humphrey, and Timothy Sturgeon. 2005. "The Governance of Global Value Chains." *Review of International Political Economy* 12, no. 1: 78-104.

Gereffi, Gary, and Olga Memodovic. 2003. "The Global Apparel Value Chain: What Prospects for Upgrading by Developing Countries?" Sectoral Studies Series, United Nations Industrial Development Organization, Vienna, Austria. Available at www.unido.org/index.php?id=o12218, accessed November 15, 2008.

Gilman, Hank. 2004. "The Most Underrated CEO Ever." *Fortune Magazine*, March 21. Available at http://money.cnn.com/magazines/fortune/fortune_archive/2004/04/05/366366/index.htm, accessed November 15, 2008.

Hamilton, Gary, and Misha Petrovic. 2006a. "Global Retailers and Asian Manufacturers." In *Handbook of Research on Asian Business*, ed. Henry Wai chung Yeung, 208-20. Cheltenham, UK: Edward Elgar.

————. 2006b. "Making Global Markets: Wal-Mart and Its Suppliers." In *Wal-Mart: The Face of Twenty-first Century Capitalism*, ed. Nelson Lichtenstein, 107-52. New York: New Press.

Hermanson, Jeff. 2005. Personal Communication. February 7.

Ho, Clare Tsai-man. 2005. Personal communication. April 25.

Hong Kong Trade and Development Council. 2008. "Yue Yuen Net Industrial Profit Up 56% During Jan-Sep." September 26, 2008. Available at http://garments.hktdc.com/content.aspx?data=garments_content_en&contentid=1054462, accessed December 20, 2008.

*IAM Journal*. 2005. "China Dolls." International Association of Machinists and Aerospace Workers, AFL-CIO. Spring.

Just-style.com. 2003. "Garment Industries in Bangladesh and Mexico Face an Uncertain Future." October 20. Available at www.sweatshopwatch.org /global/articles/jsmexbang_oct03.html.

Kahn, Gabriel. 2003. "Made to Measure: Invisible Supplier Has Penney's Shirts All Buttoned Up." *Wall Street Journal*, September 11, A1.

________. 2004a. "Making Labels for Less: Supply-Chain City Transforms Far-Flung Apparel Industry." *Wall Street Journal*, August 13, B1.

________. 2004b. Personal communication. September 1.

Kapinsky, Raphie. 1993. *From Mass Production to Flexible Specialization: Micro-Level Restructuring in a British Engineering Firm.* London: Institute of Development Studies.

Kearney, Neil. 2003. "Trade in Textiles and Clothing after 2005." Presentation to the EU Directorate General on Trade, Conference on "The Future of Textiles and Clothing Trade After 2005," Brussels, Belgium, May 5-6. Available at http://trade-info.cec.eu.int/textiles/documents/153.doc.

Koudal, Peter, and Victor Wel-teh Long. 2005. "The Power of Synchronization: The Case of TAL Apparel Group." Deloitte Research Case Study (May). Available at *www.deloitte.com/dtt/cda/doc/content/DTT _DR_ TAL_May2005Web.pdf.*

Li and Fung. 2007. Li and Fung Group website. Available at www.lifung-group.com/front.html, accessed August 30, 2007.

Luen Thai. 2006. "Investor Relations: About Us." Available at http://luenthai.quamnet.com/luenthai/IR-index.htm.

________. 2007. *Luenthai Holdings Limited Annual Report 2006.* April 20. Available at http://www2.luenthai.com/files/LTN20070419219.pdf, accessed November 15, 2008.

Lüthje, Boy. 2005. "Global Production, Industrial Development, and New Labor Regimes in China: The Case of Electronics Contract Manufacturing." In *China: The Labor of Reform*, ed. Mary Gallagher, Ching Kwan Lee, and Albert Park. London: Routledge.

Magretta, Joan. 2002. "Fast, Global, and Entrepreneurial: Supply Chain Management, Hong Kong Style." *Harvard Business Review*, OnPoint



중국, 자본주의를 바꾸다

enhanced edition. October. (Original article: *Harvard Business Review*, September-October 1998, 103-14.)

Malone, Scott. 2002. "Who Loses to China?" Women's Wear Daily, November 26.

McGrath, Peter. 2003. Testimony before the United States International Trade Commission. Investigation 332-448, "Competitiveness of the Textile and Apparel Industries Investigation," January 22.

Merk, Jeroen. 2003. "The International Production of Branded Athletic Footwear." Unpublished paper written for the International Conference on Global Regulation, Centre for Global Political Economy. Brighton: University of Sussex.

________. 2008. "Restructuring and Conflict in the Global Athletic Footwear Industry: Nike, Yue Yuen, and Labour Codes of Conduct." In *Global Economy Contested: Finance, Production and the International Division of Labour*, ed. Marcus Taylor. London: Routledge.

Nordås, Hildegunn Kyvik. 2004. *The Global Textile and Clothing Industry post the Agreement on Textiles and Clothing*. Geneva: World Trade Organization.

Pine, B. Joseph II, and Stan Davis. 1999. *Mass Customization: The New Frontier in Business Competition*. Boston: Harvard Business School Press.

Piore, Michael, and Charles Sabel. 1986. *The Second Industrial Divide: Possibilities for Prosperity*. New York: Basic Books.

Pun Ngai. 2005. Interview with author. September 15.

Rigby, Elizabeth. 2008. "Tesco in New Drive on China." *Financial Times*, January 28. Available at www.ft.com/cms/s/o/45643bec-cd41-11dc-9b2b-000077b07658.html, accessed November 15, 2008.

Speer, Jordan K. 2002. "Sourcing in China: Firms Discuss Advantages, Issues." *Bobbin*, January 1. Available at www.apparelmag.com/bobbin/search /search_display.jsp?vnu_content_ id=1431921.

Suttmeier, Richard P., Cong Cao, and Denis Fred Simon. 2006. "China's Innovation Challenge and the Remaking of the Chinese Academy of Sciences." *Innovations* (Summer): 78-97.

*Taiwan Headlines.* 2007. "Yue Yuen Industrial Makes Bold Outlet Expansion in China." August 30. Available at http://english.www.gov.tw//Taiwan Headlines/index.jsp?categid=8&recordid=79153.

UNCTAD(United Nations Conference on Trade and Development). 2002. *World Investment Report* 2002: *Transnational Corporations and Export Competitiveness.* New York and Geneva: UNCTAD.

__________. 2004. *Assuring Development Gains from the International Trading System and Trade Negotiations: Implications of ATC Termination on 31 December 2004.* Note by the UNCTAD Secretariat, TD/B/51/CRP.1

__________. 2005. *Impacts of the Agreement on Textiles and Clothing on FDI in and Exports from Developing Countries.* Geneva, Switzerland: UNCTAD Report.

Xinhua. 2007. "China's Yue Yuen 'Underperform' on Low Retail Exposure: Credit Suisse." July 26. Available at www.quamnet.com/fcgi-bin /news.fpl?par2=2&par3=02&par4=20070726121705361886einens, accessed November 15, 2008.

Yue Yuen. 2006. "Factsheet." Available at http://202.66.146.82/listco/hk /yueyuen/factsheet/fs060206.pdf, accessed November 15, 2008.

__________. 2007a. "Production Faculties." Available at www.yueyuen.com /bOverview_productionFacilities.htm, accessed November 15, 2008.

__________. 2007b. "Press Release: Yue Yuen Announces FY 2006 Results." January 18. Available at www.yueyuen.com/press_file/4Q2006-press.pdf, accessed November 15, 2008.

__________. 2007c. "Press Release: Yue Yuen Announces 2007 Interim Results." June 21. Available at www.yueyuen.com/press_file/2QFY2007-English.pdf. accessed November 15, 2008.

Yupoong. 2003. "Company Overview." Available at www.yupoong.co.krlcom pany/index.jsp, accessed November 15, 2008.

## 5장 : : 중국의 부상과 지구적 부의 재분배

Abu-Lughod, Janet. 1989. *Before European Hegemony: The World-System A.D. 1250-1350.* New York: Oxford University Press. (『유럽 패권 이전 13세기 세

계 체제』, 박홍식 외 옮김, 까치, 2006년).

Amin, Samir. 1976. *Unequal Development: An Essay on the Social Formations of Peripheral Capitalism*. New York: Monthly Review Press. (『주변부 자본주의론』, 정성진 외 옮김, 돌베개, 1985년).

Arrighi, Giovanni. 1994. *The Long Twentieth Century: Money, Power, and the Origins of Our Times*. London: Verso.

Arrighi, Giovanni, and Beverly J. Silver. 1999. *Chaos and Governance in the Modern World System*. Minneapolis: University of Minnesota Press.

Böröcz, József. 2005. "Redistributing Global Inequality: A Thought Experiment." *Economic and Political Weekly*, February 26.

Böröcz, József. 2009. The European Union and Global Social Change: A Critical Geopolitical Economic Analysis. London: Routledge.

Böröcz, József. and Mahua Sarkar. 2005. "What Is the EU?" *International Sociology* 20 no. 2:153-73.

Braudel, Fernand. 1981. *The Structure of Everyday Life, Civilization and Capitalism, 15th-18th Century*. Volume 1. Translated by Siân Reynolds. New York: Perennial Library, Harper and Row.

________. 1982. *The Perspective of the World: Civilization and Capitalism, 15th-18th Century*. Volume 3. Translated by Siân Reynolds. New York: Perennial Library, Harper and Row.

________. 1986. *The Wheels of Commerce: Civilization and Capitalism, 15th-18th Century*. Volume 2. Translated by Siân Reynolds. New York: Perennial Library, Harper and Row.

Chase-Dunn, Christopher. 1998. *Global Formation: Structures of the World-Economy*. Lanham, MD: Rowman and Littlefield.

Chase-Dunn, Christopher, and Thomas D. Hall. 1997. *Rise and Demise: Comparing World-Systems*. Boulder, CO: Westview Press.

Frank, André Gunder. 1998. *ReORIENT: Global Economy in the Asian Age*. Berkeley: University of California Press. (『리오리엔트』, 이희재 옮김, 이산, 2003년).

Friedman, George. 2005. "U.S.-Indian Relations and the Geopolitical System." Stratfor Analysis, July 20. Available at www.stratfor.com/products

/enhanced/read_article.php?id=252087, accessed July 21,2005.

Hobson, John M. 2004. *The Eastern Origins of Western Civilisation.* Cambridge, UK: Cambridge University Press. (『서구 문명은 동양에서 시작되었다』, 정경옥 옮김, 에코리브르, 2005년)

Kornai, János. 1992. *The Socialist System: The Political Economy of Communism.* Princeton: Princeton University Press.

Maddison, Angus. 2001. *The World Economy: A Millennial Perspective.* Paris: Development Centre of the Organisation for Economic Cooperation and Development.

________. 2003. *The World Economy: Historical Statistics.* Paris: Development Centre of the Organisation for Economic Cooperation and Development. Data supplement available at www.theworldeconomy.org, accessed November 15, 2008.

Wallerstein, Immanuel. 1974. *The Modern World-System: Capitalist Agriculture and the Origins of the European World-Economy in the Sixteenth Century.* New York: Academic Press.


## 6장 : : 중국 경제의 상승과 일본의 원자재 주변부

*AFX News.* 2004. "BHP Wins 9 Bln. USD, 25-Year Iron Ore Supply Deal with 4 China Steel Cos." March 1.

Alberta Oil. 2005. "Fueling the Dragon." *Alberta Oil* 1, no. 2: 28-29.

Arrighi, Giovanni. 1994. *The Long Twentieth Century: Money, Power, and the Origins of Our Times.* London: Verso.

Arvedlund, Erin. 2005. "China Denies It Had a Role in Sale of Yukos Gas Unit." *New York Times,* February 4.

Arvedlund, Erin, and Simon Romero. 2004. "Kremlin Reasserts Hold on Russia's Oil and Gas." *New York Times,* December 17.

Brizendine, Thomas, and Charles Oliver. 2001. "China's Steel Sector in Transition." *China Business Review,* January-February: 22-26.

Buckley, Chris. 2005. "Calling In Envoy, Beijing Assails Pentagon Report." *New York Times,* July 21.

Bunker, Stephen G., and Paul S. Ciccantell. 2003a. "Transporting Raw Materials




중국, 자본주의를 바꾸다

and Shaping the World-System: Creating Hegemony via Raw Materials Access Strategies in Holland and Japan." *Review of the Fernand Braudel Center* 26, no. 4: 339-80.

______. 2003b. "Generative Sectors and the New Historical Materialism: Economic Ascent and the Cumulatively Sequential Restructuring of the World Economy." *Studies in Comparative International Development* 37, no. 4: 3-30.

______. 2005. *Globalization and the Race for Resources.* Baltimore: Johns Hopkins University Press.

______. 2007. An *East Asian World Economy: Japan's Ascent, with Implications for China.* Baltimore: Johns Hopkins University Press.

Callick, Rowan. 2004. "Beijing's First-Stop Shop for Resources." *Australian Financial Review.* March 2: 16.

*Canadian Mining Journal.* 2008. "Coal Price: Fording, Western Canadian Set 2008 Prices." May 18, 2008.

Cheng Wing-Gar. 2006. "CNOOC to Buy Nigerian Oil Field State for $2.27 Bln." Bloomberg.com, January 9.

Ciccantell, Paul S., and Stephen G. Bunker. 2004. "The Economic Ascent of China and the Potential for Restructuring the Capitalist World-Economy." *Journal of World-Systems Research* 10, no. 3: 565-89.

Deng Yong and Thomas Moore. 2004. "China Views Globalization: Toward a New Great-Power Politics?" *Washington Quarterly* 27, no. 3: 117-36.

Dorian, James. 1999. "Mining in China: An Update." *Mining Engineering* 51, no. 2: 35-34.

Ebner, Dave. 2004. "China's Oil Sands Role Tests U.S." *Globe and Mail,* December 30.

Energy Information Agency (EIA). 2004. "Country Analysis Briefs: China." July.

Engdahl, F. William. 2005. "China Lays Down Gauntlet in Energy War: The Geopolitics of Oil, Central Asia, and the United States." JapanFocus.org, December 22.

Fattah, Hassan. 2006. "Chinese Leader Increases Trade Ties with Saudi Arabia." *New York Times,* April 23.

Financial Times. 2005a. "Oil Groups Fear Upsetting China." *New York Times*, March 3.

________. 2005b. "CNOOC Offer May Be a First Salvo." *New York Times*, June 22.

________. 2005c. "Beijing Policy Steers CNOOC Ambitions." *New York Times*, June 23.

Global News Wire. 2004. "Steel Companies Seek Steady Ore Supply From Australia." April 20.

Hayes, Jason. 2004. "Canadian Metallurgical Coal Market Expanding." *CIM Bulletin* 97, no. 1082: 15-16.

Herman, R. et al. 1989. "Dematerialization." In *Technology and Environment*, ed. J. Ausubel and H. Sladovich, 50-69. Washington, D.C.: National Academy Press.

Hextall, Bruce. 2002. "Miners in Ore Over Pilbara's Key to China." *Australian Financial Review*, May 24: 67.

Hoffman, Andy. 2008. "New Rio Tinto Investors Eye Alcan Assets." *Globe and Mail*, February 1.

Hogan, William. 1999a. *The Steel Industry of China: Its Present Status and Future Potential.* Lanham, MD: Lexington Books.

________. 1999b. "The Changing Shape of the Chinese Industry." *New Steel* 15, no. 11: 28-29.

Huskonen, Wallace. 2001. "China Adds Three New Steel Mills." 33 *Metalproducing*, April: 26-27.

*International Bulk Journal.* 2002. "China Has Its Irons in the Fire." May: 28.

Kenny, Henry. 2004. "China and the Competition for Oil and Gas in Asia." *Asia-Pacific Review* 11, no. 2: 36-47.

King, Neil Jr., Gregg Hitt, and Jeffrey Ball. 2005. "Oil Battles Sets Showdown over China." *Wall Street Journal*, June 24, A1, A10.

Kirk, William. 2004. "BHP Billiton Iron Ore Supply Contracts and Expansions." *Skillings Mining Review* 93, no. 11: 5.

Kyodo News International. 2004. "Japan Traders Itochu, Mitsui to Invest in Iron-Ore Joint Venture in Australia." *Kyodo News International*, March 1.

Lloyd's List. 2006. "China Backs Steel Mills' Price Battle." March 10: 4.

Lohr, Steve. 2005. "Unocal Bid Opens Up New Issues of Security." New York Times, July 13.

Luciw, Roma. 2005. "China Tries Oil Sands." *Globe and Mail*, April 12.

Mahbubani, Kishore. 2005. "Understanding China." *Foreign Affairs* 84, no. 5: 49-60.

McCarthy, Shawn. 2008. "U.S. on Offensive to Secure Energy Supplies." *Globe and Mail*, February 13.

McGregor, Richard. 2006. "China Excluded from Iron Ore Pricing." *Financial Times*, February 20: 2.

Mehta, Manik. 1998. "Winds of Change in China and India." *Steel Times International*, May.

*Mining Journal*. 2002. "WA Iron Ore: China's Impact." November 29: 377.

Morrison, Kevin. 2004. "Voracious Demand Fuels Miners' Challenge." *Financial Times*, April 23: 24.

Nayar, Baldev Raj. 2004. "The Geopolitics of China's Economic Miracle." China Report 40, no. 1: 19-47.

O'Hearn, Denis. 2001. *The Atlantic Economy: Britain, the U.S., and Ireland*. Manchester: Manchester University Press.

Reuters. 2005a. "China Refuses Japan Request over Gas Project." *New York Times*, May 31.

________. 2005b. "Venezuela to Sell Fuel Oil to China." *New York Times*, June 18.

Schneider, Karen, Wu Zhonghu, Dai Lin, and Vivek Tulpule. 2000. *Supplying Coal to South East China: Impacts of China's Market Liberalisation*. Canberra: ABARE.

Serchuk, Alan. 2001. "Chinese Steel: Rousing the Phoenix." *Modern Metals* 57, no. 1: 32-43.

Simmons, Matthew. 2005. *Twilight in the Desert: The Coming Saudi Oil Shock and the World Economy*. Hoboken, NJ: John Wiley and Sons. (「사우디아라비아 석유의 비밀」, 송계신 옮김, 동양문고, 2007년).

*Sinocast*. 2004. "Four Chinese Steel Makers Acquired Overseas Iron Mine Equity." March 3.

________. 2006. "CVRD Said to Be Suspect of Violating Negotiation Rules." May

26.

Skillings. 2008a. "Total 2007 World Steel Production." *Skillings Mining Review*, January 28.

_______. 2008b. "Vale Settles Iron Ore Price." *Skillings Mining Review*, February 18.

_______. 2008c. "China Studies Actions to Thwart BHP/Rio Combo." *Skillings Mining Review*, January 28.

_______. 2008d. "Vale Settles Benchmark with Chinese Steelmaker." *Skillings Mining Review*, February 22.

_______. 2008e. "Murchison, Midwest Agree to Merge; Sinosteel Still on Sidelines." *Skillings Mining Review*, May 27.

_______. 2008f. "Iron Ore Talks Expected to Conclude Soon." *Skillings Mining Review*, June 3.

_______. 2008g. "Rio, Small Chinese Mills Agree to 95% Iron Ore Price Hike. *Skillings Mining Review*, June 10.

_______. 2008h. "BHP Billiton Monopolizes Bulk Carriers." *Skillings Mining Review*, June 3.

_______. 2008i. "BHP Pushes Ship Charter Rates to Record." *Skillings Mining Review*, May 20.

*Skillings Mining Review*. 2006. "Brazilian Iron Miners Ask Government to Confront China." April 21.

Sorkin, Andrew Ross, and Jad Mouawad. 2005. "Bid by Chevron in Big Oil Deal Thwarts China." *New York Times*, July 20.

Todd, Daniel. 1996. "Coal Shipment from Northern China and its Implications for the Ports." *Dock and Harbour Authority* 76, no. 868: 49-58.

Tse Pui-Kwan. 2000. *The Mineral Industry of China*. Washington, D.C.: U.S. Geological Survey.

Van Ness, Peter. 2002. "Hegemony, Not Anarchy: Why China and Japan Are not Balancing U.S. Unipolar Power." *International Relations of the Asia-Pacific* 2, no. 1: 131-50.

Wailes, Graham. 2004. "Export Metallurgical Coal Mine Costs." *AusIMM Bulletin* 2: 44-45.



중국, 자본주의를 바꾸다

Watson, Nick. 2005. "China Helps Rosneft Pay for Yukos." *Thedeal.com*, January 24.

Wayne, Leslie, and David Barboza. 2005. "Unocal Deal: A Lot More Than Money Is at Issue." *New York Times*, June 24.

Werdigier, Julia, and David Lague. 2008. "Rio Tinto Rejects Latest Offer." *New York Times*, February 7.

Wilson, Alex. 2006. "Rio Tinto Doubles Annual Profit to US$5.2 Billion." AAP *Newsfeed*, February 2.

Xinhua. 2006. "China to Resist Iron Ore Price Increase at Global Negotiations." *Global News Wire*, February 17.

York, Geoffrey. 2004. "China Frantic for Energy Supplies." *Globe and Mail*, November 29.

Zweig, David, and Bi Jianhai. 2005. "China's Global Hunt for Energy." *Foreign Affairs* 84, no. 5: 25-38.


## 7장 : : 중국과 러시아의 지경학적 통합

Achcar, Gilbert. 2000. "The Strategic Triad: USA, China, Russia." In *Masters of the Universe*, ed. Tariq Ali, 99-144. London: Verso.

________. 2005. "China: Capitalist Superpower?" *IV Online Magazine*, June. Available at www.internationalviewpoint.org/spip.php?article827, accessed November 15, 2008.

Aiyar, Pallavi. 2007. "China: More Rights for Millionaires." *Asia Times Online*, March 22. Available at www.atimes.com/atimes/China/IC22Ad01.html. accessed November 15,2008.

Al Jazeera. 2008. "Economic Crisis Unites Asian Giants." December 13. Available at http://english.aljazeera.net/news/asia-pacific/2008/12 /200812138361719177.html,accessed December 13, 2008.

Altvater, Elmar. 1998. "Global Order and Nature." In *Political Ecology: Global and Local*, ed. David Bell, Leesa Fawcett, Roger Keil, and Peter Penz, 19-45. London: Routledge.

________. 2006. "The Social and Natural Environment of Fossil Capitalism." In *Socialist Register 2007 Coming to Terms with Nature*, ed. Leo Panitch and

Colin Leys, 37-59. London: Merlin.

Anderson, Perry. 2002. "Force and Consent." *New Left Review* 17: 5-30.

Andreas, Joel. 2008. "Changing Colours in China." *New Left Review* 54: 123-42.

Arrighi, Giovanni. 1994. *The Long Twentieth Century: Money, Power, and the Origins of Our Times.* London: Verso.

________. 2005. "Hegemony Unravelling." Part 1. *New Left Review* 32: 23-80.

________. 2007. *Adam Smith in Beijing: Lineages of the Twenty-First Century.* London: Verso.

Barboza, David. 2008. "China Unveils Sweeping Plan for Economy." *New York Times*, November 10.

Barma, Naazneen, Ely Ratner, and Steven Weber. 2007. "A World without the West." *National Interest online*, July 1. Available at www.nationalinterest .org /General.aspx?id=92&id2=14798, accessed November 15, 2008.

Bennhold, Katrin. 2008. "Paris Mounts Diplomatic Charm Offensive to Mollify China." *International Herald Tribune*, April 21. Available at www.iht.com /bin/printfriendly.php?id=12200062, accessed April 21, 2008.

Bezlova, Antoaneta. 2007. "Economy-China: Jittery as Fuel Prices Rise." *InterPress Service*, November 14. Available at http://ipsnews.net /print.asp?idnews=40046, accessed November 15, 2008.

________. 2008. "Balking at Changing Dollar-Centric Economic Order." *InterPress Service*, November 14. Available at www.ipsnews. net/print.asp?idnews =44800, accessed November 22, 2008.

Bhadrakumar, M. K. 2007. "China Begins to Define the Rules." *Asia Times Online*, January 20. Available at www.atimes.com/atimes/China /IA20Ad03.html, accessed April 9, 2008.

Biel, Robert. 2006. "The Interplay between Social and Ecological Degradation in the Development of the International Political Economy." *Journal of World-Systems Research* 12, no. 1: 109-47.

Brooke, James. 2004. "Russia Catches China Fever." *New York Times*, March 30, W1.

Cavallo, Alfred. 2005. "Oil: Caveat Empty." *Bulletin of Atomic Scientists* 61, no. 3:16-18.

Cheng, Joseph Y. S. 2004. "Challenges to China's Russia Policy in Early 21st Century." *Journal of Contemporary Asia* 34, no. 4: 480-502.

Christie, Renfrew. 1980. "Why Does Capital Need Energy?" In *Oil and Class Struggle*, ed. Petter Nore and Terisa Turner. London: Zed.

Clark, Brett, and Richard York. 2005. "Carbon Metabolism: Global Capitalism, Climate Change, and the Biospheric Rift." *Theory and Society* 34: 391-438.

________. 2008. "Rifts and Shifts: Getting to the Root of Environmental Crises." *Monthly Review* 60, no. 6: 13-24.

Cohen, Stephen. 2006. "The New American Cold War." *The Nation*, June 21, 9.

Consortiumnews.com. 2008. "Obama and U.S.-Russia Tensions." December 14. Available at www.consortiumnews.com/Print/2008/121408a.html, accessed December 15, 2008.

Davis, Mike. 2008. "Can Obama See the Grand Canyon?" TomDispatch.com, October 15. Available at www.tomdispatch.com/post/174989, accessed December 16, 2008.

De la Castro, Renato Cruz. 2000. "Whither Geoeconomics?" *Asian Affairs*, An *American Review* 24, no. 4: 201-21.

Deng Peng. 2002. "Embracing the Polar Bear? Sino-Russian Relations in the 1990s." *Journal of Third World Studies* 19, no. 2: 113-39.

*The Economist.* 2007a. "Lost in Translation: China and U.S. Trade." May 17.

________. 2007b. "The World Does Not Shake China," December 1-7,34-36.

Economy, Elizabeth. 2007a. "China Vs. Earth." *The Nation*, May 7. Available at www.thenation.com/doc/20070507/economy, accessed November 15, 2008.

________. 2007b. "China's Missile Message." *Washington Post*, January 25,A25. Available at www.washingtonpost.com/wp-dyn/content/article/2007/01/24/AR2007012401646.html, accessed November 15, 2008.

Engardio, Pete, Dexter Roberts, Frederik Balfour, and Bruce Einhorn. 2007. "Broken China." *Business Week*, July 23. Available at www.businessweek.com/magazine/content/07_30/b4043001.htm, accessed November 15, 2008.

Faiola, Anthony, and Ariana Eunjung Cha. 2008. "Downturn Choking Global

Commerce." *Washington Post*, December 11, A01.

Feffer, John. 2006. "China and the Uses of Uncertainty." *Foreign Policy in Focus*, December 12. Available at www.fpif.org/fpiftxt/3781, accessed November 15, 2008.

Ferdinand, Peter. 2007a. "Russia and China: Converging Responses to Globalization." *International Affairs* 83, no. 4: 655-80.

______. 2007b. "Sunset, Sunrise: China and Russia Construct a New Relationship." *International Affairs* 83, no. 5: 841-67.

Ford, Peter. 2008. "China Battles Rising Prices, Snowstorms." *Christian Science Monitor*, February 1. Available at www.csmonitor.com/2008/0201/p01s01-woap.html, accessed November 15, 2008.

Foster, John Bellamy. 2005. "Organizing Ecological Revolution." *Monthly Review* 57, no. 5: 1-10.

______. 2008. "Peak Oil and Energy Imperialism." Monthly Review 57, no. 5: 1-10.

French, Howard. 2008. "Lives of Poverty, Untouched by China's Boom." *New York Times*, January 13.

Garnett, Sherman. 2001. "Challenges of the Sino-Russian Strategic Partnership." *Washington Quarterly* 24, no. 4: 41- 54.

Gat, Azar. 2007. "The Return of Authoritarian Great Powers." *Foreign Affairs* 86, no. 4: Available at www.foreignaffairs.org/20070701faessay86405/azar-gat/the-return-of-authoritarian-great-powers.html, accessed November 15,2008.

Gittings, John. 2000. "The China Card." In *Masters of the Universe*, ed. Tariq Ali, 397-402. London: Verso.

Glaser, Bonnie S., and Jane Skanderup. 2005. "U.S.-China Relations: Disharmony Signals End to Post-Sept. 11 Honeymoon." *Comparative Connections* 7, no. 2: 27-42.

Glyn, Andrew. 2005. "Imbalances of the Global Economy." *New Left Review* 34: 5-37.

Gowan, Peter. 2006. "A Radical Realist." *New Left Review* 41: 127-37.

Grimes, Peter. 1999. "The Horsemen and the Killing Fields: The Final

Contradiction of Capitalism." In *Ecology and the World-System*, ed. Walter Goldfrank, David Goodman, and Andrew Szasz, 13-42. Westport, CT: Greenwood Press.

Gulick, John. 2007. "Socio-Ecological Instability in China." *Peace Review* 19: 315-22.

Hansen, James, Makiko Sato, Pushker Kharecha, David Beerling, Robert Berner, Valerie Masson-Delmotte, Mark Pagani, Maureen Raymo, Dana L. Royer, and James C. Zachos. 2008. "Target Atmospheric $CO_2$: Where Should Humanity Aim?" *Open Atmospheric Science Journal* 2: 217-31.

Hart-Landsberg, Martin. 2008. "The Realities of China Today." *Against the Current*, November/December. Available at www.solidarity-us.org/node /1940, accessed November 15, 2008.

Hart-Landsberg, Martin, and Paul Burkett. 2004. "China and Socialism: Market Reforms and Class Struggle." *Monthly Review* 56, no. 3: 7-123.

Harvey, David. 2005. A *Brief History of Neoliberalism*. Oxford, UK: Oxford University Press.

Hatemi, Peter, and Andrew Wedeman. "Oil and Conflict in Sino-American Relations." *China Security* 3, no. 3: 95-118.

Helmer, John. 2008. "China Ties Up Russia's Crude - Again." *Asia Times Online*, November 1. Available at www.atimes.com/atimes/China_Business /JK01Cb01.html, accessed December 10, 2008.

Higgins, Andrew. 2004. "As China Surges, It Also Proves a Buttress to American Strength." *Wall Street Journal*, January 2004.

Hornborg, Alf. 2001. *The Power of the Machine*. Walnut Creek, CA: Altamira.

Hung Ho-fung. 2008. "Rise of China and the Global Overaccumulation Crisis." *Review of International Politics Economy* 15, no. 2: 149-79.

Hutzler, Charles. 2006. "China Anticipates Bumpy Road with U.S." Associated Press Wire Service, November 9. Available at http://news.yahoo.com/s /ap/20061109/ap_on_re_as/china_us_elections, accessed November 11, 2006.

Jacobs, Andrew, and David Barboza. "Unexpected Drop in China's Imports and Exports." *New York Times*, December 11.

Johnson, Chalmers. 1999. "In Search of a New Cold War." *Bulletin of the Atomic Scientzsts* 55, no. 5: 44-51.

Jones, Mark. 2005. "Battle of the Titans." In *The Final Energy Crisis*, ed. Andrew McKillop and Sheila Newman, 105-15. Pluto Press: London.

Kagan, Robert. 2006. "League of Dictators?" *Washington Post*, April 30, B7.

Kagarlitsky, Boris. 2004. "The Russian State in the Age of American Empire." In *Socialist Register 2005: The Empire Reloaded*, ed. Leo Panitch and Colin Leys, 271-83. London: Merlin Press.

Keliher, Macabe. 2004. "Replacing U.S. in Asian Export Market." *Asia Times Online*, February 11. Available at www.atimes.com/atimes/China /FB11Ad01.html, accessed November 15, 2008.

Kerr, David. 2005. "The Sino-Russian Partnership and U.S. Policy toward North Korea: From Hegemony to Concert in East Asia." *International Studies Quarterly* 49: 411-37.

Klare, Michael. 2005. "Revving Up the China Threat." *The Nation*, October 24. Available at www.thenation.com/doc/20051024/klare, accessed November 15, 2008.

________. 2006. "Containing China." *TomDispatch*, April 18. Available at www.tomdispatch.com/index.mhtml?pid=78021, accessed November 15, 2008.

________. 2008. *Rising Powers, Shrinking Planet.* New York: Metropolitan Books. (『21세기 국제자원 쟁탈전』, 이춘근 옮김, 한국해양전략연구소, 2008년).

Kurlantzick, Joshua. 2007. *Charm offensive: How China's soft Power Is Transforming the World.* New Haven: Yale University Press.

Landler, Mark. 2008. "Dire Forecast for Global Economy and Trade." *New York Times*, December 10.

Lanteigne, Marc. 2004. "Uncertain Ground: Sino-Russian Strategic Relations and Shifts in Great Power Politics." Paper presented at the 45th Annual International Studies Association (ISA) Conference in Montreal, Canada.

Lavelle, Peter. 2004. "What Does Putin Want?" *Current History* 103: 314-18.

Li Minqi. 2007. "Capitalism with Zero Profit Rate? Limits to Growth and the Law of the Tendency of the Rate of Profit to Fall." University of Utah



중국, 자본주의를 바꾸다

Department of Economics Working Paper Series, no. 2007-05. Available at www.econ.utah.edu/activities/papers/2007_05.pdf, accessed November 15, 2008.

________. 2008. "An Age of Transition: The United States, China, Peak Oil, and the Demise of Neoliberalism." *Monthly Review* 59, no. 11: 20-34.

Lo Bobo. 2004. "The Long Sunset of Strategic Partnership: Russia's Evolving China Policy." *International Affairs* 80, no. 2: 295-309.

Lobe, Jim. 2006. "Hawks Looking for New and Bigger Enemies?" *InterPress Service*, May 5. Available at http://ipsnews.net/news.asp?idnews=33143, accessed November 15, 2008.

Lomanov, Aleksandr. 2005. "China's Hu in Russia for Summit." *Vremya novostei*, July 1.

MacCormack, Gavan. 2007. *Client State: Japan in the American Embrace.* London and New York: Verso Press.

Magdoff, Fred. 2008. "The World Food Crisis: Sources and Solutions." *Monthly Review* 60, no. 1:1-15.

Matthews, Owen, and Anna Nemtsova. 2006. "Russia: Putin's China Problem." *Newsweek International*, March 27.

McGregor, James. 2005. "Advantage, China." *Washington Post*, July 31.

Mead, Walter Russell. 2007. "The Great Fall of China." *Los Angeles Times*, December 30. Mekay, Emad. 2007. "Play by the Rules, Washington Tells China." InterPress Service, February 2. Available at www.ipsnews.net/news.asp?idnews=36427, accessed February 3, 2007.

Murphy, R. Taggart. 2006. "East Asia's Dollars." *New Left Review* 40: 39-64.

Negroponte, John. 2007. *Annual Threat Assessment of the Director of National Intelligence.* Washington, D.C.: Office of the Director of National Intelligence.

Norris, Floyd. 2007. "China Less Willing to Be America's Piggy Bank." *New York Times*, December 22.

Palat, Ravi. 2005. "On New Rules for Destroying Old Countries." *Critical Asian Studies* 37, no. 1: 75-94.

Paulson, Henry A. Jr. 2008. "A Strategic Economic Engagement: Strengthening

U.S.-Chinese Ties." *Foreign Affairs* 87, no. 5. Available at www.foreignaffairs.org/20080901faessay87504/henry-m-paulson-jr/a-strategic-economic-engagement.html, accessed December 14, 2008.

Petras, James. 2005. "Statism or Free Markets? China Bashing and the Loss of U.S. Competitiveness." *Counterpunch Online*, October 22-23. Available at www.counterpunch.org/petras10222005.html, accessed November 15, 2008.

________. 2007. "China: Is High Growth-High Risk Liberalization the Only Alternative?" *The James Petras Website*, September 10. Available at http://petras.lahaine.org/articulo.php?p=1710, accessed November 15, 2008.

Pfaff, William. 2007. "In Sarkoland." *New York Review of Books*, June 14. Available at www.nybooks.com/articles/20254, accessed November 15, 2008.

Rachman, Gideon. 2008. "The Battle for Food, Oil, and Water." *Financial Times*, January 29. Available at www.ft.com/cms/s/o/c6f6f012-ceob-lldc-9e4e-000077b07658.html, accessed November 15, 2008.

Righter, Rosemary. 2008. "Black Smoke over China." *Times Literary Supplement*, January 30. Available at http://entertainment.timesonline.co.uk/tol/arts_and_entertainment/the_tls/article3276851.ece, accessed November 15, 2008.

Rozman, Gilbert. 2004. *Northeast Asia's Stunted Regionalism.* Cambridge, UK: Cambridge University Press.

Saunders, Paul. 2006. "Putin Advances his World View." *Asia Times Online*, September 29. Available at www.atimes.com/atimes/Central_Asia/HI29Ag02.html, accessed November 15, 2008.

Shirk, Susan. 2007. *China: Fragile Superpower.* Oxford, UK: Oxford University Press. Simms, Andrew. 2005. Ecological Debt. London: Pluto.

Singer, Jason, Henry Sender, Jason Dean, and Marcus Walker. 2007. "Governments Get Bolder in Buying Equity Stakes." *Wall Street Journal*, July 24.

Tin, Tina. 2008. *Climate Change: Faster, Stronger, Sooner.* Brussels: World Wildlife Foundation European Office.

Trenin, Dmitri. 2006. "Russia Leaves the West." *Foreign Affairs* 85, no. 4: 87-96.

Trilling, Roger. 2002. "Bushido- The Way of Oil." *Village Voice*, January 16-22. Available at www.villagevoice.com/news/0203,trilling,31517,1.html, accessed November 15, 2008.

Walker, Richard, and Daniel Buck. 2007. "The Chinese Road." *New Left Review* 46: 39-66.

Wallerstein, Immanuel. 2004. "China and the U.S.: Competing Geopolitical Strategies." *Commentary*, December 15. Available at www.binghamton.edu /fbc/151en.htm, accessed November 15, 2008.

________. 2008. "Geopolitical Chess: Background to a Mini-war in the Caucasus." *Commentary*, August 15. Available at http://fbc.binghamton.edu /239en.htm, accessed August 19, 2008.

Wang Yuan-Kang. 2006. *China's Grand Strategy and U.S. Primacy: Is China Balancing American Power?* Washington, D.C.: Brookings Institution.

Weisberg, Jacob. 2006. "The Lou Dobbs Democrats." *Slate.com*, November 8. Available at www.slate.com/id/2153271, accessed December 10, 2008.

Weisman, Steven. 2006. "China Trip by Paulson Lifts Stakes." *New York Times*, December 8.

Wen Dale and Minqi Li. 2006. "China: Hyper-Development and Environmental Crisis." In *Coming to Terms with Nature*, ed. Leo Panitch and Colin Leys. Monmouth, UK: Merlin Press.

Wishnick, Elizabeth. 2001. *Mending Fences*. Seattle: University of Washington Press.

Wong, Edward. 2008. "As Factories Close, Chinese Workers Suffer." *International Herald Tribune*, November 14.

Yang Jieman. 2003. "Zhongyao Zhanlue Jiyu Qi Yu Zhongguo Waijiao De Lishi Renwu (Important period of strategic opportunity and the historical mission of Chinese diplomacy)." *Mao Zedong Deng Xiaoping lilun yanjiu* (Study of Mao Zedong and Deng Xiaoping theories) 4: 60-67.

## 8장 : : 중국과 미국의 노동 운동

Alexander, Peter, and Anita Chan. 2004. "Does China Have an Apartheid Pass

System?" *Journal of Ethnic and Migration Studies* 30: 609-29.

Ballinger, Jeff. 2008. "No Sweat? Corporate Social Responsibility and the Dilemma of Anti-Sweatshop Activism." *New Labor Forum* 17, no. 2: 91-98.

Bello, Walden and Anuradha Mittal. 2000. "Backgrounder: Dangerous Liaisons: Progressives, the Right, and the Anti-China Trade Campaign." Available at www.foodfirst.org/node/224, accessed November 15, 2008.

Blain, Mike. 2001. "Skeletons May Emerge from AFL-CIO Cupboard." *Seattle Independent Media Center*, March 9, Available at www.labournet.net /world/0109/aflciol.html, accessed January 30, 2008.

Blinder, Alan S. 2006. "Offshoring: The Next Industrial Revolution?" *Foreign Affairs*, March/April.

Bonacich, Edna, Bill Fletcher Jr., and Jeff Hermanson. 2007. "Breaking with the System: A Reply to Stephen Lerner." *New Labor Forum* 16, no. 3-4: 116-27.

Bonacich, Edna, and Jake B. Wilson. 2007. *Getting the Goods: Ports, Labor, and the Logistics Revolution.* Ithaca: Cornell University Press.

Bronfenbrenner, Kate. 2000. "Uneasy Terrain: The Impact of Capital Mobility on Workers, Wages, and Union Organizing." Report submitted to the US. Trade Deficit Review Commission, September 6.

Bronfenbrenner, Kate, and Stephanie Luce. 2004. "The Changing Nature of Corporate Global Restructuring: The Impact of Production Shifts on Jobs in the U.S., China, and Around the Globe." Report submitted to the U.S.-China Economic and Security Review Commission. Available at www.news.cornell.edu/releases/Oct04/jobs.outsourcing.rpt.04.pdf, accessed November 12, 2008.

Center for Labor Research and Education. 2007. "L.A. Labor Builds Solidarity in Shanghai." Available at www.labor.ucla.edu/updates/shanghai.html, accessed November 15, 2008.

Chan, Anita. 2007. "Organizing Wal-Mart in China: Two Steps Forward, One Step Back for China's Unions." *New Labor Forum* 16, no. 2: 87-96.

Chan, Jenny Wai-ling. Spring 2006. "Chinese Women Workers Organize in the Export Zone." *New Labor Forum* 15: 19-27.

Chinese Labor News Translations. 2008. "The Emergence of Real Trade Unionism in Wal-Mart Stores." May 4. Available at www.clntranslations.org /article/30/draft, accessed June 12, 2008.

Costello, Tim, Brendan Smith, and Jeremy Brecher. 2006. "Labor in China." *Foreign Policy in Focus*, December 29.

Devroy, Ann. 1994. "Clinton Grants China MFN, Reversing Campaign Pledge." *Washington Post*, May 27.

Esbenshade, Jill. 2004. *Monitoring Sweatshops: Workers, Consumers, and the Global Apparel Industry.* Philadelphia: Temple University Press.

Friedman, Thomas L. 2005. *The World Is Flat: A Brief History of the Twenty-First Century.* New York: Farrar, Straus, and Giroux. (『세계는 평평하다』, 김상철 외 옮김, 창해, 2006년).

Frutiger, Dean. 2002. "AFL-CIO China Policy: Labor's New Step Forward or the Cold War Revisited?" *Labor Studies* 27, no. 3: 67-80.

Gallin, Dan. 2008. "Looking for the Quick Fix: Reviewing Andy Stern." Union Ideas Network. Available at http://uin.org.uk/content/view/256/68/, accessed January 10, 2008.

Glenn, Evelyn Nakano. 2003. *Unequal Freedom: How Race and Gender Shaped American Citizenship and Labor.* Cambridge, MA: Harvard University Press.

Gyory, Andrew. 1998. *Closing the Gate: Race, Politics, and the Chinese Exclusion Act.* Chapel Hill: University of North Carolina Press.

Hagenbaugh, Barbara. 2005. "Greenspan: China Policy Change No Quick Job Fix." *USA Today*, June 24, 1b.

Hong Kong Confederation of Trade Unionists and China Labor Bulletin. 2001. "Rethinking the Rethink." January 18. Available at www.hrichina.org /public/contents/article?revision%5fid=4192&item%5fid=4191, accessed January 31, 2008.

Howell, Jude. 2006. "New Democratic Trends in China: Reforming the All-China Federation of Trade Unions." IDS Working Paper 263. Sussex, UK: Institute of Development Studies.

International Labour Organization. 2008. "Global Employment Trends January

2008." Geneva: International Labour Office.

Kearney, Dennis, and H. L. Knight. 1878. "Appeal from California. The Chinese Invasion. Workingmen's Address." *Indianapolis Times*, February 28. See http://historymatters.gmu.edu/d/5046/, accessed November 15, 2008.

Lee Ching Kwan. 2005. "China's Contentious Transition: Labor Protest in China's Rustbelt and Sunbelt." Talk delivered at UCLA, October 27. Based on book of the same title to be published by University of California Press.

Moody, Kim. 2007. *U.S. Labor in Trouble and Transition*. New York: Verso.

Quan, Katie. 2004. "Workers Need Relations with Chinese Unions." International Centre for Trade Union Rights. November 19. Available at www.ictur.org/Quan.html, accessed January 10, 2008.

Roach, Stephen S. 2007. "The Davos Disconnect." Morgan Stanley Global Economic Forum, January 30. Available at www.morganstanley.com /views/gef/archive/2007/20070130-Tue.html, accessed January 10, 2008.

Ross, Andrew. 2006. *Fast Boast to China: Corporate Flight and the Consequences of Free Trade*. New York: Pantheon.

Saxton, Alexander. 1975. *The Indispensable Enemy: Labor and the Anti-Chinese Movement in California*. Berkeley: University of California Press.

Scipes, Kim. 2006. "When Will the AFL-CIO Leadership Quit Blaming the Chinese Government for Multinational Corporate Decisions, U.S. Government Policies, and U.S. Labor Leaders' Inept Responses?" *Monthly Review*, July 3. Available at http://mrzine.monthlyreview.org /scipes030706.html, accessed November 15, 2008.

Trumka, Richard. 2005. "Remarks by AFL-CIO Secretary-Treasurer Richard Trumka at China Currency Coalition Press Briefing at National Press Club." AFL-CIO Press Release, October 13.

Vandaele, John. 2008. "International Union Sets Up Chinese Links." Interpress Service, January 22. Available at www.ipsnews.net/news.asp?idnews =40871, accessed January 31, 2008.

Wong, Kent, and Elaine Bernard. 2000. "Labor's Mistaken Anti-China Campaign." *New Labor Forum* 9: 19-23.

Yates, Michael D. 2003. *Naming the System: Inequality and Work in the Global Economy.* New York: Monthly Review Press.

## 9장 : : 세계 노동 소요의 진원지로 떠오르는 중국

Arrighi, Giovanni. 1990. "The Developmentalist Illusion: A Reconceptualization of the Semiperiphery." In *Semiperipheral States in the World-Economy,* ed. William G. Martin, 11-42. New York: Greenwood Press.

________. 2007. *Adam Smith in Beijing: Lineages of the Twenty-First Century.* London: Verso.

Arrighi, Giovanni, and Beverly J. Silver. 1999. *Chaos and Governance in the Modern World System.* Minneapolis: University of Minnesota Press.

Bradsher, Keith. 2008. "Investors Seek Asian Options to Costly China." *New York Times,* June 18, 2008.

*Business Watch.* 2006. "Labour's Breakthrough at Wal-Mart." September 4. English translation.

Chan, Anita. 2006. "Organizing Wal-Mart: The Chinese Trade Union at a Crossroads." *Japan Focus,* September 8.

Chan Siu-sin and Daniel Kwan. 2003. "Union's New Approach Puts Workers' Rights First." *South China Morning Post,* September 12.

*China Labour Bulletin.* 2007. "Migrant Workers Start to Win Significant Compensation Awards in the Courts." *CLB,* November 23. Available at www.china-labour.org.hk/en/node/50878, accessed November 15, 2008.

ChinaTechNews.com. 2007. "Investigation Arranged for Huawei's Labor." ChinaTechNews.com, November 6. Available at www.chinatechnews.com /2007/11/06/6056-investigation-arranged-for-huaweis-labor-issue, November 15, 2008.

Cody, Edward. 2004. "In China, Workers Turn Tough: Spate of Walkouts May Signal New Era." *Washington Post,* November 27, A1.

Evans, Peter, and Sarah Staveteig. 2008. "The Changing Structure of Employment in Contemporary China." In *Creating Wealth and Poverty in Post-Socialist China,* ed. Deborah Davis and Feng Wang. Stanford, CA: Stanford University Press.

Fong Mei and Sky Canaves. 2008. "Factories on China's South Coast Lose Their Edge: Thousands Close as Increased Costs Alter the Equation." *Wall Street Journal,* February 22, A9.

Global Labor Strategies. 2007. "The Battle for Labor Rights in China: New Developments." Global Labor Strategies, November. Available at http://laborstrategies.blogs.com/global_labor_strategies/2007/11/the-battle-for-.html, accessed November 15, 2008.

Lee Ching Kwan. 2007. *Against the Law: Labor Protests in China's Rustbelt and Sunbelt.* Berkeley: University of California Press.

*Lianhe News.* 2008. "Strike Explosion in Vietnam. 20 Taiwanese Factories Stop Working." *Lianhe News* (Taipei, Taiwan), April 28.

*People's Daily.* 2005. "Building Harmonious Society Crucial for China's Progress: Hu." *People's Daily Online,* June 27. Available at http://english.peopledaily.com.cn/200506/27/eng20050627_192495.html, accessed November 15, 2008.

Piven, Frances, and Richard Cloward. 1977. *Poor Peoples' Movements: Why They Succeed,* How They Fail. New York: Vintage Books.

Schumpeter, Joseph. 1954. *Capitalism, Socialism, and Democracy.* London: Allen and Unwin. (『자본주의, 사회주의, 민주주의』, 변상진 옮김, 한길사, 2011년).

Silver, Beverly J. 1990. "The Contradictions of Semiperipheral Success: The Case of Israel." In *Semiperipheral States in the World-Economy,* ed. William G. Martin, 161-81. New York: Greenwood Press.

________. 2003. *Forces of Labor: Workers' Movements and Globalization since 1870.* New York: Cambridge University Press.

Vernon, Raymond. 1966. "International Investment and International Trade in the Product Cycle." *Quarterly Journal of Economics* 80, no. 2: 190-207.

White Chris. 2007. "China's New Labour Law: The Challenges of Regulating Employment Contracts." Evatt Foundation Papers. Available at http://evatt.org.au/publications/papers/193.html, accessed November 15, 2008.

*Xinhua.* 2008. "Hu: China to Promote Sustainable Development, Protect Workers' Rights and Interests." *Xinhua,* January 7.



중국, 자본주의를 바꾸다

Zhang Lu. 2008. "Lean Production and Labor Controls in the Chinese Automobile Industry in an Age of Globalization." *International Labor and Working-Class History* 73 (Spring): 24-44.

## 10장 : : 경고: 중국의 부상은 지속 가능한가?

Aglietta, Michel. 1979. A *Theory of Capitalist Regulation: The U.S. Experience*. London: Verso.

Asian Development Bank. 2005. *Asian Development Outlook* 2005. Manila: Asian Development Bank.

Bank for International Settlement. 2006. *76th Annual Report*. Basel: Bank for International Settlement.

________. 2007. *77th Annual Report*. Basel: Bank for International Settlement.

Bello, Walden. 1998. "East Asia: On the Eve of the Great Transformation?" *Review of International Political Economy* 5, no. 3: 424-44.

Devine, James N. 1983. "Underconsumption, Over-Investment, and the Origins of the Great Depression." *Journal of Radical Political Economics* 15, no. 2: 1-27.

Deyo, Frederic C. 1987. "State and Labor: Modes of Political Exclusion in East Asian Development." In *The Political Economy of the New Asian Industrialism*, ed. F. C. Deyo, 227-48. Ithaca: Cornell University Press.

Dobson, Wendy, and Anil K. Kashyap. 2006. "The Contradiction in China's Gradualist Banking Reforms." *Brookings Papers on Economic Activity*, Fall 2006, 103-48.

Economy, Elizabeth C. 2004. *The River Runs Black: The Environmental Challenge to China's Future*. Ithaca: Cornell University Press.

Economy, Elizabeth C., and Kenneth Lieberthal. 2007. "Scorched Earth: Will Environmental Risks in China Overwhelm its Opportunities?" *Harvard Business Review* 85, no. 6 (June).

Erturk, Korkut A. 2002. "Overcapacity and the East Asian Crisis." *Journal of Post Keynesian Economics* 24, no. 2: 253-75.

Evans, Peter. 1995. *Embedded Autonomy: States and Industrial Transformation*. Princeton: Princeton University Press.

Evans, Peter, and Sarah Staveteig. 2008. "The Changing Structure of Employment in Contemporary China." In *Creating Wealth and Poverty in Post-Socialist China*, ed. Deborah Davis and Feng Wang. Stanford University Press.

Fan, Emma X., and Jesus Felipe. 2005. "The Diverging Patterns of Profitability, Investment, and Growth of China and India, 1980-2003." Center for Applied Macroeconomic Analysis, Australian National University working Paper.

Fernald, John G., and Oliver D. Babson. 1999. "Why Has China Survived the Asian Crisis So Well? What Risks Remain?" Board of Governors of the Federal Reserve System: International Finance Discussion Paper No. 333.

Glyn, Andrew. 2005. "Imbalances of the Global Economy." *New Left Review* 2, no. 34: 5-37.

Grabowski, Richard. 1994. "The Successful Developmental State: Where Does It Come From?" *World Development* 22, no. 3: 413-22.

Haggard, Stephen. 1990. *Pathways from the Periphery: The Politics of Growth in the Newly Industrializing Countries.* Ithaca: Cornell University Press.

He Jianwu and Louis Kuijs. 2007. "Rebalancing China's Economy—Modeling a Policy Package." World Bank China Research Paper No. 7. Available at www.worldbank.org.cn/English/Content/253l63888224.shtml, accessed November 15, 2008.

Huang Yasheng. 2002. "Between Two Coordination Failures: Automotive Industrial Policy in China with a Comparison to Korea." *Review of International Political Economy* 9, no. 3: 538-73.

________. 2003. *Selling China: Foreign Direct Investment during the Reform Era.* Cambridge, UK: Cambridge University Press.

Hung Ho-fung. 2008. "Rise of China and the Global Overaccumulation Crisis." *Review of International Political Economy* 15, no. 2: 149-78.

Islam, Nazrul, Dai Erbiao, and Hiroshi Sakamoto. 2006. "Role of TFP in China's Growth." *Asian Economic Journal* 20, no. 2: 127-59.

Keister, Lisa A., and Jin Lu. 2001. "The Transformation Continues: The Status of Chinese State-Owned Enterprises at the Start of the Millennium." *NBR Analysis* 12, no. 3.



중국, 자본주의를 바꾸다

Lardy, Nicholas. 1998. *China's Unfinished Economic Revolution.* Washington, D.C.: Brookings Institution Press.

Lee Ching-kwan. 1998. *Gender and the South China Miracle.* Berkeley: University of California Press.

Lin Justin Y. 2000. "The Current Deflation in China: Causes and Policy Options." *Asian Pacific Journal of Economics and Business* 4, no. 2: 4-21.

Mead, Walter Russell. 1999. "Needed: A New Growth Strategy for the Developing World." *Development Outreach*, World Bank, Summer. Available at http://www.worldbank.org/devoutreach/summer99/article.asp?id=6, accessed November 15, 2008.

Murphy, Taggard R. 2000. "Japan's Economic Crisis." *New Left Review* (January/February): 25-52.

Naughton, Barry. 2007. *The Chinese Economy: Transitions and Growth.* Cambridge, MA: MIT Press. (『중국 경제』, 이정구 외 옮김, 서울경제경영, 2010년).

Palat, Ravi A. 2003. "'Eyes Wide Shut': Reconceptualizing the Asian Crisis." *Review of International Political Economy* Vol. 10, no. 2: 169-95.

Palley, Thomas I. 2002. "A New Development Paradigm: Domestic Demand-Led Growth." *Foreign Policy in Focus*, September.

Podpiera, Richard. 2006. "Progress in China's Banking Sector Reform: Has Bank Behavior Changed?" IMF Working Paper. Available at www.imf.org /external/pubs/ft/wp/2006/wp0671.pdf, accessed November 15, 2008.

Rajan, Raghuram G. 2006. "Financial System Reform and Global Current Account Imbalances." Presentation at the American Economic Association Meeting, January 6, in Boston, Massachusetts. Available at www.imf.org /external/np/speeches/2006/010806.htm, accessed November 15, 2008.

Rawski, Thomas G. 2002. "Will Investment Behavior Constrain China's Growth?" *China Economic Review* 13: 361-72.

Riskin, Carl, Renwei Zhao, and Shi Li, eds. 2001. *China's Retreat from Equality: Income Distribution and Economic Transition.* Armonk, NY: M. E. Sharpe.

Roach, Stephen. 2006a. "The Fallacy of Global Decoupling." Global Economic Forum, Morgan Stanley. Available at www.morganstanley.com/views/gef

/archive/2006/20061030-Mon.html, accessed December 11, 2008.

________. 2006b. "China's Rebalancing Imperatives: A Giant Step for Globalization." Morgan Stanley Research Global, December 1.

Shan Weijian. 2006a. "The World Bank's China Delusions." *Far Eastern Economic Review* 169, no. 7: 29-32.

________. 2006b. "China's Low-Profit Growth Model." *Far Eastern Economic Review 169*, no. 11.

Shih, Victor. 2004. "Dealing with Non-Performing Loans: Political Constraints and Financial Policies in China." *China Quaterly* 180: 922-44.

So, Alvin Y. 2003. "Rethinking the Chinese Developmental Miracle." In *China's Developmental Miracle: Origins, Transformations, and Challenges*, ed. A. Y. So, 3-28. Armonk, NY: M. E. Sharpe.

Tsai, Kelli S. 2002. *Back-Alley Banking: Private Entrepreneurs in China.* Ithaca: Cornell University Press.

Wade, Robert. 1990. *Governing the Market: Economic Theory and the Role of Government in East Asian Industrialization.* Princeton: Princeton University Press.

________. 2000. "Wheels within Wheels: Rethinking the Asian Crisis and the Asian Model." *American Review of Political Science*, no. 3: 85-115.

Wang Shaogang and Hu Angang. 1999. *The Political Economy of Uneven Development: The Case of China.* Armonk, NY: M. E. Sharpe.

Xie Andy. 2006. "China: What Next?" Global Economic Forum, Morgan Stanley, February 3. Available at http://hk.myblog.yahoo.com/stanley7kim /article?mid=9&fid=-l&action=prev, accessed December 11, 2008.

중국, 자본주의를 바꾸다

**홍호펑**孔誥烽  홍콩에서 태어났고, 2004년 존스홉킨스대학교에서 박사 학위를 받고 2005년부터 인디애나대학교 사회학과 교수로 재직하다 최근 존스홉킨스대학교로 자리를 옮겼다. 중국의 경제적 부상의 동학 및 한계, 중국의 부상이 지구적 자본주의에 미치는 영향, 18세기 이후 중국의 국가 형성과 대중 저항의 궤적 등을 주제로 활발한 연구 및 저술 활동을 진행하고 있다. 저서로는 *Protest with Chinese Characteristics: Demonstrations, Riots, and Petitions in the Mid-Qing Dynasty*(2011년) 등이 있다.

**조반니 아리기**Giovanni Arrighi  1937년 이탈리아에서 태어나 존스홉킨스대학교에 재직하다가 2009년 6월 세상을 떠났다. 이매뉴얼 월러스틴과 함께 세계 체계론을 대표하는 이론가이다. 한국어로 번역된 책으로는 『장기 20세기: 화폐, 권력, 그리고 우리 시대의 기원』(백승욱 옮김, 그린비, 2008년), 『체계론으로 보는 세계사』(최흥주 옮김, 모티브북, 2008년), 『베이징의 애덤 스미스: 21세기의 계보』(강진아 옮김, 길, 2009년) 등이 있다.

**앨빈 Y. 소**Alvin Y. So  홍콩에서 태어났고, 미국 캘리포니아대학교 LA캠퍼스(UCLA)에서 박사 학위를 받았으며, 현재 홍콩과학기술대학교 석좌 교수로 재직하고 있다. 주된 관심 분야는 사회 계층, 변동과 역사, 비교 사회학, 동아시아 사회 등이다. 저서로는 *Social Change and Development: Modernization, Dependency, and World-System Theories*(1990년), *East Asia and the World-Economy*(1995년), *China's Developmental Miracle: Origins, Transformations, and Challenges*(2003년) 등이 있다.

**리처드 애플봄**Richard Appelbaum  현재 캘리포니아대학교 산타바바라캠퍼스(UCSB) 사회학과 교수로 재직 중이다. 앤서니 기든스 등과 함께 사회학 교과서를 집필했으며, 최근에는 중국을 비롯한 환태평양 지역의 공급 사슬 네트워크에 관심을 두고 연구하고 있다. 한국어로 번역된 책으로는 『사회변동의 이론』(김지화 옮김, 한울, 2009년)이 있다.

**요제프 뵈뢰치**József Böröcz  헝가리에서 태어났고 현재 미국 러트거스뉴저지주립대학교 사회학과 교수로 재직 중이다. 주된 관심 분야는 지구적 구조의 변화, 특히 유럽 지역에서 나타나는 지정학적, 지경학적 변화이다. 저서로는 *The European Union and Global Social Change: A Critical Geopolitical-Economic Analysis*(2009년) 등이 있다. 홈페이지는 http://www.rci.rutgers.edu/~jborocz/ 이다.

**폴 S. 시캔텔**Paul S. Ciccantell  현재 웨스턴미시건대학교 교수로 재직 중이다. 현재 비교사적 시각에서 국가의 발전 전략이 어떠한 사회 경제적, 생태적 결과를 낳는지에 관심을 두고 연구하고 있다. 저서로는 *Globalization and the Race for Resources*(공저, 2005년), *East Asia and the Global Economy*(공저, 2007년) 등이 있다.

**존 굴릭**John Gulick  현재 한양대학교 에리카캠퍼스 정보사회학과 조교수로 재직 중이다. 주요 관심 분야는 지구화와 지정학적 경쟁, 에너지와 기후 변화가 자본 축적에 미치는 제약, 중국－러시아－미국의 전략적 삼각 구도 등이다.

**스테파니 루스**Stephanie Luce  매사추세츠대학교 애머스트캠퍼스에서 조교수로 재직하고 있으며, 생활 임금living wage에 관한 연구과 운동에 열성적으로 참여하고 있다. 저서로는 *Fighting for a Living Wage*(2004년) 등이 있다.

**에드나 보나시치**Edna Bonacich  현재 캘리포니아대학교 리버사이드캠퍼스(UCR) 인류학과 교수 및 사회학과 명예 교수로 재직 중이다. 노동자 계급 내 인종 분열 문제에 관심을 가지고 오랫동안 연구해왔으며, 진보적 사회 변화를 위해 여러 사회 운동에 참여해왔다. 저서로는 *Behind the Label: Inequality in the Los Angeles Apparel Industry*(2000년), *Getting the Goods: Ports, Labor, and the Logistics Revolution*(2007년) 등이 있다.

**비벌리 실버**Beverly Silver  현재 존스홉킨스대학교 사회학과 교수로 재직 중이다. 세계 체계론의 시각에서 노동 운동의 유형을 분석해왔다. 한국어로 번역된 책으로는 『노동의 힘』(백승욱 외 옮김, 그린비, 2005년), 『체계론으로 보는 세계사』(최흥주 옮김, 모티브북, 2008년) 등이 있다.

**장루**張璐  중국에서 태어났고, 2010년 존스홉킨스대학교에서 박사 학위를 받고 2011년부터 미국 템플대학교 사회학과 조교수로 재직 중이다.

**하남석**  한국외국어대학교 대학원 중국학과에서 중국 정치 경제를 전공하여 박사 과정을 수료했고, 중국의 체제 이행과 신자유주의의 문제, 중국의 비판적 지식인 사회와 사회적 모순에 저항하는 대중 운동에 관심을 두고 공부하고 있다. 「중국은 미국의 집사인가」(『뉴 레프트 리뷰』 3호) 등을 옮겼다.

**김현석**  중국사회과학원에서 경제사를 공부하여 박사 학위를 받았으며, 현재 한국외국어대학교 중국연구소 전임 연구원으로 있다. 중국의 자본 축적과 발전 모델에 관심을 두고 공부하고 있다.

**이홍규**  중국사회과학원에서 중국 정치를 전공하여 박사 학위를 받았으며 현재 성균관대학교 동아시아지역연구소 책임 연구원과 서강대학교 공공정책대학원 중국학과 대우교수로 재직 중이다. 중국의 발전 모델과 민주주의 문제를 주로 연구하고 있다. 『체제 전환의 중국 정치』(공저), 『중국 모델론』(공저) 등을 썼다.

**장윤미**  중국 베이징대학교 정부관리학원에서 박사 학위를 받았으며, 현재 성균관대학교 동아시아학술원 연구 교수로 재직 중이다. 『체제 전환의 중국 정치』(공저), 『중국 모델론』(공저) 등을 썼으며, 『문화 대혁명, 또 다른 기억: 어느 조반파 노동자의 문혁 10년』, 『국가의 죄수』(공역) 등을 옮겼다.

# 중국, 자본주의를 바꾸다


| | |
|---|---|
| 발행일 | 2012년 4월 10일 (초판 1쇄) |

지은이 홍호펑, 조반니 아리기, 앨빈 Y. 소, 리처드 애플봄, 요제프 뵈뢰치,
폴 S. 시캔텔, 존 굴릭, 스테파니 루스, 에드나 보나시치, 비벌리 실버, 장루
옮긴이 하남석, 김현석, 이홍규, 장윤미
펴낸이 이지열
펴낸곳 미지북스
서울시 마포구 상암동 2-120번지 201호 (우편 번호 121-270)
전화 070-7533-1848 전송 02-713-1848
mizibooks@naver.com
출판 등록 2008년 2월 13일 제313-2008-000029호
책임 편집 박선미, 김대수
출력 스크린출력센터
인쇄 제본 영신사

ISBN 978-89-94142-22-7 93320
값 16,000원